放松生育管控的社会经济效应评估

杨华磊　著

中国财经出版传媒集团

经济科学出版社

Economic Science Press

图书在版编目（CIP）数据

放松生育管控的社会经济效应评估/杨华磊著．
—北京：经济科学出版社，2019.3
ISBN 978－7－5218－0334－1

Ⅰ．①放⋯　Ⅱ．①杨⋯　Ⅲ．①人口政策－影响－
中国经济－研究　Ⅳ．①C924.21②F12

中国版本图书馆 CIP 数据核字（2019）第 040669 号

责任编辑：申先菊　路　巍
责任校对：王肖楠
版式设计：齐　杰
责任印制：邱　天

放松生育管控的社会经济效应评估
杨华磊　著
经济科学出版社出版、发行　新华书店经销
社址：北京市海淀区阜成路甲 28 号　邮编：100142
总编部电话：010－88191217　发行部电话：010－88191522
网址：www. esp. com. cn
电子邮件：esp@ esp. com. cn
天猫网店：经济科学出版社旗舰店
网址：http：//jjkxcbs. tmall. com
北京季蜂印刷有限公司印装
710×1000　16 开　13.25 印张　240000 字
2019 年 3 月第 1 版　2019 年 3 月第 1 次印刷
ISBN 978－7－5218－0334－1　定价：78.00 元
（图书出现印装问题，本社负责调换。电话：010－88191510）
（版权所有　侵权必究　打击盗版　举报热线：010－88191661
QQ：2242791300　营销中心电话：010－88191537
电子邮箱：dbts@ esp. com. cn）

▶ 前言 ◀

　　为应对人口结构失衡引发的各种社会经济问题，2015 年中国实施了表征为放松生育管控的全面"二孩政策"。但对于此项政策的效果，学者依然存在诸多疑问，如放松生育管控是否会提高产出，协助中国顺利实现百年目标；是否会改善劳动人口福利，落实政策生育力量；是否会从根本上改变未来的养老模式选择，改善未来社会的养老状况；全面"二孩政策"是否存在不足？若存在，应该选择何种配套性政策加以规避。若依然不能有效规避，在全面"二孩政策"之后，应该安排何种生育政策等。针对上述问题，主要采用多阶段决策方法进行研究发现：

　　首先，放松生育管控改变不了未来产出增速断崖式下降的趋势。在产出和人均产出上，短期存在轻微的挤占效应，长期存在较大的提升效应。若民众按照政策生育且缺乏配套政策，放松生育管控短期会轻微降低劳动人口福利；长期较大改善未来劳动人口或当前孩子未来的福利。这意味着在生育堆积力量释放以后，民众很可能不会有效响应全面"二孩政策"，长期通过生育实现的政策目标很可能无法落实。虽然放松生育管控没有从根本上改变未来最优的养老模式选择，短期又轻微降低了对老年人的代际支持水平，不能有效应对养老汛期，但是在当前代际赡养模式下，长期改善了未来老年人口或者当前劳动人口未来的养老状况。这意味着养老制度应朝着积累制或缴费确定的方向变轨；为了改善未来社会的养老状况，当前我们应积极落实全面"二孩政策"，为应对短期的养老汛期，应着眼于其他政策调整和养老生产率提高。综合放松生育管控在产出、福利及养老上的长短期效应，对于社会，按照政策生育，短期轻微有害，长期却较有利，整体上利大于弊。

　　其次，为避免放松生育管控短期在产出、福利以及代际支持水平上的负面影响。通过模拟发现，在实行全面"二孩政策"过程中，配套实施延迟退休等措施，可以提高社会产出，弥补生育的成本，在理论上，可以规避放松生育管控的负面影响。考虑到配套性措施实施的难度和滞后性，未来城镇化下家庭生育行为的变迁，全面"二孩政策"越来越无法解决后工业化时代生育行为的外部性，无法释放保障社会福利的政策生育力量。从生育权安排的视角，构建一个双目标决策模型，探讨未来可能选择的生育政策。结果显示，在全面实施"二孩政策"之后，中国很可能选择家庭自由生育政策。虽然家庭自由生育可以保障家庭福利，但是随着社会从马尔萨斯陷阱过渡到低生育陷阱，家庭自由生育依然不能解决生育的外部性和保障社会福利，所以生育政策进一步的优化方向应从家庭自由生育向有限制的生育权方向探索。

最后，在人口红利逐渐消失和全面"二孩政策"刚实施的背景下，针对学者的疑惑，本书尝试把对生育、养老以及其他配套性政策的探讨放在一个框架内，及时系统地评估了全面"二孩政策"的社会经济效应，以及基于评估结果优化配套性措施和全面"二孩政策"。在某种程度上，本书的研究可能会为学者在上述问题上解答疑惑，也可能会为决策者在后续生育和配套制度安排上提供参考。最终通过生育和配套性政策的实施，解决人口结构失衡引发的各种社会经济问题，促进人口、经济以及社会的均衡和可持续发展。

本书是湖北省社科基金项目"老龄化背景下生育对社会福利的影响研究"（项目编号：2018047）以及国家社会科学基金项目"医养融合的社区居家养老模式研究"（项目编号：15BRK022）的阶段性成果。

▶ 目录 ◀

第 1 章　引言 ……………………………………………………… 1
1.1　选题背景和研究问题 …………………………………… 1
1.2　主要创新与研究方法 …………………………………… 5
1.3　结构安排和技术路线 …………………………………… 7

第 2 章　相关文献回顾 …………………………………………… 11
2.1　中国计划生育政策的演进 ……………………………… 11
2.2　相关研究的回顾 ………………………………………… 15
2.3　现有研究不足和改进之处 ……………………………… 22

第 3 章　放松生育管控对中间要素变量的影响 ……………… 25
3.1　放松生育管控对人口年龄结构的影响 ………………… 26
3.2　放松生育管控对人力资本的影响 ……………………… 41
3.3　放松生育管控对全要素生产率的影响 ………………… 48
3.4　放松生育管控对储蓄和资本的影响 …………………… 60
3.5　本章小结 ………………………………………………… 76

第 4 章　放松生育管控的产出、福利及养老效应评估 ……… 77
4.1　非线性多阶段决策一般均衡模型的构建 ……………… 79
4.2　放松生育管控的产出、人均产出以及产出增速效应评估 … 86
4.3　放松生育管控的劳动人口福利效应评估 ……………… 91
4.4　放松生育管控的养老模式选择效应和代际支持效应评估 … 97
4.5　本章小结 ………………………………………………… 124

第 5 章　放松生育管控与配套性政策组合效应模拟与优化 … 127
5.1　配套性政策的情景设计 ………………………………… 128

5.2 提高社会产出的配套性政策效应模拟与优化 ……………… 134

5.3 改善家庭福利的配套性政策效应模拟与优化 ……………… 142

5.4 提高代际支持的配套性政策效应模拟与优化 ……………… 148

5.5 本章小结 …………………………………………………… 154

第 6 章 对当前生育政策的优化：生育权安排的视角 …………… 156

6.1 生育行为的外部性与当前生育政策的不足 ……………… 158

6.2 双目标决策下对当前放松生育管控政策的优化 ………… 171

6.3 未来生育政策选择的国际经验和理论探索 ……………… 179

6.4 本章小结 …………………………………………………… 183

第 7 章 主要结论和政策建议 …………………………………… 185

7.1 研究的主要结论 …………………………………………… 185

7.2 结论的政策启示 …………………………………………… 187

7.3 未来的研究方向 …………………………………………… 188

附录 ……………………………………………………………… 189

参考文献 ………………………………………………………… 192

第 1 章 引　言

1.1　选题背景和研究问题

1.1.1　选题背景

在实现两个百年目标的关键期，在城镇化率刚过 50% 的转型期，伴随着中国人口世代的更迭，"60 后"婴儿潮一代逐渐步入退休年龄，"90 后"和"00后"出生低谷一代逐步进入劳动力市场，中国的人口形势越来越表现出了不太乐观的一面：人口结构持续失衡，生育水平长期低于人口的正常更替水平，适龄劳动人口开始出现减少（见图 1 - 1），有老年抚养比上升导致的社会抚养比逐年加大，养老潮滚滚而来，老龄化呈加速趋势，人口红利逐渐消失（蔡昉，2010）。面对着日益严峻的人口形势，中国表现出了未富先老的症状：与西方相同老龄化水平下的人均收入水平相比，人均收入远低于发达国家。人口结构的持续失衡和人口动力引擎的熄火引发很多学者的担忧，担心中国有掉入中等收入陷阱的风险。

为应对中国人口结构失衡可能引致的社会经济危机，中共中央不断加大放松生育管控的力度，调整完善生育政策。21 世纪初中央出台了"双独政策"；2013年实施了一方是独生子女的夫妇可生育两个孩子的单独"二孩政策"（separate two child policy，STCP）。随着人口结构形势的越发严重，在中国人口总量问题依然突出的情景下，为了提高当前生育水平，保障社会福利，给未来储备人力资源和人口红利，应对老龄化和适龄劳动人口减少，促进经济和社会的可持续发展。综合国防、经济、社会以及资源环境等因素，中共中央审时度势，于 2015 年 10月，决定全面实施一对夫妇可生育两个孩子的全面"二孩政策"（universal two-child policy，TCP），并于 2016 年 1 月开始正式实施。这是国家保障社会福利的重要战略性举措，也是决策者综合转型期人口结构和人口总量矛盾，从综合和

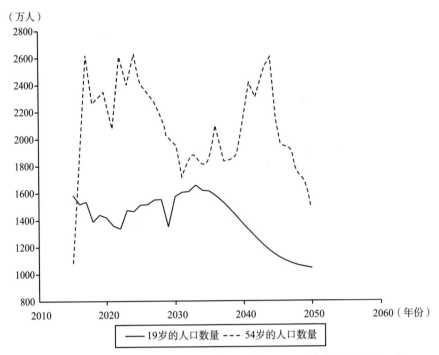

图 1-1　2015 年以后每年新进入劳动力市场的人数和退出劳动力市场的人数

注：资料来源于笔者的估算。根据当前的退休制度，54 岁近似表示每年将要退出劳动力市场的劳动力数量；根据当前的平均受教育年限，19 岁近似代表每年将要进入劳动力市场的人口数量，两者之差代表每年新减少的适龄劳动力数量。

长期来看，当前较优的生育政策选择。

全面"二孩政策"的实施标志着中国实施了 30 多年的独生子女政策画上句号，圆满地完成历史任务，顺利收官。历史上的计划生育政策的重要意义不言而喻，虽然它牺牲了部分家庭的生育意愿，但是它是在中国人口增长和经济增长极其不协调的历史环境下，如经济增长滞后于人口增长，物质条件极其匮乏之下采取的审时度势的决策。独生子女政策有力地缓解了当时人口、经济与资源环境的矛盾，降低出生婴儿和产妇的死亡率，提高人口素质和人均收入水平。更重要的是延缓高出率的时间，进而缩短了这部分婴儿潮进入退休时期重度老龄化的时间跨度。中国在人口总量问题依然突出的情景下，全面"二孩政策"是修复和解决当前人口结构问题所采取的审时度势的举措。如 2015 年以后，1960 年后出生的人陆续迎来退休潮，1995 年后和 2000 年后出生的人陆续进入劳动力市场（见图1-2 关于婴儿潮和出生低谷的界定），老年人口急剧增加，适龄劳动人口数量锐减。最终经过 30 多年的计划生育政策和生育储蓄，如今在收入水平较高的阶段和"80 后"婴儿潮还处在生育年龄阶段上实行全面"二孩政策"，正当其时。这是为未来中国储备高质量的人力资源和人口红利，也是承接下一轮经济高速增长的战略性举措。当然也是提升中国人民福祉的一项重要决议。最终兑现 30 多年前实行计划生育政策仅是一代人或一个阶段性措施的承诺。

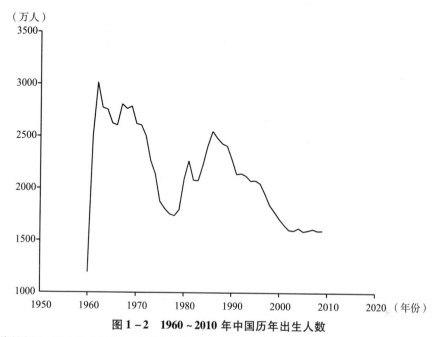

（万人）

图 1 - 2　1960 ~ 2010 年中国历年出生人数

资料来源：2014 年《中国人口与就业统计年鉴》；根据杨华磊等（2015）关于出生高峰（婴儿潮）和出生低谷世代的定义，大体上，中国的 1960 年后和 1980 年后是婴儿潮世代（简称"80 后"和"60 后"），1970 年后、1990 年后和 2000 年后是出生低谷世代（简称"70 后"、"90 后"以及"00 后"）。

1.1.2　研究问题

关于全面"二孩政策"的效果，依然有很多学者对此提出疑问。如赵耀辉以及姚洋[1]认为，全面"二孩政策"并不能解决人口老龄化问题等。伴随着扑面而来的养老潮，在实现两个百年目标和产业结构调整的关键期[2]，当然更是释放生育力量的战略机遇期。在中短期内，针对学者的疑惑：如相比生育政策不变，全面"二孩政策"能否提高未来实际生育水平，落实"二孩政策"，改善劳动人口

---

① 王非，赵丽秋，赵忠. 全面"二孩政策"不足以缓解我国人口老龄化问题 [J]. 经济资料译丛，2015（4）：34 - 39.

② 其一，建党 100 周年，即 2020 年左右，建成惠及十几亿人口的更高水平的小康社会；其二，中华人民共和国成立 100 周年，即 2050 年左右，人均国内生产总值达到中等发达国家水平，基本实现现代化。

福利？能否提高未来产出、人均产出和产出增速，帮助中国按时或者提前实现两个百年目标？能否解决或者缓解未来社会的老龄化，应对养老汛期？能否从根本上改变未来中国的养老模式选择，改善未来老年人的养老状况？全面"二孩政策"是否存在不足？如果存在不足，应该采取什么样的配套性政策加以规避？如果依然不能有效规避，那在全面"二孩政策"以后，我们应该选择何种生育政策呢？上述这些问题都是需要回答和解惑的。

因为对上述问题的研究具有积极的意义。如对于普通家庭来说，可以给家庭解答疑惑，规划生活；对于国家来说，可以给国家建言献策，科学决策；对于企业来说，可以给企业明晰市场，创造利润等。在全面"二孩政策"才刚刚实施的头两年，由于生育政策效应发挥的滞后性以及实际数据收集的缓慢，国家也想获得一些对后续配套性政策的制定以及进一步生育政策安排有参考意义的前瞻性的评估和模拟工作，特别是如果民众按照政策生育，会怎样等问题。因为这关乎民众福利是否得到改善，关乎全面"二孩政策"是否得到落实，关乎人口结构失衡引发的社会经济问题能否得到解决，甚至关乎两个百年目标的实现和社会经济的可持续发展。

基于此，本书主要研究问题如下：其一，相比生育政策不变（在原有的实际生育水平上），放松生育管控（使得实际生育水平提到政策生育水平）是否可以提高产出，帮助中国按时实现两个百年目标；是否可以改善劳动人口福利，落实全面"二孩政策"；是否从根本上改变了未来的养老模式选择，改善了未来社会的养老状况？其二，表征为全面"二孩政策"的放松生育管控是否存在不足，如果存在不足，应该采取什么样的配套性政策加以规避。其三，如果配套性政策依然不能有效规避上述不足，那随着时代的变化，在全面"二孩政策"之后，我们应该安排何种生育政策？第一个问题属于政策评估（评估全面"二孩政策"），第二个和第三个问题属于政策优化（配套性政策和当前放松生育管控政策的优化）。在评估全面"二孩政策"时，基准情景为生育政策不变，用当前的实际生育水平表征基准情景，用政策生育水平或者人口的更替水平表征放松生育管控的全面"二孩政策"情景（见图 1-3）。

研究问题的时间段放在 2050 年以前。原因有三个：其一，基于上述问题，放松生育管控的效应在这个时间段内大多会显现出来。其二，2049 年是中华人民共和国成立 100 周年，是实现两个百年目标中最后一个目标的截止日期。在这个时间内，考察全面"二孩政策"对宏观经济变量的影响，对未来配套政策选择和生育政策安排具有政治和经济意义。更长时间发生的事情，虽然重要，但不够紧迫。其三，如果考察的时间过长、跨度过大，很多变量的估计值和模拟结果，如人口结构的可靠性以及模拟的政策情景结果的鲁棒性都值得怀疑。2015~2050年是中短期，各种变量相对稳定，故真实性和参考意义相对较大。

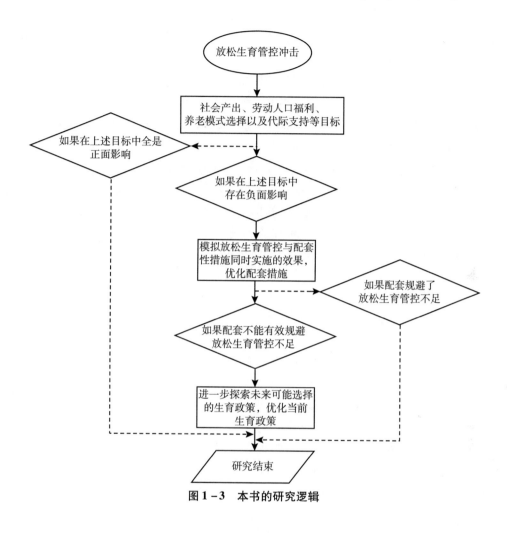

图 1 - 3　本书的研究逻辑

1.2　主要创新与研究方法

1.2.1　研究的主要创新

从研究视角上看，在人口世代更迭①引发的人口红利下消失的背景下，本书

①　婴儿潮（baby boom）和出生低谷（baby bust）交替进入劳动市场和退出劳动市场，由此造成的周期性的人口结构问题和人口红利。从这个意义上，把以前的研究背景（如老龄化）又向前推进一步，这稍微不同于原有的研究视角。

系统及时地模拟了 2016 年初正式实施的全面"二孩政策"的长短期社会经济效应；从关注度高的养老和退休等结构性改革措施，谈如何规避全面"二孩政策"的负面影响；从外部性和生育权安排的视角，探讨未来的生育政策安排。

从分析框架和研究方法上看，本书充分考虑中国的国情，如养老制度的混合特征，生育严格受到政策管控，整合了多阶段决策优化方法（multi-stage decision optimization method，MDOM）和世代交叠模型（overlapping-generations model，OLG）的优点，把生育、养老以及配套性政策的评估和优化放在一个分析框架内，给学者提供一个可分析中短期人口和其他政策调整对社会经济变量影响的基准框架。在考察家庭生育行为的转变和探索未来生育制度政策安排中，尝试构建一个生育内生的家庭决策模型，同时基于一定的决策准则，把双目标决策模型（dual objective decision making model，DODM）引入到对未来生育政策甄选研究中。

从理论应用上看，在国内和国际上，本书较早地把外部性理论引入到对生育行为的分析中，分别分析了农业社会和工业社会下生育行为外部性的表现形式和所面临的社会问题，以及转型期社会下生育选择的政策彷徨和未来社会下全面"二孩政策"的不足，进而为未来生育政策安排提供了理论基础。

1.2.2　研究的主要方法

除在分析全面"二孩政策"对要素变量的影响中，笔者使用的队列分析法（cohort analysis，CA）、人口统计学（population statistics，PS）、人力资本回报模型（human capital return model，HCRM）、索罗残差（solow residual method，SRM）、永续盘存法（perpetual inventory method，PIM）、回归分析（regression analysis，RA）及趋势外推方法（trend extrapolation，TE），在模拟配套性政策效应中使用的情景分析法（scenario analysis method，SAM），在进一步探索全面"二孩政策"下家庭生育行为的演变和未来可能的生育政策安排时使用的向量自回归模型（panel vector autoregression model，PVAR）、世代交叠模型和双目标决策模型，以及对结论进行敏感性分析（sensitivity analysis，SA）等方法之外，本书主要采用每年进行决策的非线性多阶段一般均衡的分析方法（general equilibrium of unlinear multistage decision making model，GEMDM）。

为什么在本书的主要研究问题上主要采用非线性多阶段决策的一般均衡方法呢？因为对全面"二孩政策"的评估工作，模拟配套性措施和全面"二孩政策"的组合效应，是一个存在依存和先后顺序的多阶段优化决策问题。每一期的决策依赖于前一期决策，后一期决策依赖于当期决策，每一个子决策又是一个基于一定的目标和约束条件的优化问题。所以评估放松生育管控，模拟配套性政策效果，适合采用多阶段决策的方法。如果多阶段决策的目标函数或约束条件是非线性的，也即非线性多阶段决策方法。又因为考察放松生育管控的产出和福利效应，需要把其放在经济学的分析框架中才得以展开，而经济学基本的分析框架就是一般均衡理论，所以在此采用非线性多阶段决策的一般均衡框架。

1.3 结构安排和技术路线

1.3.1 结构安排

前两章主要陈述开展研究的时代背景以及提出研究问题，回顾中国的计划生育政策和有关对中国计划生育政策研究的相关文献①。

第 3、第 4 章主要评估了放松生育管控的社会经济效应。第 3 章考察了放松生育管控对要素变量人口、人力资本、全要素生产率以及资本的影响：放松生育管控对人口的影响包括对人口数量、人口结构以及人口分布的影响；放松生育管控对人力资本的影响包括对受教育年限、绝对量人力资本以及相对量人力资本的影响；放松生育管控对全要素生产率的影响包括对全要素增长率和全要素生产率的影响；放松生育管控对资本的影响包括对储蓄、储蓄率、资本及资本劳动比的影响。针对放松生育管控是否会提高产出，改善劳动人口福利和未来老年人口的养老状况，以及改变未来的养老模式选择等问题。第 4 章主要评估放松生育管控的产出、福利和养老效应：放松生育管控的产出效应包括产出、人均产出以及产出增速效应，放松生育管控的福利效应主要指劳动人口的福利效应，放松生育管控的养老效应包括放松生育管控的养老模式选择效应和代际支持效应。

第 5、第 6 章是在评估的基础之上进行的政策优化或者机制设计研究（配套性政策优化和当前放松生育管控优化）。第 5 章基于放松生育管控的不足，模拟了改变生育文化、延迟退休、养老制度改革、提高劳动参与率和人力资本回报等配套性措施对上述目标的影响。基于配套性政策改革的难度和非生育目的，以及随着时代的变化全面"二孩政策"越来越无法解决生育的外部性等不足。第 6 章我们对当前放松生育管控政策进行优化。从城镇化与生育行为转变以及全面"二孩政策"下家庭生育决策行为开始，分析未来伴随城镇化水平的提高，家庭决策

---

① 关于未来生育制度安排的文献直接放在第 6 章中。

下全面"二孩政策"越来越无解决后工业化时代生育的外部性问题。基于上述全面"二孩政策"的不足,从生育权安排的视角,探讨未来应该选择何种生育政策的问题,实现对当前放松生育管控的优化。

第7章概括各章的结论;基于这些结论,提出一些政策性建议;在理论构建和研究问题上,进一步指出未来研究的方向(见图1-4)。

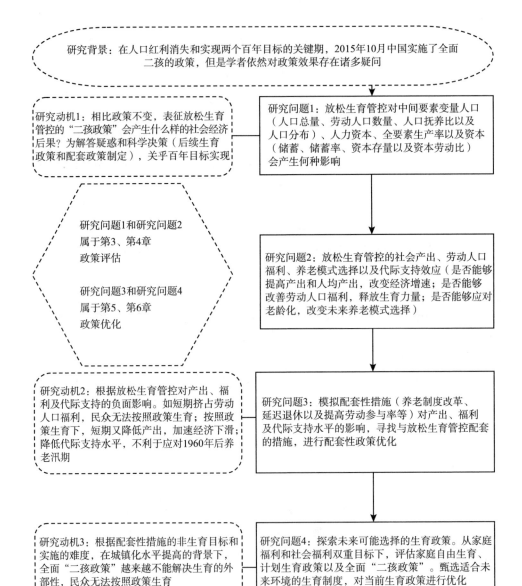

图1-4 本书的研究问题

1.3.2　技术路线

技术路线：通过队列分析和人口动力学的方法对未来人口的年龄结构进行预测，进而考察放松生育管控对未来人口年龄结构的影响；通过资本盘存法盘存历史上的资本存量，采用索罗残差法估计出历史上的全要素生产率，最后采用回归分析和趋势外推的方法，考察放松生育管控的全要素生产率效应；通过人力资本回报模型考察放松生育管控对未来劳动人口人力资本的影响。

本书构建能够进行中短期模拟的一般均衡模型，采用非线性多阶段决策方法进行求解，考察了放松生育管控对储蓄、资本及资本劳动比的影响。在此基础上，分析了放松生育管控的产出、人均产出、产出增速以及劳动人口福利效应；改进上述模型，考察放松生育管控的养老模式选择效应和代际支持效应。为保证结论的可靠性，对结论进行敏感性分析。基于上述分析，为实现放松生育管控的政策初衷和长期目标，也为了规避放松生育管控短期的负面影响，使用情景分析的方法，设计配套性措施，同样基于一般均衡模型，借助非线性多阶段决策的求解方法，进行政策仿真和反事实的试验，实现对配套性政策的模拟、甄选与优化。最终实现放松生育管控的政策初衷和规避全面"二孩政策"短期的负面影响。

最后，针对全面"二孩政策"下民众不能按照政策生育，无法解决生育的外部性；配套性政策本身的不足以及短期无法规避"二孩政策"在解决人口结构问题上的乏力。基于 PVAR 模型和 OLG 模型，分析了全面"二孩政策"下家庭生育行为的转变。构建了双目标优化模型，借用福利分析的方法，从生育权安排的视角进一步评估未来可能选择的生育政策情景，实现了当前放松生育管控的优化和生育政策的甄选（见图 1–5）。

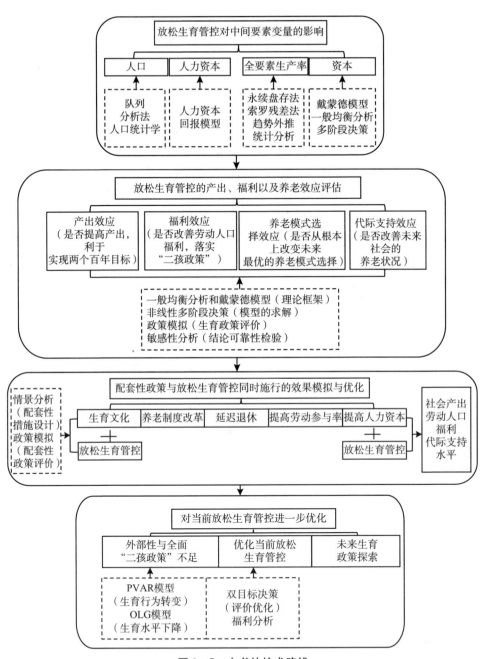

图 1-5 本书的技术路线

第2章 相关文献回顾

2.1 中国计划生育政策的演进

关于中国计划生育政策的演进。中华人民共和国成立后，百业待兴，在进行物质生产的同时，人口生产也积极展开。1950～1953年，中国（不含台湾、港澳）的出生率达到37‰，出现了一个出生高峰。1953年第一次人口普查，中国6.0亿人口①。周恩来在《第一个五年建设计划的基本任务》指出，虽然大家喜欢多生孩子，但是如今过多地生育孩子却成为一种社会负担。在中国开展五年计划经济的同时，毛主席开始提倡节育，认为少生一点是好的。②

在1957年中央制定的农业发展规划中，开始规定，在一些人口密度较大的非少数民族区域，为避免生育造成的社会和家庭抚养压力，同时为了提高子女的素质，避免将来的就业压力，提出有计划的生育，提倡节育，这是中国政府第一次以官方文件确定计划生育政策的大方向。同时1957年，马寅初在《人民日报》上发表著名文章《新人口论》，其主张力控中国人口，实行限制生育的计划生育政策。但是在以后几年的"大跃进"中，中国人口论又陷入相对比较"左"的地位上，马寅初的人口论受到批判。紧跟"大跃进"，中国进入了三年困难时期，使得1961年出生率从中华人民共和国成立的37‰左右降到18‰左右，③ 不到大饥荒前的一半，使得控制人口增长显得不合时宜。总之，这一时期的计划生育政策重点在避孕、节育措施的宣传上，且主要是基于自愿，对社会和经济的影响还不大；同时在政策上，控制生育和不限制生育交替共存。

---

① 第一次全国人口普查［EB/OL］.（2002－07－16）［2019－02－28］. http：//www. stats. gov. cn/ztjc/zthd/50znjn/tjdjs/200207/t20020716_35713. html.

② 毛泽东时代的计划生育［EB/OL］.（2014－02－24）［2019－03－05］. http：//www. guancha. cn/FengHuangZhouKan/2014_02_24_207431_s. shtml.

③ 资料来源：2016年《中国统计年鉴》。

1962 年大饥荒过后，中国的出生人口又开始呈现逐年增加的趋势，到 1963 年左右，出生人数占总人口的比例在 40‰以上。这使得中央政府又开始意识到控制生育的重要性。同年，召开第二次城市工作会议①，进一步明晰在人口密度较大的农村和城市地区开展有计划的节育，达到降低出生率的目的。使得中国生育开始从家庭自由生育进入有政策调控的计划生育。同时城市会议也讨论降低城市人口出生率的问题，并成立专门的领导小组，执行这项工作，各地区计划生育领导小组逐渐成立。与此同时，1963 年之后，中国的计划生育工作在城市展开，城市出生率和自然出生率明显下降。1964 年之后才在 4/5 的农村展开，到 1966 年，中国出生率仍为 35‰，高于 1957 年。总之，这一时期的计生工作主要是在城市展开，同时以提倡节育和避孕为主，所以对生育水平的影响不大。1966～1969 年，中国出生率呈现下降趋势，但中国人口总量仍然飞速增长，同时在"文化大革命"中国的计划生育小组名存实亡，对计划生育的执行力度依然不够。

1970 年周恩来总理重新提起计划生育政策，认为计划生育是国家计划的问题。1970 年 7 月，国务院出台了"关于做好计划生育工作的报告"，给出具体的控制指标，如出生率和自然增长率控制在多少以下，同时将此报告的内容纳入下一个五年规划之中，1971 年 7 月，"有计划地增长人口"被确定为我国既定的人口政策。具体指标是："在第四个五年计划期内，使人口自然增长率逐年降低。"这使得计划生育成为中国计划的一个重要特征，政府可以有计划地控制人口出生。为实现这一控制目标，国家计划生育领导小组在恢复的同时，又不断向着基层延伸，将基层人员纳入编制，并在街道和公社配置专职人员。总之，在 1978 年之前，中国的计划生育政策基本没有真正全面实施，或者一直在进行计划生育工作开展的前期准备工作，如政策的制定、机构的设置和人员的安排。

1978 年以后，计划生育工作开展的前期准备工作已经就绪。这一时期，提出"晚、稀、少"的口号：晚是指生育要晚，如男性 25 岁以后，女性 24 岁以后才能生育；稀是加大育龄妇女在连续生育两个子女的时间间隔；少是一对夫妻生育的子女数量应该低于三个孩子。两年之后的 1980 年，中共中央发表了《关于控制我国人口增长问题致全体共产党员共青团员的公开信》，让中共党员和共青团员以身作则或者督促自己的子女履行计划生育的义务，秉着对国家和子孙负责任的态度，开展模范带头作用，并且在一些区域，对违反计划生育的公职人员或者党员，实行开除公职和党籍处理。② 1982 年中共中央、国务院签发了《中共中

---

① 中国共产党历史上召开的历次城市工作会议［EB/OL］.（2016－08－01）［2019－02－25］. http：// dangshi. people. com. cn/n1/2016/0801/c85037－28600430. html.

② 计划生育政策大事年表［EB/OL］.（2009－09－02）［2019－03－02］. http：//news. 163. com/09/ 0902/22/5I85QH3G00013MDT. html.

央、国务院关于进一步做好计划生育工作的指示》，阐述了中国计划生育的内容，如提倡晚婚晚育，少生优生，开始进行有计划地控制人口增长；随后党的十二大确定中国的计划生育政策和对外开放政策为中国的基本国策（2007 年之后，计划生育不再是基本国策，节能环保成为了基本国策），同年写入刚刚修订的《中华人民共和国宪法》。法律规定，中国的夫妻有履行计划生育的义务。1984 年，面对农村生育意愿和政策生育水平的巨大差异，农村收入阶段和政策生育水平的巨大差异，计划生育政策进行了初步调整：在农村地区采取堵大口、开小口的"一孩半"政策，如农村第一个孩子为女孩的，可以生第二个孩子；农村第一个孩子为男孩，不可以生育第二个孩子，同时坚决禁止第三胎，进而形成了中国城镇严格一孩政策，农村"一孩半"的计划生育格局，同时在此基础上中国开展了关爱女孩、少生快富的行动。

1995 年针对计划生育执行过程中出现的违反乱纪的活动，制定了七不准原则①，规范了计生行为。2000 年，按照国际上对老龄化社会的规定，中国也于 2000 年左右突破了人口老龄化的警戒线。但是中国人口总量依然过大的国情没有变，人口总量矛盾依然是那时面临的主要人口矛盾。与此同时，人口政策开始逐步从严格和机械地减少人口，向着稳定出生率和生育率、逐步提高人口素质转变。自此中国的计划生育政策也进入了大步转变阶段。

自 2002 年以后，内蒙古以及甘肃等省份实行夫妻双方都为独生子女的家庭可以生育两个孩子（双独政策），截至 2011 年河南省采取全面双独"二孩政策"，中国在全国层面上彻底执行了双独"二孩政策"。《中国 2010 年人口普查资料》显示中国的总和生育率为 1.18 左右，使得促进人口均衡发展，解决人口结构问题成为新时代的主题。2012 年，《中国共产党第十八次全国代表大会》提出，要继续坚持计划生育等基本国策，不断地完善生育政策，促使人口内部以及人口与外部环境的均衡发展，与此同时继续提高人口素质。随后又在《2013 年中国政府工作报告》中，进一步强调要促进人口均衡发展，继续坚持计划生育，不断完善计划生育政策，使得当前的生育政策适应当前的人口形势。即中国的人口结构问题和人口结构的矛盾逐步凸显了，特别是人口世代更迭引致的少子化、人口红利消失以及快速的老龄化。在新的阶段，中国人口结构问题已经上升到和中国人口总量问题同等重要的层次上。

---

① 1. 不准非法关押、殴打、侮辱违反计划生育规定的人员及其家属。2. 不准毁坏违反计划生育规定人员家庭的财产、庄稼、房屋。3. 不准不经法定程序将违反计划生育规定人员的财产抵缴计划外生育费。4. 不准滥设收费项目、乱罚款。5. 不准因当事人违反计划生育规定而株连其亲友、邻居及其他群众，不准对揭发、举报的群众打击报复。6. 不准以完成人口计划为由而不允许合法的生育。7. 不准组织未婚女青年进行孕检。

面对着依然突出的人口总量形势，人口结构问题也极其突出，学者翟振武提出实施单独二孩的政策路线。第一步，从 2011 年开始，首先在东北地区及浙江等省份试行"单独""二孩政策"；第二步，放开京沪等省份；第三步，在"十二五"（2015 年前）内，实现全国执行放开"单独生育二孩"政策。直到 2013 年党的十八大三中全会，中国开始执行单独"二孩政策"，即只要夫妻双方有一个是独生子女，就可以生育两个子女。这是完善人口政策，促进人口均衡发展的重要举措，是向全面放开"二孩政策"迈出的重要一步。但是基于 2013 年中国实施的单独二孩以来，截至 2015 年，符合条件的 1100 万夫妇中仅有 107 万夫妇提出申请，出生人口数量并没有出现跳跃式的上升，单独遇冷（乔晓春，2015）。伴随着人口世代的更迭，生育水平持续走低，育龄妇女人数的减少和出生人口数量的下降，适龄劳动人口开始减少，老龄化呈现加速趋势，国家基于战略和长期的考虑，综合社会、经济、资源环境以及国防安全，等等，为未来储备人口红利和人力资源，应对老龄化等问题。最终，在 2015 年，中国采取了全面放开二孩的举措，这标志着中国全面"二孩政策"的正式形成。这也使得中国的生育政策开始进入了 2.0 时代，即一个育龄妇女一生在政策层面上，是被允许生育两个子女的。当然这也是中国完善人口政策和促进人口均衡发展采取的一个关键性举措。这一举措是基于中国国情、中国当前人口总量和人口结构问题都很突出的现实，考虑到人口与军事、社会、经济、资源环境等的复杂关系，采取的战略性决策。从综合角度来看，当前最优的生育举措。随后，第十二届全国人大常委会的第十八次会议初次审议了计划生育法修正案的草案，《人口与计划生育法修正案（草案）》从 2016 年 1 月 1 日开始执行。2016 年 1 月 5 日中央明文规定生育无须政府审批，完全由家庭自由安排。这标志着中国实行 35 年的独生子女政策圆满完成历史任务，顺利收官。

需要说明的是，其一，1950 ~ 1978 年，中国的计划生育政策一直处在酝酿时期，计划生育并没有真正实施或者全方位的实施，只是小范围内执行。1978 ~ 1982 年是中国计划生育的全面执行阶段，但是中国的计划生育政策从 1982 年开始小步慢调，逐步放松，直到 2015 年全面"二孩政策"的放开，才有根本性的、针对所有地区和人群的转变。其二，中国的少数民族地区，如少数民族地区的城镇户口可以生育两个子女，对于非城镇户籍的农牧居民一对夫妻可以生育三个子女，当然符合特殊条件的还可以再多生育。其三，中国采取的计划生育，大多是相机抉择，即根据当时的历史环境采取审时度势的阶段性决策，如在中国的经济发展极度滞后于中国人口增长时候，人口限制是必要的；当中国的人口结构失衡严重拖累中国经济时候，提倡生育或者鼓励生育也是必要的。当前采取的全面"二孩政策"是综合国防、社会、经济以及资源环境等，对国家和整体利益是最优的，有利于保障社会福利。其四，即使对非少数民族，还是实行广泛二孩的人口特区（如在计划生育最严格的时候，梁中堂等人提出在甘肃酒泉、山西翼城、河北承德以及湖北恩施建立人口特区），这些区域给以后评价生育政策提供了参考。其五，对生育政策的评估，要坚持历史的唯物观，坚持科学性和公平性的原则，同时要用长期和生命周期的视角去评价。

2.2　相关研究的回顾

在人口、资源以及环境矛盾突出的情景下，为解决滞后的物质生产，在 20世纪 80 年代中期和后期，宋健（1979，1980，1983，1986，1989）、于景元等（1981，1985，1987，1994）以及王浣尘等（1981，1984，1991）尝试用系统论、控制论以及其他科学的方法，建立科学的指标，设计可控变量，系统地研究人口系统的稳定性以及可控性等特性，同时给出在不同人口管控政策下未来的人口变化趋势和对社会经济变量的影响，为后来中国实行计划生育政策和管控人口建立了科学的理论基础。

2.2.1　生育管控对社会产出和劳动人口福利影响的研究

国际上研究放松生育管控或计划生育政策对产出的影响的文献。如李宏彬和张俊森（2007）利用中国 28 个省份的面板数据发现，出生率和经济增长之间呈现一个负向关系，中国过去采取的生育控制对经济增长存在有利的影响。李宏彬等（2008）进一步进行实证研究，发现中国的计划生育在降低了生育水平的同时，提高了孩子的质量。朱喜等（2014）发现，从长期看，中国一个孩子政策并没有伤害中国经济的长期增长，源于计划生育下的跨代转移增强使中国有更高的人力资本累积，父母对孩子的人力资本投资更多，这些增加的人力资本对宏观经济的正向影响大于孩子数量减少对宏观经济的负向影响效果。随后廖珮如（2011，2013）采用一个生育水平内生的世代更迭模型，认为中国台湾过去 40 多年的经济快速发展得益于快速下降的生育率，并设置了不同生育政策情景，发现中国过去的计划生育政策的确提高了人力资本，增加了人均产出。曾毅和赫斯基思（2016）考察了当前实行的全面"二孩政策"对未来劳动人口的影响等。

国内也进行了相关研究。如蒋正华（1988）发现，从短期来看，控制人口是有利于经济增长的。都阳（2004）发现，出生率在初期对经济增长的负面影响比较凸显。随着时间的推移，初期较高出生率对经济的负面影响越来越弱，进而转化对经济的贡献力量新增劳动力；继续随着时间推移，出生率下降对经济增长的负面影响逐渐凸显，转变为新增劳动力逐渐减少，此时我们应该及时调整生育政策。汪伟（2010）通过理论和实证研究，发现过去中国的计划生育政策的确是造成中国储蓄率上升和人均收入上升的关键变量，但是未来随着生育水平持续下降，生育政策通过降低生育的分母效应将面临弱化和挑战，所以未来在老龄化的社会里我们应该实时放松生育管控。周俊山和尹银（2010）通过省级面板数据进行研究，发现计划生育政策在某种程度上会降低了储蓄，适度地放松生育政策可以促进经济增长。王桂新（2012）认为，在中等收入阶段，在中国家庭养老还占据主流的社会里，强制压低生育意愿，会造成了巨大的计划生育执行成本，所以建议尽快放松生育管制。陆旸和蔡昉（2013，2014，2016）从不同的人口调整方案进行模拟分析，发现如果不改变现有生育政策，虽然在中短期内对中国潜在增长率和人均收入没有影响（甚至优于其他人口调整方案）；但是长期的潜在增长率会呈现出一个急剧下降的过程，如果到 2035 年再调整现有生育政策，反而会导致潜在增长率进一步降低，故要尽快放松生育政策管控。郭凯明等（2013，2015）认为，当劳动密集产业占比较大时候，农村压低生育水平的计划生育政策对经济的影响是负面的；当资本密集和劳动密集产业技术水平差别较小，压低城镇生育水平的计划生育政策同样对资本和经济增长是负面的影响，所以计划生育对宏观经济的影响是负面的。吴信如等（2015）采用 OLG 模型和面板数据进行研究发现，过去中国 30 多年采取的生育政策使未来养老资源降低和老年人的福利降低；进一步模拟显示，单独"二孩政策"不能改变未来的老龄化趋势，普遍"二孩政策"可以有效地缓解人口老龄化，增加未来劳动人口数量以及社会养老能力。总之，过去中国采取的计划生育是不利于经济增长的。王会宗和张凤兵（2016）认为，要实现经济的可持续目标需要一个合理的就业人数或者出生人数，而当前的生育政策引致的出生率低于这个出生率，所以为了保持经济的可持续，需要适当放松生育管制。

但也有学者提出不同的学术观点。王谦和郭震威（2001）认为，计划生育导致的生育率下降到底会产生一个什么样的经济后果，对此问题的研究还不够清晰，因此从提高人均 GDP 的目标去控制人口，并不一定合适。刘永平和陆铭（2008）在代际模型的基础上引入了家庭养儿防老和死亡遗赠的机制。数值模拟表明，在当前人口预期寿命既定下，计划生育政策放松将导致经济增长率下降；在老龄化加强情况下，经济增长率将随计划生育政策的放松进一步下降。总之，计划生育政策的放松将不利于经济的增长，为了经济的可持续增长，当前中国应继续实施计划生育政策。王金营（2010）认为，计划生育政策使中国人口红利过早地到来，降低了少儿抚养比和社会总抚养比，推动了中国过去 30 多年的发展。

黄少安等（2013）认为，虽然如今出现一定程度老龄化，但相对于放松生育管制，老龄化带来的压力和负担是小的和短期的。中国作为世界唯一超级人口负担大国，巨大的人口总量对世界和我们自己的子孙，都有巨大的负外部性。中国必须长期坚持严格的计划生育政策，在严格控制人口总量增长的前提下，提高人口质量。倪红福等（2013）引入动态 CGE 模型，定量分析了不同人口政策调整对中国经济增长和结构的影响，发现从人均 GDP 和环境压力角度来看，我国应该完善单独政策，适当推行二孩晚育的人口政策，这既有利于经济发展，又能适当减轻社会环境压力。瞿凌云（2013）从人口数量与质量替代效应视角出发，借助理论模型，讨论在具有中国特色发展模式下人口老龄化对经济增长的影响。研究表明：低生育率尽管会加剧人口老龄化，但也会促进人力资本积累，经济发展方向最终由这两个力量强弱的对比决定。王云多（2014）运用动态世代交叠模型，发现短期内人口老龄化为年轻人提供了更多人力资本投资机会，导致劳动力数量供给减少，产出水平下降，人口老龄化经济成本增加；长期内，人口老龄化为社会提供更多的熟练劳动力，提高了劳动人口素质，劳动参与率和产出水平，降低了人口老龄化的经济成本。李德山和张淑英（2014）构建人口与经济的动态模型，对四川省进行研究，发现计划生育通过降低生育率为四川省的经济迅速发展创造了极其有利的人口条件，使得人口负担降低，劳动参与率提高，进而增加了资本积累，提高了劳动生产率，但是计划生育也产生了一定的人口结构问题，如未来的老龄化。张国旺和王孝松（2014）使用 1990~2010 年省级面板数据进行研究，发现历史上中国的计划生育政策通过降低出生率进而降低社会抚养比和人口增长率，有效地促进了人力资本的累积和经济增长，进而计划生育历史功不可没，应该长期坚持，等等。杨华磊等（2015）采用动态优化模型进行研究，发现表征为放松生育管控的全面"二孩政策"对短期产出和人均产出不利。

关于生育管控对家庭和社会福利的影响，国际上学者进行了探索。如奥尔德斯和布勒尔（2005）认为，由于技术进步及生育水平下降导致子女的人力资本提高和父母劳动参与率的提高足以弥补生育水平下降对社会保障、经济发展及福利的负面影响，所以有生育政策作用的生育水平快速下降，从中短期来看，并不一定有损社会福利。森（2006）发现在一个部门的经济中，人口增长会提高经济增长率，但是降低稳态时的社会福利水平和人均消费水平；相反，在两个部门的系统内，却提高社会福利水平和消费水平。波尔茨曼等（2012）对美国进行研究，发现美国人口结构的改变会导致工作年龄人口的下降，进而增加资本劳动力比，降低资本收益，提高劳动收益，最终引致将要退休人士的福利受损。廖珮如（2013）发现，虽然放松生育管控会使当代人福利得到提高，但是后代劳动人口的福利将遭受损失。百田（2015）认为，生育水平的下降来自育龄妇女的总和生育水平和育龄妇女占总人口的比例的下降。如果生育水平下降是妇女总和生育率的下降，生育水平下降对资本积累和经济福利存在负面影响，所以由生育政策作用的妇女总和生育率的下降，是有损社会福利的，等等。国内学者也进行了相关研究。封进（2004）发现，生育水平下降会引致未来青年人口增速下降，进而会降低未来的社会福利。王晶等（2010）基于适度人口规模理论认为，计划生育政策有力地促进了人口和经济的协调发展，提高了社会福利。王伟（2013）基于CGSS2008数据发现，在计划生育执行较为严格的"80后"父母身上发现，计划生育政策不仅没有降低他们的幸福水平，相反提高了他们的幸福水平。谭雪萍（2015）在穆光宗（1993）的成本效用理论基础之上，把生孩子的成本分为经济成本和非经济成本，把生孩子的效用分为经济效用、家庭的天伦之乐效用以及传宗接代效用等，并设计测量指标，发现如果生育在不降低孩子投入下，多生孩子必然降低当期生育主体的效用，进而选择少生，等等。

2.2.2 生育管控对养老模式选择和代际支持影响的研究

关于生育管控对养老影响的文献，邦加茨和格林哈尔希（1985）讨论了中国20世纪80年代采取的一个孩子政策对经济和社会产出影响，发现独生子女政策会使得中国未来社会的老龄化问题极为严重。金（1987）及何利和金屋（1989）认为，生育的动机不完全出于利他，还存在养老功能，生育既有利他的消费属性，又有利己的养老投资属性。贝和皮莱（1999）的研究表明，多生育孩子会显著地提高老年人口的代际支出水平和福利水平。布莱克和梅林（2006）发现，如果没有新的年轻移民的迁入，伴随着生育水平的下降和老龄化的加速，当前的养老金制度将越来越无法维持。曾毅（2007）模拟了不同的生育政策情景对未来养老金赤字的影响，倡议中国在未来要开始逐步调整生育政策，实现从生育管控到自由生育的软着陆。杰奎琳（2016）发现，中国有更多孩子的父母，在老年时候将从孩子那获得更多的回报，最有可能与孩子居住在一起。格林哈佛（1988）发现，过去采取的独生子女政策会大大削弱未来中国的家庭赡养能力。李建新（2000）认为，计划生育政策虽然不是老龄化的原因，但是中国未来老龄化加快的主要原因。李建民（2004）认为，中国农村采取的计划生育政策会增加未来农村老年人口贫困发生的风险，是对农村养老资源的一种剥削。桂世勋（2008）认为，当前调整生育政策，可以有效地缓解未来老龄化，降低老年抚养比，增加未来家庭的养老功能。张思锋等（2010）以陕西省为例，比较在不同的出生率情景下，未来陕西省养老金收支状况，发现高出生率情景下的养老金收支状况好于低出生率情景。孙博等（2011）考察了逐步放开"二孩政策"对未来城镇养老金财务体系的影响，发现 2038 年之前，放开生育几乎不对养老金缺口产生影响，但是之后，会显著地提高城镇职工养老金财务体系的可持续，削减养老金缺口的峰值。史佳颖等（2013）认为，当前放松生育管制可以显著地降低未来老龄化的水平。类似研究，李菁昭和严佳敏（2014）以湖北省为例，发现单独二孩可以有效地降低养老金缺口；管权（2015）认为，单独二孩对中国社会保障的影响，好处大于坏处；骆正清等（2015）认为，全面放开"二孩政策"是促进城镇企业职工养老金代际平衡的基本途径之一。于洪和曾益等（2015）基于不同的生育情景，采用保险精算的方法，进行模拟发现，在保持财务状况不变下，单独二孩情景下释放的生育力量越多，缓解未来养老金支付压力的能力就越强，越能够降低未来养老金的缴费率。曾益等（2015，2016）同样采用精算模型，发现如果继续实行一胎化政策，中国养老保险基金将会出现赤字，如果符合单独二孩的妇女都进行生育，可以使得养老金出现赤字的时间点推迟大约 9 年，如果"二孩政策"下符合目标群体的育龄妇女一半进行生育，则在 21 世纪末养老金基本上不会出现赤字。张心洁等（2016）基于医疗保险精算理论发现，短期全面放开"二孩政策"会增加新农合的缴费负担；长期来看，放开二孩子政策可以有效地降低新农合赤字，等等。袁磊等（2016）认为，中国未来养老金保险体系存在资金缺口的风险，而当前实施的全面"二孩政策"在一定程度上可以缓解这一状况，并且政策落实程度越高，政策的效果就越好。唐金成和张晓艺（2016）基于精算模型，分析了单独二孩和全面"二孩政策"对未来城镇职工养老保险收支的影响，发现单独"二孩政策"不变和全面"二孩政策"会改善城镇职工的养老保险的收支状况。张鹏飞和陶纪坤（2017）进一步验证了上述的结论。

但是也有些学者提出不同的观点。贺巧知（2003）基于理论的工作认为，计划生育对家庭养老的影响是根据当时的经济水平得以实现的。如果经济水平较高，计划生育政策会提高家庭养老的能力。刘晶（2004）的研究发现，中国农村生育的女孩数量对农村老年生活质量存在显著的影响，但男孩数量对农村老年人生活质量的影响并不显著。邬沧萍（2007）认为，通过增加出生人数来缓解当前的老龄化问题，进而满足老年人的养老需求，是远水不解近渴，同时也会加大 21 世纪后半叶老年人口的规模，使得那时的养老问题更加麻烦。陈沁和宋铮（2013）在城镇化和老龄化的背景下，考察了放松生育管控对城镇养老金状况的影响，发现放松生育管控短期对养老金收支状况的影响并不显著，长期才会逐渐凸显。刘学良（2014）认为，未来老龄化的趋势不会因为全面"二孩政策"加以改变，相对基准情景，放松生育管控对未来养老金的收支状况影响甚微，未来解决养老问题，我们更多应该着眼于其他方面。廖珮如（2014）采用动态一般均衡模型进行研究，发现过去的生育管控政策显著地提高了劳动人口的人力资本水平和人均收入，放松一孩政策管控对初始的一代是有利的，但是对后代是不利的。朱喜等（2014）通过 OLG 模型进行研究，发现中国过去实行的生育管控，不仅没有降低目标人群退休后的生活水平，相反提高了。这其中的逻辑是，过去的一孩政策较大幅度地提高了未来劳动人口的人力资本水平。石智雷（2015）对中国农村子女对父母的回报进行研究发现，发现单纯的子女数量增加对农村老年人生活质量的提高是负面的，重视子女教育可以显著地提高农村老年人的生活质量。相比儿子，提高女儿的受教育年限更能提高其老年时候的生活质量。黄少安等（2015）同样认为，放松生育管制短期并不能降低老年负担比，特别是生命周期的第一个阶段和最后一个阶段，即全面放开"二孩政策"下新出生的婴儿潮还没有进入劳动力市场之前和退出劳动力市场之后会加大社会的负担，所以解决当前养老和未来的养老，不能寄希望于放开"二孩政策"。

2.2.3　生育管控对社会和经济其他变量影响的研究

李宏彬等（2007）构建一个双重差分模型，考察了发展中国家的生育管控政策对生育水平的影响，发现生育管控会显著提高孩子的素质。罗森茨魏希和张俊森（2009）使用双胞胎数据去检验生育控制政策对孩子质量的影响，发现生育控制政策提高了孩子的质量。钟海（2014）使用断点回归发现，没有证据表明一孩政策在孩子的数量和质量上存在替代。随后，秦雪征等（2016）同样使用断点回归的方法，发现生育管控政策在收入水平低或者存在性别歧视的情景下，更容易提高孩子的人力资本，但在收入水平较高的阶段相对弱化了。李冰晶和张宏量（2016）采用微观计量发现，中国的一孩政策对人力资本的提高仅是适中的。王丰（2014）研究了计划生育政策对历史上出生人口数量的影响，发现生育管控解释了 1/3 的出生人口数量下降。曾毅（2016）考察了全面"二孩政策"对未来人口年龄结构以及人口抚养比的影响。曹杰瑞等（2015）研究了一个孩子政策对家族企业的影响。徐和帕克（2015）分析了生育两个孩子政策对未来出生性别比的影响。杨菊花（2007）和张捷等（2016）调查了过去中国采取的独生子女政策对孩子肥胖的影响。王非等（2016）系统地考察中国的计划生育政策对劳动力市场的影响，等等。

蒋正华和陈松宝（1988）分析了计算生育政策和其他经济社会因素对生育行为转变的影响，谭琳（1994）分析了计划生育政策对女性健康的影响，发现计划生育政策提高了女性的健康水平，间接地使得女性获得更多的发展机会。原新和石海龙（2005）认为，过去采取的计划生育政策并不是造成中国性别比失衡的直接原因，一些传统文化以及社会经济技术的变化在某种程度上起的作用不容忽视。汪伟（2010）进行理论分析和实证的研究发现，中国过去采取的计划生育政策很可能是中国过去储蓄率上升的重要原因。周俊山和尹银（2011）发现在20世纪90年代采取的计划生育政策，因为社会抚养费的征收降低了家庭的储蓄率，到2000年以后计划生育管控严格的区域，因为性别比失衡和婚姻挤压，相反有较高的储蓄率。刘华等（2016）采用DID的方法，发现计划生育政策是导致过去农村出生性别比偏高的重要原因之一。陆万军和张彬斌（2016）同样采用双重差分的方法，发现计划生育政策提高了女性的受教育年限，降低了男女在受教育上的不平等。刘家强和唐代盛（2015）认为，中国当前采取的全面"二孩政策"将在促进人口均衡发展、缓解婚姻市场挤压、延长人口红利以及推迟老龄化方面起积极的作用。翟振武等（2014）、齐美东等（2016）以及李桂芝等（2016）分别采取不同的分析方法，考察了立即全面"二孩政策"对未来几年出生人口数量、性别比、劳动供给以及老龄化的影响，发现放松生育管控之后，会明显增加出生人数，改善性别比失衡，增加未来劳动供给并延缓老龄化。张晓青等（2016）比较了不同生育管控下家庭居民生育意愿的差别。李玲和杨顺光（2016）以及赵佳音（2016）分析了全面"二孩政策"对未来10~20年学前教育和义务教育的影响，以及中国要从政策上做好应对的准备。黄燕芬和陈金科（2016）考察了实施全面"二孩政策"对未来住房消费市场的影响，等等。

2.2.4　生育管控与其他政策配套使用的研究

刘永平和陆铭（2008）在家庭养老和存在死亡馈赠的情景下，构建一个一般均衡的代际支持模型，探讨中国放松生育管控对产出、储蓄以及教育的影响，发现放松生育管控并不会导致经济增长，家庭储蓄与少儿抚养比无关。薛继亮（2014）考察了放松生育和延迟退休同时使用对劳动力市场的影响。于洪和曾益（2015）采用保险精算的理论，模拟了延迟退休和"二孩政策"对中国养老保险基本面的影响，发现适当地延迟退休和实行放松生育管控可以一定程度上规避老龄化对养老保险基本面的负面影响。景鹏和胡秋明（2016）根据中国养老保险制度的特点，构建一个封闭的异质性和无限存活的OLG模型，模拟生育政策调整和延迟退休对城镇职工基本养老保险最优缴费率的影响，发现最优缴费率随着退休年龄的延迟而下降，随人口增长率的上升而提高。周立群和周晓波（2016）在不考虑人力资本以及技术的情景下，构建多阶段的一般均衡模型，模拟了延迟退休和放松生育管控同时使用对社会抚养比和经济增速的影响，发现延迟退休对社会抚养比的降低起到更迅速、更直接的作用。相反放松生育管控对抚养比的影响具有滞后性。在实行放松生育管控的同时，配套使用延迟退休方案，可以规避

"二孩政策"对产出的负面影响。郭凯明和颜色（2016）在放松生育管控和现收现付的养老制度背景下，采用 OLG 的框架，构建一个局部和一般均衡的分析框架，模拟了延迟退休对劳动人口供给的长期影响，发现劳动人口增长方向取决于社会或者父母对孩子数量和质量的相对重视程度。

彭希哲（2016）认为，全面"二孩政策"生育目标的落实，需要一些整体上的配套性措施加以辅助。如着眼构建一些规避"二孩政策"对女性就业、家庭伦理以及不同地区、城乡以及群体之间的利益分配影响的配套性措施。李颖（2016）分析全面"二孩政策"的意义极其重大，而其发挥作用却会困难重重，所以急需一些机制加以保障。其建议建立生育保险制度，保障"二孩政策"效应的顺利发挥。高凤勤和汤慧质（2016）认为，为了降低育儿的成本、释放生育力量，新一轮的税务制度改革应该与全面"二孩政策"相互匹配，如降低个人所得税率。宋健（2016）认为，全面"二孩政策"能否达到预期目标依赖女性就业和生育之间的平衡。建议在实行全面"二孩政策"过程中，要消除对女性在就业方面的歧视，减少就业对生育的挤占；建立公费或者平价幼儿园，发挥规模效应，降低育儿的成本；完成社会支持政策，如对育婴机构建立在政策上支持，税费等补贴企业建立健全男女都具有的产假和育婴假等。钟晓华（2016）通过对广东省"双非"夫妻采用的实证的方法评估了"二孩政策"，发现"二孩政策"对城市"双非"夫妇的影响作用有限。在此基础之上，在实行全面"二孩政策"的过程中，配套建立一些机制，可以保障"双非"夫妻生育力量的释放。如建立社会、企业以及家庭机制和增加公共服务力度，保障妇女再生育的权益，降低妇女生育的机会成本。杨舸（2016）在维持"二孩政策"生育水平不变下，分析了"二孩政策"对未来出生人口和劳动人口的影响，发现虽然有利于改善劳动人口减少速度、降低抚养比，但效果有限。因此全面"二孩政策"不是生育政策调整的终点，应该在实行全面"二孩政策"基础上，建立健全体制，从体制上应对适龄劳动人口减少和老龄化等负面影响，等等。

2.3　现有研究不足和改进之处

综观已有文献研究成果，存在以下可以改进的地方。

第一，在研究背景和研究问题上：其一，上述研究更多是在老龄化和人口结构改变的背景下进行的，很少把生育政策评估和选择放在人口世代更迭（婴儿潮和出生低谷交替的在生命周期内演进过程）以及全面实行"二孩政策"的大背景下探讨，很少看到老龄化提速、适龄劳动人口减少以及出生人口数下降是人口世代更迭导致，进而全面"二孩政策"的实施是对人口世代更迭导致的人口结构失衡的一种政策响应。其二，很少研究对刚刚实施的全面"二孩政策"从一个系统、综合以及宏观的角度去全方位地及时评估全面"二孩政策"的社会经济效应。如有些学者看到历史上计划生育导致人口红利期过早过猛来临，促使经济增长，但看不到未来计划生育导致的老龄化过早过猛来临，阻碍经济增长；相反亦之；有些学者着眼于劳动市场，有学者着眼于资本市场，有学者着眼于产出，有学者着眼于社会福利，有学者着眼于养老，等等。其三，虽然存在一些对全面"二孩政策"的评估工作，但是在评估的基础上，模拟规避了全面"二孩政策"不足的配套性政策效应，把外部性理论引入对生育行为分析中，在表征为放松生育管控的全面"二孩政策"的基础之上，从生育权安排的角度，基于双目标决策模型，进一步探讨未来生育政策选择的研究还是不多的。

　　第二，在理论框架和研究方法上：其一，在理论框架设计上，已有文献要么直接技术导向或套用现有理论模型，要么直接借用外国的情景，而针对中国问题、符合中国场景的、考虑到中国国情的分析还是较少。如生育的双重属性，生育即消费品，也是投资品，既具有传宗接代的文化，又具有生子女防老的文化；中国的养老是社会养老、个人储蓄养老以及家庭子女赡养的混合情景，社会养老是个人账户和国家统筹账户的混合；中国的储蓄具有家庭内生属性，中国的生育严格受到计划生育政策管制，等等。其二，在研究方法上，通常上述研究考察放松生育管控的养老效应以及配套性政策效应时，很少把养老、生育以及其他配套性政策放在同一个一般均衡框架内进行讨论，从一个适合中短期分析的多阶段决策框架去评估全面"二孩政策"。再如有的采用保险精算，有的采用人口统计的方法，有的采用微观计量方法。虽然有采用 OLG 模型的研究，但是考察代际转化的OLG 模型不能很好地做未来 30~40 年内每年产出、福利以及代际支持水平的变化。即使存在多阶段决策的动态一般均衡方法进行中短期模拟的研究，但通常在一定的假设条件进行，如不考虑劳动参率、资本折旧、人力资本和技术进步等。其三，很少研究在分析生育行为中采用外部性的理论，进而从生育的外部性成因出发，分别分析不同社会下生育外部性的表现形式，进一步从生育权安排视角，基于一个多目标的决策模型优化当前生育政策。基于上述研究不足，在全面"二孩政策"才刚实施的前提下，针对大家关心的问题，特别是国家想获得一些对后续配套性政策制定以及进一步生育政策安排有参考意义的前瞻性的评估和模拟工作。

　　基于此，把对生育、养老及其他配套性政策的探讨放在一个框架内，综合研究问题和多阶段决策模型的特点，中国国情以及研究问题时间跨度集成经济学中OLG 模型和管理中的多阶段决策方法，构造了更适合中短期模拟的每年进行决策的多阶段决策的一般均衡模型，系统、及时评估放松生育管控和配套性政策对产出、劳动人口福利、养老模式以及代际支持的影响。在评估全面"二孩政策"的基础之上,为避免短期政策的负面影响及长期政策目标无法落实的问题,基于情景分析和政策仿真视角,模拟了配套措施的效果。基于配套性政策的不足和全面"二孩政策"无法解决人口结构问题的不足,把外部性理论引入生育行为分析中;基于双目标模型,从生育权安排的视角进一步探讨未来可能的生育政策。总之,根据中国国情和研究问题,整合已有文献在模型设定上的可取之处,把研究人口政策对社会经济变量影响的、适合中长期分析的 OLG 模型改造成能够进行中短期分析的,可以在很多研究问题上推广的多阶段一般均衡分析框架。在此基础上,系统及时地评估和模拟了全面"二孩政策"和其他配套性政策的效果,并在合适的研究问题上适当地引入外部性理论,为未来生育政策选择提供理论基础,回答全面"二孩政策"以后应该安排何种生育政策等问题。最终,使得在研究问题和研究视角上有创新,在理论模型和研究手法有贡献,在政策建议和机制设计上也有所启发。

第3章 放松生育管控对中间要素变量的影响

为了回答放松生育管控是否可以提高产出和人均产出，助推中国早日走出中等收入阶段，实现两个百年目标；是否可以提高劳动人口福利，释放政策生育力量，促进人口本身，人口与社会、经济的均衡发展；是否能够从根本上改变未来最优的养老模式选择，改善未来老年人口的养老状况，应对短期"60后"婴儿潮引发的养老汛期等问题。我们首先分析放松生育管控对要素变量人口、人力资本、全要素生产率以及资本的影响，而放松生育管控对要素变量影响的逻辑表现为：放松生育管控通过影响出生人口数量，影响未来新进入劳动力市场队列的人数，进而影响未来的劳动人口数量；通过影响未来劳动人口的年龄结构，进而影响未来的全要素生产率；通过影响未来劳动人口的平均受教育年限，进而影响未来劳动人口的平均人力资本水平；通过影响未来社会的抚养比，进而影响未来的储蓄和资本存量。具体放松生育对要素变量人口、资本、人力资本以及全要素生产率的影响见图3－1。

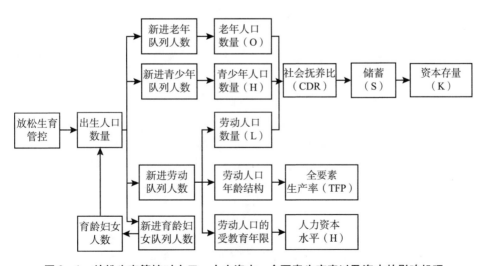

图3－1 放松生育管控对人口、人力资本、全要素生产率以及资本的影响机理

3.1 放松生育管控对人口年龄结构的影响

首先，在知道初始分年龄分性别的人口分布、幸存率以及生育率的情景下，通过队列分析和人口动力学的方法，笔者预测了 2015～2050 年，表征为放松生育管控的全面"二孩政策"和表征为基准情景的生育政策不变下的分年龄分性别的人口结构[①]。在此基础之上，考察了放松生育管控对未来劳动人口数量、青少年人口数量及老年人口数量的影响，尝试去回答，放松生育管控能否增加未来适龄劳动人口数量等问题；考察放松生育管控对未来社会抚养比的影响，回答放松生育管控能否加速人口红利消失等问题；考察放松生育管控对人口年龄分布的影响，回答放松生育管控是否会制造婴儿潮，解决人口结构等问题。

3.1.1 相关变量和数据来源

$P_i(j)$、$P_i^{female}(j)$、$P_i^{male}(j)$、$\pi_i^{female}(j)$ 以及 $\pi_i^{male}(j)$ 分别表示第 i 年时年龄为 j 岁的人口数、女性人口数、男性人口数、女性死亡率以及男性死亡率；$TFR_i^{female}(j)$ 表示第 i 年时年龄为 j 岁的女性生育率。$P_i^{female}(0)$ 和 $P_i^{male}(0)$ 分别表示第 i 年时新出生的女孩和男孩的数量。分年龄上的就业率为 $LPR_i(j)$，P_i 为第 i 年时的总人口数量。为阅读和描述的方便，把全面"二孩政策"简称为 TCP，把没有实行全面"二孩政策"的 2015 年之前的生育政策看作基准情景，简称为 STCP。在研究人口对社会和经济变量的影响的同时，我们不仅关注人口总量问题，还关注人口结构问题。

分别把青少年人口数量、适龄劳动人口数量以及老年人口数量分别记为 H、l 以及 O。把第 i 年的青少年人口数量、适龄劳动人口数量以及老年人口数量分别记为 H_i、l_i 以及 O_i，第 i 年的劳动人口数量记为 L_i。把青少年人口数量与适龄劳动人口数量的比值称为少儿抚养比（child dependency ratio，CDR），把老年人口数量与适龄劳动人口数量的比值称为老年抚养比（elderly dependency ratio，EDR），把青少年人口数量和老年人口数量之和与适龄劳动人口数量的比称为社会总抚养比（total dependency ratio，TDR），则第 i 年的少儿抚养比、老年抚养比以及社会总抚养比分别记为 CDR_i、EDR_i 以及 TDR_i。

---

① 与其他权威学者和机构的预测相比，此处对人口的预测至少保证在大的方向和趋势上是可靠的，不影响分析结果在定性和方向上的差别，进而具有一定的实际和参考意义。

以 2014 年的分年龄分性别的人口数据为初始数据，分年龄分性别的死亡率数据采用 2003～2012 年分年龄分性别死亡率数据的平均，数据来源 2004～2013 年《中国卫生与计划生育统计年鉴》，且以后假设不变。考虑到最近 10 年出生性别比在 117∶100 左右，正常出生性别比为 107∶100，设定 2015 年后出生性别比为 110∶100，假设以后不变。育龄妇女分年龄生育率数据来源《中国统计年鉴》。由于《2014 年统计年鉴》提供的总和生育率数据为 1.31 左右，又综合陈卫（2015）、翟振武等（2015）、尹文耀等（2013）以及郭志刚（2013）等人的估计，设定基准情景或者政策不变（STCP）下的实际生育水平为 1.5。

考虑到死亡率和人口的正常更替，针对本书的研究问题，如果民众按照政策生育，放松生育管控会有什么社会经济效果，如是否从根本上改变了未来的养老模式选择。在不影响分析结果可靠性的前提下（特别是定性判断、趋势性特征以及比较结果），基于历史上实际生育水平接近政策生育水平，未来实际生育水平有向着政策生育水平收敛的趋势（周长洪和潘金洪，2010；尹文耀等，2013；郭志刚，2013），以及人口正常演进的生育为更替水平；为了避开放松生育管控之后，任何一时点上实际生育水平是多少和最优生育水平是多少的争议问题，同时多加一种生育情景，在技术和模型上没什么改进；当然为了建模、求解以及分析的方便，用人口的更替水平或政策生育水平 2.1 去表征放松生育管控情景（TCP）。通过 2014 年分年龄的育龄妇女生育水平分别平均乘以一个系数，生成 2015 年时两种生育情景下的分年龄育龄妇女生育率（见表 3－1）。

表 3－1　　　　　　　　2015 年分年龄的人口数量、死亡率以及生育水平

年龄	女性人数（人）	男性人数（人）	女性死亡率（‰）	男性死亡率（‰）	政策不变的生育水平（人）	"二孩政策"的生育水平（人）
0	7751756	8798244	12.7891	10.2213	0.0000	0.0000
1	7737420	8989444	1.2087	1.3389	0.0000	0.0000
2	7448374	8780927	0.8745	0.7960	0.0000	0.0000
3	7414181	8748736	0.7352	0.7488	0.0000	0.0000
4	7265880	8579452	0.4541	0.6540	0.0000	0.0000
5	6223930	7358844	0.3123	0.4436	0.0000	0.0000
6	7057626	8540887	0.3141	0.5149	0.0000	0.0000
7	7090571	8480870	0.3054	0.4672	0.0000	0.0000

年龄	女性人数（人）	男性人数（人）	女性死亡率（‰）	男性死亡率（‰）	政策不变的生育水平（人）	"二孩政策"的生育水平（人）
8	6963524	8249119	0.2699	0.4662	0.0000	0.0000
9	6962295	8225233	0.3211	0.5983	0.0000	0.0000
10	6733723	7968278	0.3252	0.4502	0.0000	0.0000
11	6759628	8014411	0.3637	0.2909	0.0000	0.0000
12	6127138	7275740	0.2593	0.2800	0.0000	0.0000
13	6233793	7408088	0.3236	0.4338	0.0000	0.0000
14	6512239	7710352	0.3115	0.5042	0.0000	0.0000
15	6613069	7815478	0.2634	0.5926	0.0003	0.0004
16	6403404	7506762	0.2838	0.5800	0.0011	0.0016
17	7100327	8269190	0.254	0.6570	0.0039	0.0054
18	7053892	8138439	0.5047	0.6768	0.0094	0.0131
19	7417867	8438474	0.5069	0.8063	0.0194	0.0272
20	8484189	9493387	0.3431	0.9338	0.0481	0.0673
21	8978329	9759443	0.5191	1.2153	0.0875	0.1226
22	9993250	10714751	0.4577	0.9906	0.1108	0.1551
23	9987400	10694978	0.6386	0.7677	0.1298	0.1817
24	10438326	11027241	0.4421	1.0019	0.1354	0.1896
25	13792704	14131510	0.5507	0.8749	0.1271	0.1779
26	13164504	13293089	0.5667	1.2016	0.1214	0.1700
27	12160696	12221862	0.5694	1.0287	0.1100	0.1540
28	12783974	12813892	0.5859	1.0200	0.1016	0.1422
29	11335906	11234259	0.6351	1.4234	0.0883	0.1236
30	9934760	9914786	0.8195	1.2977	0.0728	0.1020
31	9798699	9820439	0.6631	1.4394	0.0661	0.0925
32	9647586	9740902	0.7262	1.5168	0.0549	0.0769
33	11012699	11196312	0.7784	1.6398	0.0447	0.0626
34	9618540	9842219	0.7104	1.5541	0.0369	0.0517
35	9289218	9533407	0.8397	1.8006	0.0283	0.0396
36	9688774	10061205	0.744	1.6391	0.0233	0.0326

续表

年龄	女性人数（人）	男性人数（人）	女性死亡率（‰）	男性死亡率（‰）	政策不变的生育水平（人）	"二孩政策"的生育水平（人）
37	9528761	9829327	0.8895	1.6077	0.0187	0.0262
38	8855086	9212921	0.8654	2.0440	0.0151	0.0211
39	10071688	10485333	1.2411	2.3177	0.0117	0.0163
40	10321683	10716030	1.1329	2.2534	0.0092	0.0129
41	11161785	11575804	1.2139	2.5599	0.0071	0.0099
42	11644440	12151472	1.3048	2.7782	0.0054	0.0075
43	11998572	12511920	1.3021	2.7397	0.0049	0.0068
44	12198828	12774299	1.6197	3.1486	0.0042	0.0058
45	13316216	13805509	1.6382	3.2396	0.0038	0.0054
46	12146259	12540690	1.7722	3.4905	0.0035	0.0049
47	13149050	13571705	2.1012	3.7444	0.0034	0.0048
48	10411284	10679732	1.9395	3.9768	0.0033	0.0046
49	11652839	12038899	2.5054	4.2973	0.0033	0.0047
50	11593929	12024510	2.5891	5.2807	0.0000	0.0000
51	11363863	11622465	2.7989	5.1107	0.0000	0.0000
52	13011954	13497204	3.2026	6.0196	0.0000	0.0000
53	9722546	9974865	3.1613	5.6811	0.0000	0.0000
54	5521399	5481193	3.6903	6.7769	0.0000	0.0000
55	6786060	6999552	3.9274	7.1969	0.0000	0.0000
56	6110389	6423405	4.3629	7.7942	0.0000	0.0000
57	7901153	8286975	4.6391	7.2428	0.0000	0.0000
58	8753912	9100425	5.312	10.3270	0.0000	0.0000
59	8126668	8209618	6.2255	10.3312	0.0000	0.0000
60	8428052	8594814	6.596	11.3548	0.0000	0.0000
61	8521818	8566490	6.2674	11.9793	0.0000	0.0000
62	7765355	7692444	8.1727	13.2162	0.0000	0.0000
63	7756651	7697663	9.5108	15.2612	0.0000	0.0000
64	6578733	6459047	10.0364	16.3325	0.0000	0.0000
65	6433564	6458287	11.7869	18.3085	0.0000	0.0000

年龄	女性人数（人）	男性人数（人）	女性死亡率（‰）	男性死亡率（‰）	政策不变的生育水平（人）	"二孩政策"的生育水平（人）
66	6054165	6202386	13.1753	20.1166	0.0000	0.0000
67	5270947	5258654	13.4475	20.7284	0.0000	0.0000
68	4998729	5012058	15.6089	24.8269	0.0000	0.0000
69	4627833	4531993	18.4799	26.7580	0.0000	0.0000
70	4191523	4080619	20.5569	31.0818	0.0000	0.0000
71	3915163	3874995	22.1158	33.6760	0.0000	0.0000
72	3595844	3483812	25.3999	37.7605	0.0000	0.0000
73	3460101	3338510	27.2859	40.8134	0.0000	0.0000
74	3414222	3267342	30.8646	43.0279	0.0000	0.0000
75	3224882	3080177	34.7157	49.7485	0.0000	0.0000
76	2731405	2527371	36.1776	54.8726	0.0000	0.0000
77	2943812	2736135	44.6312	61.3272	0.0000	0.0000
78	2676728	2437028	49.2662	66.4695	0.0000	0.0000
79	2551941	2232378	51.2041	73.9925	0.0000	0.0000
80	2358780	1960771	61.8859	77.3605	0.0000	0.0000
81	2120494	1736537	64.2795	89.1354	0.0000	0.0000
82	2013924	1650417	68.7354	93.0310	0.0000	0.0000
83	1674748	1307081	82.3456	106.7917	0.0000	0.0000
84	1406908	1090807	88.3389	114.2541	0.0000	0.0000
85	1381971	1035113	89.2662	121.9697	0.0000	0.0000
86	1035001	721818	100.2141	130.7967	0.0000	0.0000
87	986531	664099	103.7837	145.2962	0.0000	0.0000
88	781788	497858	126.1636	150.4176	0.0000	0.0000
89	619231	375904	140.1649	178.4830	0.0000	0.0000
90	538202	306314	181.7323	220.4671	0.0000	0.0000
91	403357	214484	190	230.0000	0.0000	0.0000
92	292911	146443	208.07	246.9200	0.0000	0.0000
93	210833	102308	210.51	239.5600	0.0000	0.0000
94	161164	74292	256.4	233.9500	0.0000	0.0000

续表

年龄	女性人数 （人）	男性人数 （人）	女性死亡率 （‰）	男性死亡率 （‰）	政策不变的 生育水平（人）	"二孩政策"的 生育水平（人）
95	110877	51080	234.64	295.3000	0.0000	0.0000
96	70497	30109	262.08	363.2200	0.0000	0.0000
97	50813	18536	224.63	285.6700	0.0000	0.0000
98	36653	12458	277.66	372.9300	0.0000	0.0000
99	25150	7627	145.48	307.3800	0.0000	0.0000
100 +	21963	5049	320.01	397.1600	0.0000	0.0000

　　资料来源：2015 年《中国统计年鉴》和 2004～2013 年《中国卫生与计划生育统计年鉴》，并加以推算。

3.1.2　队列分析法

　　在预测未来中国人口结构时，我们采用队列分析法（cohort analysis）。队列分析法是人口统计学中的一种重要和简要的方法，能够把人口现象中的时间和年龄现象联系起来。一般来说，队列分析法广泛应用于生育、婚姻以及死亡等人口事件的分析中，以同一时期内经历同一事件的一群人为考察对象（曾毅，2011）。要明白何为队列分析，首先需要明晰什么是队列，队列就是在同一时期内经历同一事件的一群人。譬如，同一年出生的人口为一个出生队列，同一进入劳动力市场的人口为进入劳动力市场的队列。在此我们更多关注出生队列。上述仅说明何为队列，那何为队列分析方法？就是利用队列的概念考察人口事件。以预测未来人口结构为例，首先以同一年出生的人口为一个队列，每过一年，初始的队列群体会发生死亡事件和生育事件，不同的队列面临着不同的死亡风险和生育概率。则下一年每个队列幸存下来的成员和发生生育的成员组成一个新的队列。随着时间的变化，这些队列不断的经历相同的死亡事件和生育事件，组成新的队列，一直滚动下去，最终实现对未来人口结构的预测。具体的队列分析方法可以参考图 3 - 2。

　　图 3 - 2 讲述了在一个时点出生的人口是如何演化的。如在 2015 年出生的一个队列，如果其有幸走过 2015 年，并进入到 2016 年时候，其就变成年龄为 1 岁的队列。到了 2017 年，其就变成了 2 岁的队列，当然从 0～1 岁，从 1～2 岁，中间存在事件发生的概率。上述演进所体现的方法就是队列分析方法。上述分析方法的科学性和合理性体现在，预测所涉及的概念、定义以及假设条件是清晰的，基本的原始数据（如生育率和死亡率）是来自《中国统计年鉴》或者统计

公报，数据是可靠的和值得推敲的；各个变量之间关系是符合事实的，而非主观臆断的；方法是目前很多研究人口的学者广泛采用的，并且是严谨自洽的。在预测中，预测模型基本涵盖人口演化过程中的一些主要变量，如生育率、死亡率、育龄妇女人口数以及初始人口分布。最终，通过厘清了各个人口变量之间内在关系，勾画出一副随着时间变化，近似符合人口动力学机制的演化图景（在此没有考虑表征为人口机械增长的人口迁移）。综合上述，我们的论证和预测结果是相对科学的，基本上能够反映未来中国人口结构的演进。

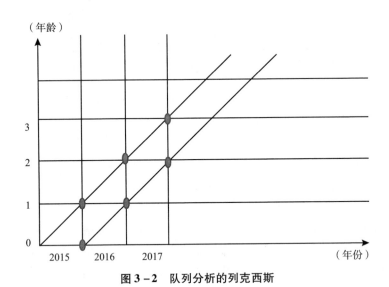

图 3 - 2 队列分析的列克西斯

3.1.3 未来的人口预测

需要说明的是，本书假设人们的生命是有限的，寿命的上限为 100 岁，大于 100 岁的个体将自动退出模型。那 2015 年以后，每年 0～100 岁的分年龄分性别的人口数据如何计算呢？1～100 岁的人口是上一年 0～99 岁人口幸存率下来，若第 i 年时年龄为 j 岁的人口数、女性人口数、男性人口数、女性死亡率以及男性死亡率分别为 $P_i(j)$、$P_i^{female}(j)$、$P_i^{male}(j)$、$\pi_i^{female}(j)$ 以及 $\pi_i^{male}(j)$，则第 i+1 年时年龄为 j+1 岁的男性人口数和女性人口数 $P_{i+1}^{male}(j+1)$ 和 $P_{i+1}^{female}(j+1)$ 分别为

$$\begin{cases} P_{i+1}^{male}(j+1) = \left[1 - \pi_{2015}^{male}(j)\right] P_i^{male}(j) \\ P_{i+1}^{female}(j+1) = \left[1 - \pi_{2015}^{female}(j)\right] P_i^{female}(j) \\ j = 0, 1, \cdots, 99 \end{cases} \quad (3-1)$$

对于第 i+1 年新出人数 $P_{i+1}(0)$ 如何计算呢？首先需要知道 i+1 年出生多少人口，然后根据出生性别比去计算新出生的男孩数量 $P_{i+1}^{male}(0)$ 和女性数量 $P_{i+1}^{female}(0)$。第 i+1 年出生多少人口呢？第 i+1 年新出的人数量等于第 i 年育龄年龄段上的育龄妇女人口数 $P_i^{female}(j)$ 分别乘以相对应年龄段上的生育水平 $TFR_i^{female}(j)$，然后相加。根据对育龄年龄段 15~49 岁的定义，则有

$$P_{i+1}(0) = \sum_{j=15}^{49} P_i^{female}(j)\, TFR_i^{female}(j) \tag{3-2}$$

如果我们知道了第 i+1 年出生人口数量 $P_{i+1}(0)$，根据我们假定不变的出生性别比 115∶100，则第 i+1 年出生的男孩数量 $P_{i+1}^{male}(0)$ 和女孩数量 $P_{i+1}^{female}(0)$ 就分别为

$$\begin{cases} P_{i+1}^{male}(0) = \dfrac{115}{100+115}P_{i+1}(0) \\[2mm] P_{i+1}^{female}(0) = \dfrac{100}{100+115}P_{i+1}(0) \end{cases} \tag{3-3}$$

通过上述方程，可以计算出 2015 年以后历年 0~100 岁的人口。在不影响分析结果的情景下，为了分析上的方便，假定人的最高寿命是 100 岁，大于 100 岁的个体将自动退出模型。则我们可以得到第 i 年年龄为 j 的人口数量 $P_i(j)$，其等于对应年龄上的男性人口数量加上女性人口数量

$$P_i(j) = P_i^{female}(j) + P_i^{male}(j) \tag{3-4}$$

把历年各个年龄段上的男性和女性人数加总可以得到历年各个年龄上的人口数据；把历年男性或者女性各个年龄段上的人口加总，得到未来历年男性人口数量或者女性人口数量；把历年各个年龄段上的人口加总，得到未来总人口数量，第 i 年的总人口数量为 P_i，其等于各个年龄段上人口数相加，则有

$$P_i(j) = \sum_{j=0}^{100} P_i(j) \tag{3-5}$$

考虑到中国的法律规定，16 岁以前的人口不许参加劳动。在此把 16 岁以前的人口称为青少年人口，当然作者不考虑那些非法的童工；根据当前退休年龄特点和统筹的养老金制度，近似设定 55 岁为开始领取养老金或被赡养的年龄[①]，进而把 16~54 岁的人口定义为适龄劳动人口 l_i，被赡养的老年人口为 55 岁以上人口，在此不考虑 55 岁以后再参与工作的人口。则未来青少年人口数量、适龄劳动人口数量以及老年人口数量分别为

---

① 李唐宁. 我国平均退休年龄 54 岁人社部：延迟退休对就业影响有限 [EB/OL]. (2016-07-27) [2019-03-04]. http://finance.people.com.cn/n1/2016/0727/c1004-28587325.html.《国务院关于安置老弱病残干部的暂行办法》和《国务院关于工人退休、退职的暂行办法》文件所规定的退休年龄。国家法定的企业职工退休年龄是男年满 60 周岁，女工人年满 50 周岁，女干部年满 55 周岁，所以近似中国平均退休年龄不到 55 岁，在此为计算方便，假设为当前平均退休年龄为 55 岁。

$$
\begin{cases}
H_i = \sum_{j=0}^{15} \left[P_i^{female}(j) + P_i^{male}(j) \right] \\
l_i = \sum_{j=16}^{54} \left[P_i^{female}(j) + P_i^{male}(j) \right] \\
O_i = \sum_{j=55}^{100} \left[P_i^{female}(j) + P_i^{male}(j) \right]
\end{cases}
\quad (3-6)
$$

因适龄劳动人口中存在失业的问题，所以适龄劳动人口并非等于实际的劳动人口数量[①]。不妨设历年分年龄上的就业率 $LPR_i(j)$ 为第六次人口普查公布的数据 $LPR_{2010}(j)$，同时令分年龄就业率 $LPR_i(j)$ 在以后各年都保持不变，则未来历年的劳动人口数量为

$$
L_i = \sum_{j=16}^{54} P_i(j) LPR_{2010}(j) \quad (3-7)
$$

为了考察放松生育管控的人口抚养比效应，回答放松生育管控对人口红利的影响，在此需要计算历年的少儿抚养比 CDR_i，老年抚养比 EDR_i 以及社会总抚养比 TDR_i，则有

$$
\begin{cases}
CDR_i = \dfrac{H_i}{l_i} \\[2mm]
EDR_i = \dfrac{O_i}{l_i} \\[2mm]
TDR_i = \dfrac{H_i + O_i}{l_i}
\end{cases}
\quad (3-8)
$$

3.1.4　放松生育管控对人口年龄结构的影响

1. 全面"二孩政策"的人口结构效应

从图 3-3 可看出，其一，在生育政策不变的前提下，未来中国总人口数量将于 2025 年达到 14 亿人左右的峰值，然后开始萎缩，2050 年萎缩到 12 亿人左右。其二，放松生育管控条件下，未来总人口数量将于 2028 年左右达到峰值 14.5 亿人左右，然后开始下降，到 2050 年左右，中国的总人口数量基本上维持在 14 亿人左右。总之，按照政策生育，相对维持生育政策不变，放松生育管控会增加未来的总人口数量，推迟人口总量达峰的时间（王开泳等，2016），但是改变不了未来总人口数量下降的趋势性特征，这基本与王金营和戈艳霞（2016）

---

　　① 在计算劳动人口中，我们没有考虑 54 岁以上的老年人口还参与劳动的人口，这可能会造成对劳动人口的低估。但是相比维持生育政策不变，在考察放松生育管控的趋势性特征和水平性特征效应的时候，不影响定性的分析结果。

的预测类似，见图 3-3。

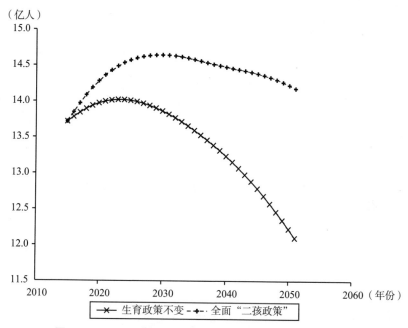

图 3-3　生育政策不变和全面"二孩政策"下的总人口数

从图 3-4 可看出，其一，放松生育管控改变不了未来青少年人口波动下降的趋势，但是增加了未来的青少年人口数量。2015 年之后，维持生育政策不变下的青少年人口数量呈现先轻微上升，然后轻微下降的趋势，峰部出现在 2018 年；放松生育管控下的青少年人口数量呈现先轻微上升，后轻微下降，再次轻微上升的趋势，峰部出现在 2025 年左右，低谷出现在 2035 年左右。源于伴随着人口世代的更迭，"80 后"婴儿潮逐步退出育龄年龄阶段，育龄妇女人数下降，使得即使每个妇女的生育水平达到更替水平，总生育的子女数量也呈现减少的趋势；同时 2000 年以后出生人数基本比较平稳，每年新进入劳动人口队列的人口数量比较平稳，导致每年青少年人口数量呈现逐年下降的趋势。其二，放松生育管控没有改变未来老年人口数量增加的趋势（先急剧增加，后轻微增加），同时在 2050 年前，生育政策不变和放松生育管控下的老年人口数量基本相同。为什么呢？因为 2015 年之后，按照中国当前的平均退休年龄 55 岁左右，中国最大的婴儿潮世代"60 后"开始迎来退休潮，导致老年人口急剧增加，之后"70 后"出生低谷世代进入养老年龄，虽然总老年人口数量增加，但是增速下降；2015 年以后新出生的婴儿到 2075 年才开始步入老年，所以生育政策对 35 年以内老年人口数量影响不大。

从图 3 - 4 中还可以看出，其一，当前放松生育管控改变不了未来适龄劳动人口数量减少的趋势。源于未来适龄劳动人口减少取决于历史上的出生人数。如未来伴随着中国最大的婴儿潮世代"60 后"的退休以及"95 后"和"00 后"出生低谷进入劳动市场，每年新退出劳动市场的人口逐年增加，每年新进入劳动力市场的人口数量逐年减少，且前者大于后者，所以未来适龄劳动人口数量呈现下降的趋势。其二，在 2030 年前，放松生育管控和生育政策不变具有近似相同的适龄劳动人口数量，这由于放松生育管控下新出生的婴儿至少在 15 年之后才开始进入劳动力市场，当然在此不考虑放松生育管控对劳动参与率的影响。其三，2030 年之后，放松生育管控下的适龄劳动人口数量高于生育政策不变下的劳动人口数量，源于在两种生育情景下每年流出劳动力市场的人口数量一样，但是 2030 年之后，放松生育管控下有更多的适龄人口进入劳动力市场。

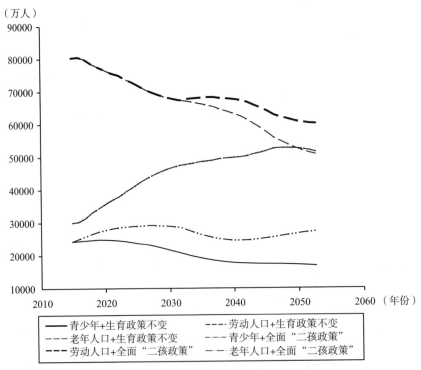

图 3 - 4　生育政策不变和全面"二孩政策"下的人口结构

为了更清晰地展现未来 35 年之内的人口结构，在此笔者把基准情景和放松生育管控情景下未来的青少年人口数量（0～15 岁）、适龄劳动人口数量（16～64 岁）以及老年人口数量（55 岁及以上）以表格的形式展现（见表 3 - 2）。

表 3 - 2　　　2015 ~ 2050 年的青少年人口、适龄劳动人口以及老年人口数量　单位：万人

年份	生育政策不变			全面"二孩政策"		
	0 ~ 15 岁	55 岁及以上	16 ~ 54 岁	0 ~ 15 岁	55 岁及以上	16 ~ 54 岁
2015	24184	30168	82810	24184	30168	82810
2016	24356	30472	83007	25015	30472	83007
2017	24515	31603	82321	25810	31603	82321
2018	24686	33363	80914	26599	33363	80914
2019	24830	34729	79842	27339	34729	79842
2020	24781	36112	78854	27863	36112	78854
2021	24681	37457	77860	28313	37457	77860
2022	24479	38504	77175	28638	38504	77175
2023	24221	40055	75952	28887	40055	75952
2024	23879	41362	74971	29030	41362	74971
2025	23491	42860	73765	29110	42860	73765
2026	23269	44103	72575	29341	44103	72575
2027	22793	45255	71661	29308	45255	71661
2028	22266	46294	70853	29213	46294	70853
2029	21717	47184	70157	29090	47184	70157
2030	21109	47869	69677	28904	47869	69677
2031	20530	48464	69208	28742	48464	69208
2032	19950	48779	68974	27931	48779	69620
2033	19405	49173	68583	27167	49173	69861
2034	18906	49561	68111	26471	49561	70003
2035	18463	49817	67679	25858	49817	70163
2036	18085	50092	67132	25342	50092	70186
2037	17772	50586	66270	24939	50586	69869
2038	17521	50772	65623	24659	50772	69746
2039	17329	50939	64903	24506	50939	69528
2040	17189	51090	64113	24478	51090	69220

续表

年份	生育政策不变			全面"二孩政策"		
	0～15 岁	55 岁及以上	16～54 岁	0～15 岁	55 岁及以上	16～54 岁
2041	17090	51455	63027	24560	51455	68597
2042	17022	52068	61623	24733	52068	67643
2043	16974	52529	60310	24975	52529	66768
2044	16934	53148	58786	25265	53148	65672
2045	16894	53870	57115	25586	53870	64422
2046	16847	53951	56045	25921	53951	63769
2047	16787	53928	55044	26254	53928	63180
2048	16711	53883	54038	26577	53883	62582
2049	16613	53634	53219	26878	53634	62171
2050	16490	53298	52476	27147	53298	61838

资料来源：笔者预测。

2. 全面"二孩政策"的社会抚养比效应

从图 3－5 可看出，其一，相比生育政策不变，放松生育管控改变不了未来老年抚养比上升的趋势（先剧烈上升，后轻微上升），但是短期对老年抚养比影响不大，长期，伴随着放松生育管控下的婴儿潮进入劳动力市场，放松生育管控降低了未来社会中的老年抚养比，具有人口学意义上的养老效应。需要说明的是，放松生育管控下的老年抚养比在 2050 年之前低于 1，维持生育政策不变下的老年抚养比在 2045 年之后开始高于 1。这说明按照本书的统计口径，2045年之后，一个老年人口被一个劳动人口抚养。其二，两种生育情景下的少儿抚养比都呈现出 N 形的波动特征，同时趋势基本上比较稳定，但是相比生育政策不变，放松生育管控增加了少儿抚养比。其三，放松生育管控改变不了未来社会抚养比上升的趋势，也无法改变中国人口红利消失的趋势特征，但是短期放松生育管控因为增加了少儿抚养比，进而增大了社会总抚养比，加剧了中国的人口红利消失；长期，伴随着放松生育管控下的婴儿潮进入劳动力市场，降低了老年抚养比，进而降低了社会总抚养比，减缓了未来中国人口红利消失的速度。

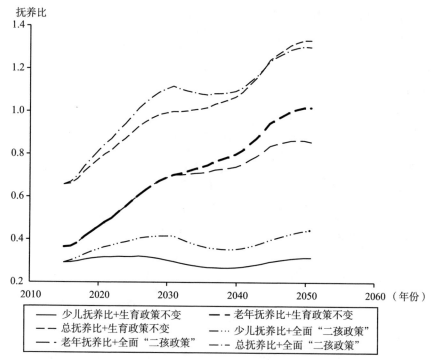

图 3-5　生育政策不变和全面"二孩政策"下的人口抚养比

3. 全面"二孩政策"的人口分布效应

从图 3-6 可以看出，2015 年时中国存在两个人口高峰，一个是如今 28 岁左右的"80 后"出生高峰，一个是 52 岁左右的"60 后"婴儿潮，前者是后者的次生婴儿潮。放松生育管控后，如果民众按照政策生育，2030 年之后，人口年龄分布中存在三个人口高峰：一个 67 岁的"60 后"婴儿潮，一个 43 岁左右的次生"80 后"婴儿潮，一个 15 岁左右的次次生婴儿潮。如果 2015 年之后继续采取生育政策不变的政策，人口年龄分布上仅有两个人口高峰：一个是"80 后"婴儿潮，一个是"60 后"婴儿潮。如果维持 2015 年的生育政策不变，30 年以后，由于"60 后"婴儿潮的离去，仅剩下"80 后"婴儿潮引致的人口高峰；与此同时，放开生育政策情景下的 35 年之后，中国还剩下两个人口高峰：一个是当前的"80 后"婴儿潮，一个是"15 后"婴儿潮。总的来说，只要"80 后"婴儿潮还处在育龄年龄段内，放松生育政策会使得人口结构问题周期性的存在。同时在放松生育管控初期会加重少儿负担比，20 ~ 30 年以后，会降低社会养老负担，50 ~ 60 年之后，又会加重社会的养老负担。从生命周期的角度看，放松生育管控制造的婴儿潮会在青少年和老年时期加重社会负担，在劳动年龄阶段降低社会负担。维持生育政策不变会使得人口结构问题在中期内消失，长期不承担人口结构问题和享用人口红利，短期人口结构问题将极其突出。

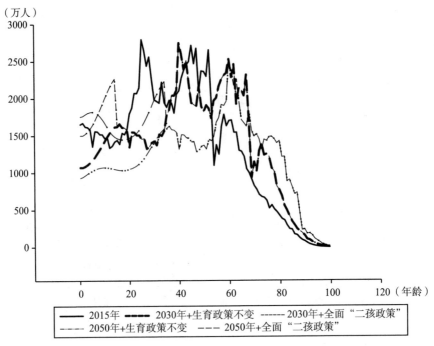

图3-6　生育政策不变和全面"二孩政策"下的人口年龄分布

　　总之，人口结构问题实质就是人口世代更迭的问题，如老龄化问题实质上就是婴儿潮的问题，就是婴儿潮一代周期的处在老年时候出现的问题。如果不存在婴儿潮问题，就是人口分布上不存在生育高峰，也就没有所谓的人口红利和人口结构问题（社会负担）。中国如今老龄化问题，适龄劳动人口减少和人口红利消失，实际上在说明一个问题，中国人口结构出现了问题。人口结构问题深层次的背后就是中国婴儿潮和出生低谷交替演进导致的问题。如果维持生育政策不变，随着婴儿潮一代的离去，人口结构问题会在一个生命周期内自发地消除；但是在这个生命周期的末期，当"80后"和"60后"婴儿潮到了老年时，老年社会负担将极其的严重。当前年轻人养当代年老人的社会保障制度将面临严重的挑战。如果当前按照政策生育，会人为地制造婴儿潮，凸显未来的人口红利和人口结构问题。如短期使得少儿抚养比或社会总抚养比上升，中期使得社会抚养比下降，长期又使得社会抚养比上升，最终使得人口结构问题、老龄化问题一直周期性地存在。

3.2　放松生育管控对人力资本的影响

在考察放松生育管控对未来劳动人口人力资本的影响时，先给出几个基本假设。其一，放松生育管控，不存在或者存在较弱的孩子素质和孩子数量的替代。源于贝克尔和托姆斯（1976）、李宏彬等（2007）以及罗森茨魏希和张俊森（2009）的相关研究，发现在一定条件下，历史上孩子的素质和孩子数量存在替代，但是考虑到在当前收入水平较高的阶段放松生育管控，孩子的素质和数量替代较弱（秦雪征等，2016；安格里斯特和施洛瑟，2010；奥斯隆德和布林基斯，2007；哈恩，2009；布莱克等，2007；康利和格劳伯，2005；刘昊明，2014；钟海，2014）和中国特殊的国情。在中国历史上的计划生育政策对农村生育的作用限制相对较弱，在政策执行较为严格的 20 世纪 80 年代和 90 年代，城镇化率不到30%，故生育政策主要是限制了过去和当前城镇机关、事业以及国有企业单位家庭的生育。如今的放松生育管控与其说是全面放开，不如说更多是对城镇放开；与其说是增加人口数量，不如说是通过放松生育管控增加出生数量，进而提高人口素质。因为城镇家庭居民收入更高，孩子受教育水平更高。其二，相对以前的劳动人口，新进入劳动力市场的平均受教育年限或者学习的时间较长（正规教育与非正规教育）。随着社会的发展、网络和平台社会的形成、知识更新速度加快，促成了终身学习型社会的形成，进而使得未来劳动人口的接受教育和学习知识的年限增长（法定义务教育年限的延长，接受教育机会的增多，其他教育形式开展，如培训、在职教育、职业技术教育、网络教育、网络学习，等等）。其三，放松生育管控对已经处在劳动市场的人口的人力资本影响不大，主要通过影响当前出生的人口数量，影响未来新进入劳动力市场队列的人数，进而通过影响未来劳动人口的受教育年限，最终影响未来劳动人口的平均人力资本水平。

通过统计年鉴和相关文献提供的分年龄段上的受教育年限和劳动人口数据，计算出分年龄段上的总受教育年限，把各个子年龄段上的总受教育年限和劳动人口数量加总，生成总劳动人口数量和总劳动人口的受教育年限，然后得到劳动人口的平均受教育年限。根据人力资本回报模型，把劳动人口的平均受教育年限转化为劳动人口的绝对量人力资本水平，再根据研究的需要，通过基期 2015 年劳动人口的平均绝对量人力资本水平把 2015 年以后的绝对量人力资本水平转化为相对量人力资本水平，最终计算出表征为放松生育管控的全面"二孩政策"和表征为基期维持生育政策不变下未来劳动人口的平均受教育年限和相对量人力资本水平，进而考察放松生育管控的人力资本效应。

3.2.1 相关概念和数据来源

第 i 年劳动人口平均的人力资本水平和受教育年限（在此包括正规的教育、进修以及培训等）分别记为 h_i 和 s_i，基期的人力资本水平为 h_0，第 i 年分年龄的受教育年限为 $s_i(j)$，即第 i 年年龄为 j 岁的劳动人口的平均受教育年限和总受教育年限为 $s_i(j)$ 和 $ts_i(j)$。第 i 年年龄为 j 岁的人口数量和劳动人口数量分别为 $l_i(j)$ 和 $L_i(j)$，第 i 年年龄为 j 岁的人口的劳动参与率为 $LPR_i(j)$。在不影响分析结果的情景下，作者假定年龄别的劳动参与率为第六次人口普查的劳动参与率，并约定在以后各期不变。第 i 年的总劳动人口数量和总劳动人口的受教育年限为 L_i 和 ts_i。2015 年以后分年龄的人口分布来自第 3 章对基准情景和放松生育管控下人口结构的预测。劳动参与率数据来源第六次人口普查的分年龄的劳动参与率数据，并在以后各年假设不变。分年龄段人力资本水平 $s_i(j)$ 的计算采用分世代的方法。对于平均受教育年限，参考黄晨熹（2011）和章敏敏（2014）的研究成果。其核算了"50 后""60 后""70 后"以及"80 后"的平均受教育年限。基于 CGSS（Chinese General Social Survey，中国综合社会调查）2008 的数据，根据历史各世代受教育年限的增量和新增劳动人口的受教育年限[1]，对"90 后"和"00 后"受教育年限进行适当的趋势外推。再根据王林（2006）的研究，1980~2000 年 15 岁以上人口平均受正规教育年限每 10 年的增量 1.25 年左右，以及黄维海和袁连生（2014）的研究，1990~2010 年 5 岁以上人口平均受正规教育年限每 10 年（或者一个世代）的增量 1.27。考虑到本书计算16~54 岁的劳动人口受教育年限，剔除 54 岁以上低受教育年限的人口和还正在增加教育年限的青少年人口；同时考虑到未来人均寿命和工作时间的延长，正规教育中未来孩子对智力的开发越来越提前，上学入托时间越来越早，法定义务年限的可能延长，经济发展对教育等服务产品需求的增加，以及职业技术教育、网络平台学习、进修以及培训等非正规教育形式的发展。依次设"90 后"平均受教育约 14.5 年左右；"00 后"平均受教育水平约 16.5 年。根据李克强等（2005）认为人力资本增长存在上限原理，受教育年限应表现为增速降缓，依次设定 2010 年后受教育年限为 17.5 年左右；2020 年后受教育年限为 18.5 年左右，2030 年后受教育年限为 19.5 年左右。如果考虑到在经济水平较高的阶段接受学校教育年限的延长，非学校教育机会的增多和时间的延长，这个受教育时间也是合理的。虽然上述设定会存误差，通过台下模拟发现，在一个合理范围内上调和下调受教育年限，不影响本书的分析结果，特别是我们重点关注的比较结果、定性判断以及趋势性特征。

3.2.2　人力资本回报模型

一般来说，人力资本包括健康水平、教育水平以及社会关系等。由于社会关系以及健康水平的可计算性较差，同时也使得本书的分析变得更加复杂。在不影响分析问题实质下，在此忽略健康和社会关系对人力资本的影响。跟随胡鞍钢（2002）以及巴罗和李（2013）的做法，统一把人力资本表征为平均受教育年限，在此平均受教育年限包括学校正规教育和与非学校的教育。如何计算历年劳动人口的平均受教育年限，进而计算出劳动人口的平均人力资本水平呢？首先计算历年分年龄的劳动人口数量，其等于相应年龄上的人口数乘以对应的劳动参与率，以第 i 年为例，则有

$$L_i(j) = l_i(j)LPR_i(j) \qquad (3-9)$$

有了第 i 年年龄为 j 岁的劳动人口数量，我们根据此年、此年龄中的平均受教育年限，就可以计算出第 i 年年龄为 j 岁的劳动人口的总受教育年限，则有

$$ts_i(j) = L_i(j)s_i(j) \qquad (3-10)$$

把第 i 年所有适龄劳动年龄段上的劳动人口的总受教育年限相加，就可以得到第 i 年总劳动人口的受教育年限，则有

$$ts_i = \sum_{j=16}^{54} ts_i(j) \qquad (3-11)$$

把第 i 年所有适龄劳动年龄段上的劳动人口相加，就可以得到第 i 年的总劳动人口数量，则有

$$L_i = \sum_{j=16}^{54} L_i(j) \qquad (3-12)$$

把第 i 年劳动人口的总受教育年限 ts_i 除以第 i 年的劳动人口总量 L_i，就可以得到第 i 年劳动人口的平均受教育年限 s_i，则有

$$s_i = ts_i/L_i \qquad (3-13)$$

有了历年的平均受教育年限，我们如何根据受教育年限，计算历年的人力资本水平呢？如果直接把受教育年限 s_i 当作人力资本，会造成各个国家和各个地区之间的人力资本水平的不可比较。考虑到平均受教育年限不易直接进入生产函数的问题，在此把平均受教育年限折换成受教育年限的回报率，把人力资本水平 h_i 看作受教育年限 s_i 的一个函数。根据佩恩表提供的函数形式，则第 i 年劳动人口的人力资本水平为

$$h_i = e^{\varphi(s_i)} \qquad (3-14)$$

因为教育表现出明显的阶段性，且不同层次的教育回报是不同的。因此 $\varphi(s_i)$ 的函数形式应该表现出明显的分段性。很多研究表明，早期的教育回报比后期的教育回报高，所以 $\varphi(s_i)$ 的函数应该具备这一属性。最终每阶段教育的回报率采用陆旸和蔡昉（2014）和萨卡罗普洛斯（1994）的研究成果，$\varphi(s_i)$ 表示为

$$\varphi(s_i) = \begin{cases} 0.134 \times (4 - s_i), & s_i \leqslant 4 \\ 0.134 \times 4 + 0.101 \times (s_i - 4), & 4 < s_i \leqslant 8 \\ 0.134 \times 4 + 0.101 \times 4 + 0.068 \times (s_i - 8), & 8 < s_i \end{cases} \qquad (3-15)$$

不同的人力资本回报系数将导致不同的人力资本水平。在相同的受教育年限上，人力资本回报系数代表着有教育效率和工作环境引致的生产效率。提高教育效率以及劳动市场的配置效率，也就提高人力资本回报系数。如，在同样教育年限下的劳动者缺乏就业技能，在接受教育阶段，相比以前，我们应该提高教育的效率；在进入劳动力市场之前，配合一定的职业教育和从业前培训，提高劳动人口的专业技能。在劳动市场的入口上，初始实现劳动人口和用人单位的精准匹配；如果不能很好地匹配，建立健全劳动人口的流动机制，促进劳动人口流动，提高人力资本回报系数。

相对生育政策不变的基准情景，由于本书重点考察 2015 年以后放松生育管控对社会和经济变量的影响。同时为了有可比性，作者选取 2015 年为基期年份，并且设定基期年份的人力资本水平为一个单位。基于此，2015 年以后历年的人力资本水平就表现为

$$h_i / h_{2015} = e^{\varphi(s_i) - \varphi(s_{2015})} \qquad (3-16)$$

需要说明的是，其一，作者给出两种人力资本水平，一种是没有按照基期 2015 年折换的绝对量人力资本水平，一种是按照基期 2015 年折换的相对量人力资本水平。其二，不同的适龄劳动人口年龄阶段划分会影响最终测算的受教育年限和人力资本水平。在此我们采用 16～54 岁的划分。因为下文涉及对延迟退休等配套性制度的考察，如果采用统计局 15～64 岁的划分，配套措施将无法考察。相对胡鞍钢（2002）、王林（2006）以及孙旭（2008）等估计的 15 岁以上人口的受教育年限，以及相比统计局发布的适龄劳动人口受教育年限，在此估计的劳动人口的受教育年限应该高于上述两种情景下的平均受教育年限①。但这些都是在模型可控的范围内，不影响本书的实质性分析结果。

---

① 因为后者包括更多受教育水平低的年长劳动力，这些劳动人口拉低了劳动人口的平均受教育年限。当然此教育年限也包括后来劳动人口接受的非正规教育时间。

3.2.3　放松生育管控对未来劳动人口人力资本的影响

从表 3-3 中可以看到放松生育管控对未来劳动人口受教育年限的影响：其一，当前劳动人口的平均受教育水平处在初中到高中水平之间，到 21 世纪的中期，也就是 2050 年左右，中国劳动人口的平均受教育年限可以达到本科水平，也即是 16 年左右。需要说明的，未来劳动人口平均受教育年限的快速上升，不仅是具有更高受教育年限的劳动人口的进入，而且还有更多低教育年限一代退出劳动力市场。特别是在未来 15 年以内，中国最大的婴儿潮世代 "60 后" 将逐步完成退休，这将大大地提高劳动人口的平均受教育年限。其二，由于基准情景和放松生育管控，未来劳动人口的平均受教育年限都在增加。这源于新进入劳动市场的劳动人口的平均受教育年限高于原有劳动市场的劳动人口的平均受教育年限，进而提高劳动池子里劳动人口的平均受教育年限。其三，在放松生育管控和生育政策不变的情景下，劳动人口的平均受教育年限差别不大，基本上在 1~1.5年波动（这也近似地说明，放松生育管控对人力资本的影响是微弱的[①]，在以后的分析结果中，我们也将发现人力资本的变动对本书的实质性结果影响不大）。并且在 2030~2035 年之前两种生育情景下，劳动人口的平均受教育年限差别不大；之后，在放松生育管控情景下，劳动人口的平均受教育年限高于维持生育政策不变情景下的劳动人口的平均受教育年限。这源于放松生育管控对未来劳动人口的人力资本的影响，一般来说是 15~20 年以后的事情。随着放松生育管控下的婴儿潮进入劳动力市场，在两种情景下单个劳动人口具有相同的受教育年限，且新进来的劳动人口的平均受教育年限高于原有劳动人口的受教育年限，所以放松生育管控情景下的劳动人口平均受教育年限在放松生育管控情景下的婴儿潮进入劳动力市场之后，高于基准情景下劳动人口的平均受教育年限。

表 3-3　生育政策不变和全面 "二孩政策" 下的劳动人口受教育年限和人力资本水平

年份	生育政策不变			全面 "二孩政策"		
	平均受教育年限（年）	人力资本绝对量	人力资本相对量	平均受教育年限（年）	人力资本绝对量	人力资本相对量
2015	10.91	1.14	1.00	10.91	1.14	1.00

---

①　源于相比维持生育政策不变，全面 "二孩政策" 下每年新进入劳动力市场的劳动人口仅在劳动池子里多增加 200 万~500 万的劳动人口，这些的劳动人口相比七八亿劳动人口总量，量级差别在 200~300 倍以上，所以放松生育管控对人力资本的影响是轻微的，不是非常显著的。

续表

年份	生育政策不变			全面"二孩政策"		
	平均受教育年限（年）	人力资本绝对量	人力资本相对量	平均受教育年限（年）	人力资本绝对量	人力资本相对量
2016	11.03	1.15	1.01	11.03	1.15	1.01
2017	11.17	1.16	1.02	11.17	1.16	1.02
2018	11.32	1.17	1.03	11.32	1.17	1.03
2019	11.47	1.18	1.04	11.47	1.18	1.04
2020	11.63	1.19	1.05	11.63	1.19	1.05
2021	11.80	1.20	1.06	11.80	1.20	1.06
2022	11.98	1.21	1.08	11.98	1.21	1.08
2023	12.18	1.22	1.09	12.18	1.22	1.09
2024	12.39	1.24	1.11	12.39	1.24	1.11
2025	12.60	1.25	1.12	12.60	1.25	1.12
2026	12.81	1.27	1.14	12.81	1.27	1.14
2027	13.02	1.28	1.15	13.02	1.28	1.15
2028	13.23	1.30	1.17	13.23	1.30	1.17
2029	13.44	1.31	1.19	13.44	1.31	1.19
2030	13.63	1.32	1.20	13.63	1.32	1.20
2031	13.83	1.34	1.22	13.83	1.34	1.22
2032	14.01	1.35	1.24	14.00	1.35	1.23
2033	14.23	1.36	1.25	14.21	1.36	1.25
2034	14.45	1.38	1.27	14.43	1.38	1.27
2035	14.59	1.39	1.28	14.56	1.39	1.28
2036	14.74	1.40	1.30	14.71	1.40	1.29
2037	14.90	1.41	1.31	14.87	1.41	1.31
2038	15.05	1.42	1.33	15.03	1.42	1.32
2039	15.21	1.43	1.34	15.20	1.43	1.34
2040	15.36	1.44	1.35	15.37	1.44	1.35
2041	15.52	1.45	1.37	15.54	1.45	1.37

续表

年份	生育政策不变			全面"二孩政策"		
	平均受教育年限（年）	人力资本绝对量	人力资本相对量	平均受教育年限（年）	人力资本绝对量	人力资本相对量
2042	15.70	1.46	1.39	15.73	1.47	1.39
2043	15.87	1.48	1.40	15.91	1.48	1.41
2044	16.08	1.49	1.42	16.13	1.49	1.43
2045	16.23	1.50	1.44	16.28	1.50	1.44
2046	16.35	1.51	1.45	16.42	1.51	1.45
2047	16.48	1.52	1.46	16.55	1.52	1.47
2048	16.61	1.53	1.47	16.68	1.53	1.48
2049	16.73	1.53	1.49	16.80	1.54	1.49
2050	16.84	1.54	1.50	16.91	1.55	1.50

资料来源：笔者预测。

从图 3-7 可以看出，其一，放松生育管控没有改变未来劳动人口人力资本水平上升的趋势性特征。因为随着新进入劳动市场的劳动人口受教育年限较长和人力资本水平较高，无论放松，还是不放松生育管控，未来人力资本水平都呈现增加的趋势。其二，放松生育管控在放松生育管控下的婴儿潮进入劳动力市场以后，才开始改变劳动市场的人力资本水平。因为在两种生育情景下，短期每年新进入和新退出劳动力市场的劳动人口数量和人力资本相同，随着放松生育管控下的婴儿潮进入劳动力市场，在劳动市场的入口上，新进入劳动力市场的人数和总人力资本水平才有所不同。其三，放松生育管控提高了未来劳动人口的平均人力资本水平。在 2030~2035 年以后，在劳动市场的入口上，相比生育政策不变，放松生育管控下新进入劳动力市场的人口多且这些劳动人口受教育水平高；在劳动市场的出口上，两种生育情景下每年新退出劳动力市场的劳动人口数量一样多，且这些劳动人口的受教育水平较低，所以放松生育管控提高了未来劳动人口的人力资本水平。其四，放松生育管控对未来劳动人口的平均人力资本水平提高是轻微的，不是非常显著的。相比生育政策不变，放松生育管控下每年新进入劳动力市场的劳动人口仅在劳动池子里多增加几百万人口，这几百万人口相比几亿劳动人口总量，量级差别在 100 倍以上，所以放松生育管控对人力资本的影响是轻微的，不是非常显著的。

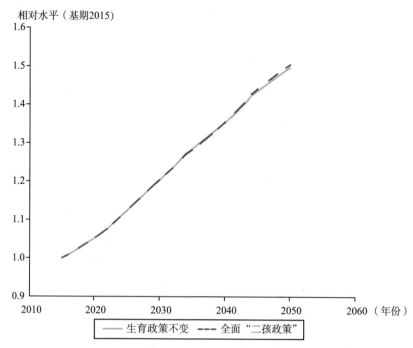

相对水平（基期2015）

图3-7 生育政策不变和全面"二孩政策"下的人力资本水平

3.3 放松生育管控对全要素生产率的影响

在考察放松生育管控对全要素生产率的影响前，我们先明晰什么是全要素生产率。全要素生产率代表生产率水平，包括技术的进步、管理和组织的效率以及规模化或者专业化程度，当然也包括其他未被识别对经济有贡献的变量。一般全要素生产率的增长率等于总产出增长率减去要素的增长率。全要素增长率可以是正值，也可以是负值；全要素增长率为正代表着要素配置效率的提升，全要素生产率为负代表要素配置效率的下降。放松生育管控主要通过影响出生人数和未来新进入劳动力市场的人数，进而影响劳动市场的年龄结构。根据劳动人口的年龄结构与全要素增长率之间的关系，我们就可以最终考察放松生育管控对全要素生产率的影响。

下面通过收集固定资本形成总额和固定资本形成指数，采用永续盘存法，盘存出1980～2014年的实际资本存量。通过收集名义国内生产总值和国内生产总值价格指数，计算出1980～2014年的实际国内生产总值，再根据实际每年就业人数，采用索罗残差法，计算出1980～2014年的全要素增长率。然后基于对劳动年龄结构和全要素生产率的理论分析，以及在劳动市场出口一定的情景下，历史上全要素生产率和新进入劳动力市场的人数（过去出生人口数量）的关系，采用 Newey－West 估计，估计出 1980～2014 年的全要素生产率和 1980～2014 年每年新进入劳动力市场的人数（1960～1994 年出生人口数量）之间的统计关系。进而根据劳动人口年龄结构与全要素生产率之间的理论关系以及统计关系，考察放松生育管控对全要素增长率和生产率的影响。

3.3.1　变量和数据说明

第 i 年的名义总产出、名义资本存量、实际总产出、实际资本存量、年末就业人口数量以及名义的固定资本形成总额分别记住 $Y_{m,i}$、$K_{m,i}$、Y_i、K_i、L_i 以及 $I_{m,i}$。第 i 年以 1978 年计价的产出价格指数和固定资本形成价格指数分别记为 $YPI_{i,1978}$ 和 $KPI_{i,1978}$，第 i 年以 2000 年计价的产出价格指数和固定资本形成价格指数分别记为 $YPI_{i,2000}$ 和 $KPI_{i,2000}$。第 i 年含人力资本的全要素生产率和不包含人力资本的全要素生产率分别记为 TFP_i 和 A_i，第 i 年的人力资本水平记为 h_i。第 i 年新进入劳动市场的人口数量和 20 年前出生的人口数量分别记为 $L_{e,i}$ 和 $Birth_{i-20}$，第 i 年的幸存率记为 π_i。资本折现因子记为 δ，资本贡献份额记为 α。

1978～2014 年中国的名义总产出 $Y_{m,i}$、1978～2014 年实际年末就业人数 L_i、20 年前的出生人数 $Birth_{i-20}$、1978～2014 年以 1978 年不变价的产出价格指数 $YPI_{i,1978}$ 来源《2015 年中国统计年鉴》，1978～2004 年的固定资本形成总额 $I_{m,i}$ 以及对应的以 1978 年不变价的固定资本形成总额价格指数 $KPI_{i,1978}$ 来源《中国国内生产总值核算历史资料（1952～2004 年）》，2004 年以后的取值通过历史上的统计关系进行估算得出。第 i 年的人力资本水平 h_i 来源于 3.2 小节的估计，第 i 年的幸存率 π_i 假设不变且设定为过去 10 年幸存率的平均值。参照陈昌兵（2014）的工作，折现因子 $\delta=0.05$，根据朱喜等（2014）的工作，产出的资本弹性 $\alpha=0.5$。资本存量 K_i 将有下面的永续盘存法进行测算，全要素生产率 TFP_i 和 A_i 将通过下面的索罗残差法进行估算。

3.3.2　索罗残差法和永续盘存法下的全要素生产率增速估计

索罗残差法是由索罗（Solow）首次提出的，一种计算全要素增长率较为通用的方法。全要素增长率是总产出增长率扣除掉劳动人口增长率和资本存量增长率之后的余量。如果全要素增长率中不包括人力资本增长率，则全要素增长率是总产出增长率扣除掉劳动人口增长率、资本存量增长率以及人力资本增长率之后的余额。在此采用用途广泛且具有希克斯中性的柯布－道格拉斯生产函数

（C – D production function），同时假设规模报酬不变，则生产函数如下

$$Y = TFP(K)^{\alpha}(L)^{1-\alpha} \tag{3 – 17}$$

对上述方程两边同时取对数进行整理，然后关于时间求导，移项，我们就可以得到全要素增长率的索罗残项

$$\frac{\dot{TFP}}{TFP} = \frac{\dot{Y}}{Y} - \alpha\frac{\dot{K}}{K} - (1-\alpha)\frac{\dot{L}}{L} \tag{3 – 18}$$

根据上述方程，要计算历史上的全要素增长率，我们就需要知道历史上的实际产出增长率，实际资本存量增长率以及实际就业人口增长率。为了剔除价格波动对分析结果的影响，在此参照李宾和曾志雄（2009）采用的 2000 年不变价的实际量。关于计算实际产出增长率，我们通过 2015 年的统计年鉴可以查到 1978～2014 年每年名义总产出 $Y_{m,i}$ 和相对应的以 1978 年为不变价的总产出价格指数 $YPI_{i,1978}$，然后通过折换公式得到以 2000 年不变价的名义产出 Y_i

$$Y_i = Y_{m,2000} \times YPI_{i,1978} / YPI_{2000,1978} \tag{3 – 19}$$

进而求出 1979～2014 年历年实际总产出的增长率。同样通过 2014 年《中国统计年鉴》，可以查到 1978～2014 年每年年末的就业人口数量，进而可以计算出 1979～2014 年历年劳动人口的增长率。关于历年实际资本存量增长率计算，首先，需要知道历年的不变价的资本存量。参照李宾和曾志雄（2009）、郭庆旺和贾俊雪（2004）、张军和施少华（2003）以及赵志耘和杨朝峰（2011）采用的永续盘存法，盘存出 1979～2014 年中国以 2000 年为不变价的资本存量。其次，参照李宾和曾志雄（2009），以 2000 年为不变价的 1979 年资本存量 K_{1979} = 35298.03 亿元。关于每年固定资本存量增加量的计算，为了与后面模拟产出和福利效应口径的一致性，在此采用剔除存货之后的固定资本形成额，以及与其口径一致的固定资本形成价格指数。盘存历年实际资本存量的永续盘存法的计算公式如下

$$K_i = I_{m,2000} \times \frac{KPI_{i,1978}}{KPI_{2000,1978}} + (1-\delta)K_{i-1} \tag{3 – 20}$$

由于《中国国内生产总值核算历史资料（1952～2004）》提供的历年固定资产形成额和固定资本形成指数仅有 2005 年之前的数据，在此参照赵志耘和杨朝峰（2011）的做法，通过 1978～2004 年国内生产总值的价格指数与对应年间固定资本形成总额价格指数之间的统计关系，通过计量的分析，去推断 2005～2014 年中国的固定资本形成总额的价格指数。在此不妨设计量方程

$$KPI_{i,1978} = c + b \times YPI_{i,1978} \tag{3 – 21}$$

通过进行一般的计量回归分析发现，在 p 值小于 0.01 的情景下较为显著性地通过回归。回归结果显示 c 值为 – 91.07，b 值为 1.38。根据统计的结果，我们可以计算出 2005～2014 年的固定资本形成的价格指数。由于固定资本形成份

额，我们事前已知，进而我们可以计算出 1979～2014 年全要素增长率。最终关于 1979～2014 年的实际产出、实际就业人口数量、实际资本存量及全要素增长率见表 3-4。

表 3-4　　　　　　　　　　　1978～2014 年的全要素增长率

年份	实际国内生产总值（2000 年价格，亿元）	实际就业人数（年末人数，万人）	实际固定资本存量（2000 年价格，亿元）	TFP 增长率（%）
1979	14074	41024	35298	
1980	15173	42361	37406	3.19
1981	15958	43725	39848	0.30
1982	17397	45295	42087	4.41
1983	19267	46436	44622	6.48
1984	22197	48197	47584	9.99
1985	25206	49873	51422	7.78
1986	27455	51282	56071	2.99
1987	30673	52783	61239	5.65
1988	34140	54334	67342	4.85
1989	35578	55329	73966	-1.62
1990	36978	64749	78921	-7.93
1991	40405	65491	83942	5.51
1992	46173	66152	90138	10.08
1993	52609	66808	98530	8.79
1994	59489	67455	109727	6.91
1995	66029	68065	123250	4.38
1996	72582	68950	138721	3.00
1997	79280	69820	155755	2.46
1998	85506	70637	173422	1.60
1999	92020	71394	192753	1.51
2000	99776	72085	213162	2.65
2001	108056	72797	235466	2.57
2002	117879	73280	260315	3.48
2003	129691	73736	289523	4.10

年份	实际国内生产总值（2000 年价格，亿元）	实际就业人数（年末人数，万人）	实际固定资本存量（2000 年价格，亿元）	TFP 增长率（%）
2004	142758	74264	325673	3.47
2005	158965	74647	367409	4.69
2006	179134	74978	407461	7.02
2007	204562	75321	453349	8.34
2008	224248	75564	506825	3.56
2009	244954	75828	565278	3.29
2010	270997	76105	628855	4.83
2011	296700	76420	699375	3.67
2012	319695	76704	776357	2.06
2013	344260	76977	858427	2.22
2014	369282	77253	945940	1.99

资料来源：《2015 年中国统计年鉴》和《中国国内生产总值核算历史资料（1952～2004 年）》，并加以计算。

从表 3-4 可以发现，在以 2000 年不变价的基础上，对中国 1978～2014 年中国资本存量盘存的结果，基本上与李宾和曾志雄（2009）、赵志耘和杨朝峰（2011）以 2000 年为不变价盘存的固定资本存量是一致的。

3.3.3 放松生育管控对全要素生产率的影响

1. 劳动人口的年龄结构与全要素生产率

关于劳动年龄结构与全要素生产率的关系，国外学者进行了一系列的探讨。基于宏观的角度，罗默（1987）发现劳动人口的年龄结构对劳动生产率存在显著性的正向影响；林德和马姆伯格（1999）对 OECD 国家进行研究发现，人口的年龄结构与全要素生产率呈现一个倒 U 形的关系；随后法伊雷尔（2007）和斯坎斯（2008）同样对 OECD 国家进行研究，同样发现劳动人口的年龄结构与全要素生产率呈现正向的关系。基于微观的角度，科瑞恩等（2003）使用制造业的大样本数据进行统计研究发现，25～35 岁的劳动人口生产率最高，并且 50 岁以后的劳动人口的生产率水平急剧下降；伊尔马库纳斯等（2004）和安德森（2002）基于微观企业数据，对北欧国家研究发现，同样劳动人口的生产率存在一个倒 U 形的关系，且劳动人口生产率在 30～49 岁最高；霍尔蒂万格等（1999）基于美国的微观企业的调研数据进行计量研究发现，55 岁以上的劳动人口的生产率水平极其低；范登伯格等（2013）、阿里乌和范登伯格（2014）在研究比利时发现，随着劳动人口中 50～65 岁人口比例的上升，劳动生产率会呈现一个显著的下降，老年劳动人口的增加会对劳动生产率产生一个负面的影响。

国内学者也对劳动人口的年龄结构与全要素生产率的关系做了论述。胡伟略（1991）在理论层面上，从企业的用工成本、劳动人口的体力和智力、劳动的人口流动性、劳动人口的工作情绪角度，阐述了劳动人口老化对技术进步负面影响的作用机理，说明劳动人口的老化意味着劳动市场新陈代谢功能的丧失。梁建章（2012）系统和内容翔实地阐述了人口与技术创新的关系。姚东旻等（2015）发现，无论是国家层面还是个人层面，人口的年龄结构与创新存在一个倒 U 形的关系。杨贝贝（2015）通过省级面板数据进行研究发现，劳动人口的老化会显著降低全要素生产率，特别在东部发达的区域更显著。赵昕东和李林（2016）基于省级面板数据，对中国的劳动人口年龄结构与全要素进行统计研究发现，劳动人口年龄与全要素生产率呈现一个倒 U 形的关系，并且 40～49 岁的劳动人口对全要素生产率的贡献最大。特别是 2040 年以后，当 50～59 岁的劳动人口将占总劳动人口很大的比例，全要素生产率会产生一个显著性的下降。汪伟和姜振茂（2016）系统地检索了国内外老龄化对全要素生产率影响的文献，丰富了国内研究劳动人口老化对全要素生产率影响的文献。

总之，从微观角度上看，新进的年轻员工用工成本较低，同时给企业带来了新的活力；又由于年轻员工具有较好的身体条件和学习能力，工作新鲜感较强，在企业也没有什么资历，为了升迁和满足对工作的新鲜，工作积极性都比较高，进而劳动生产率较高。从国家来说，如果每年新进入劳动市场的年轻劳动人口越多，劳动结构就越年轻化，社会用工成本就越低，同时由于年轻人口携带着新的知识结构和具有较强的体魄和学习能力，代表新的活力，充满着干劲和热忱，是一股新的变化和革新力量，社会生产率提升的幅度就越快，即全要素增长率也就越高。如果每年新进入劳动市场的年轻力量越来越少，产业的惯性和生产的规模使得老年劳动力无法退出，由于体力和智力的限制，劳动积极性降低，劳动力流动停滞，年功序列制下的用工成本上升，非生产的保障费用增加。进而由于新进入劳动力市场人口数的减少和年龄较大员工的无法退出，使得劳动市场出现代谢问题，劳动力结构趋于老化，创新活力下降，进而对要素配置效率或者全要素增长率产生负面的影响。

2. 新进入劳动力市场的人数与全要素生产率

基于上述研究，一般来说，创新更多是年轻人的事情。劳动人口中一般劳动人口越偏年轻化，社会的创新水平就越强；劳动人口越老化，社会的创新就越不活跃。特别是劳动人口的入口，每年新进入劳动市场的青年人口数量，不仅是影响经济增速的关键，而且还是影响社会创新水平增速的关键变量，具体可以参考杨华磊和周晓波（2015）。一般在劳动市场出口一定的情景下，新进入劳动市场的年轻劳动人口数量越多，年轻劳动增量就越大，劳动人口增速就越大，劳动人口结构也就越偏年轻化，社会的创新水平增长率或者全要素增长率也就越快。所以，在劳动市场出口一定的情景下，全要素增长率与每年新进入劳动市场的人口数量（历史上历年的出生人口数量）呈现一个正比关系。

$$\frac{\dot{TFP}}{TFP} = \eta L_{e,i} + \varepsilon \qquad (3-22)$$

由于无法直接观察到每年新进入劳动市场人口数量，同时每年新进入劳动力市场的人口数，近似是过去某一年新出生的人数，所以可以通过过去某一年的出生人数近似去替换后来每年新进入劳动市场的人数。全要素生产率的增长率近似取决于过去某一年新出生的人口数量。也就是过去某一年出生人口数相对上一年的出生人口数越高，等这些劳动人口进入劳动力市场之后，相对上一年，全要素增长率也就越高。不妨假设幸存率为 π，并且幸存率在以后为常数，则有

$$\frac{\dot{TFP}}{TFP} = \eta \pi NE_{e,i-x} + \varepsilon \qquad (3-23)$$

为了估计上述参数，根据中国当前的劳动人口的平均受教育年限 12.5 年左右，按照 6~7 岁开始上小学进行推理，则进入劳动力市场的劳动人口的平均年龄大约 20 岁；同时考虑到历年新进入劳动力市场的人数与历年全要素增长率近似同步，以及 20 年前的出生人数与 20 年后历年新进入劳动力市场的人数近似同步。所以在劳动人口出口一定且不影响本书分析结果的情景下，每年新进入劳动力市场的人数可以由 20 年前的出生人口数量近似去测量，中间存在一个幸存率系数 π。根据上述理论模型推断，在劳动市场出口一定的情景下，20 年前新出生的人数越多，20 年后每年新进入劳动力市场的年轻劳动人口越多，劳动人口结构越趋于年轻化，越趋于年轻化的劳动人口结构，全要素增长率也就越快；反之则相反。我们把 1980~2014 年的全要素增长率与 20 年前的 1960~1994 年出生人口数绘在一张图上（见图 3-8），可以看出，1980~2014 年全要素增长率与1960~1994 年的出生人数近似同步。

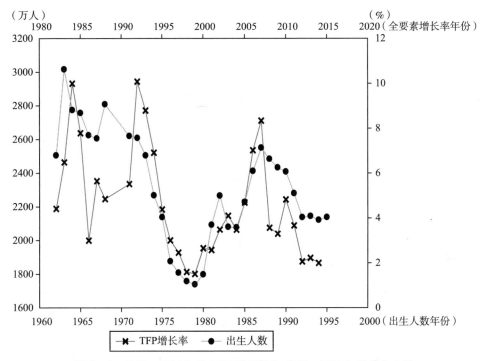

图 3 - 8　1980 ~ 2014 年的 TFP 增长率与 1960 ~ 1994 年的出生人数

通过图 3 - 8 可看出 20 年前出生人数（近似为 20 年之后每年新进入劳动力市场的人数）近似与 20 年之后的全要素增长率是同步的，也间接地说明了上述理论推断的可信性。每年新进入劳动力市场的年轻劳动人口的数量是影响全要素增长率的关键变量，特别是 1993 年，中国真正开始放开市场，允许大规模的人口流动之后，这种规律更加明显。1993 年以后的全要素增长率几乎与 1973 年以后的出生人口数量在趋势上完全同步。这源于每年新进入劳动力市场的年轻劳动人口越多，劳动力的结构就越偏年轻化，则全要素增长率也就越大。如在 1980 ~ 1987 年中国的出生人数逐年上升，在 1987 年以后，出生人数逐年下降；与此同时，中国的全要素增长率在 2000 ~ 2007 年呈现上升的趋势；而 2007 年以后呈现下降的趋势。综上所述，间接地说明了上述人口和创新理论的合理性。

根据 1980 ~ 2014 年历年新进入劳动市场的人数或者 1960 ~ 1994 年出生人数与 1980 ~ 2014 年的全要素增长率，通过计量回归，估计出参数 $\eta\pi$ 和 ε，进而可以通过 2014 年以后每年新进入劳动力市场的人数（1994 年以后的出生人数）去外推 2014 年以后的全要素增长率。如果把 2015 年的全要素生产率记为一个单位，只要事前知道 1994 年以后每年的出生人口数，就可以通过方程

（3-24）计算出 2014 年以后任何一年总的全要素增长率。由于统计上的偏差，年鉴上提供的 1989 年的劳动人口数量与 1990 年的劳动人口数量相差 1 亿人左右，所以在计量回归把这一异常点剔除。由于初始资本存量设定对初始几年的资本增速存在明显的影响，为避免初始资本存量设置对估计结果的影响，也把初始 1980 年和 1981 年的数据点剔除掉，最终剩下 31 组数据点。在进行一元线性回归中会存在异方差和自相关问题，为避免自相关和异方差性对估计值造成的偏差，我们采用 Newey - West 估计（见表 3-5）。最终以 P < 0.01 的显著性通过检验，回归方程为

$$\frac{\dot{TFP}}{TFP} = 0.0000518 \times NE_{e,i-20} - 0.0740967 \qquad (3-24)$$

表 3-5　　　　　　　　　　　Newey West 的估计结果

y	Coef	Std. Err.	t	P > |t|	[95% Conf. Interval]
x	0.0000518	8.07e-06	6.42	0.000	[0.0000353, 0.0000682]
cons	-0.0740967	0.017165	-4.32	0.000	[-0.1091524, -0.0390411]

对方程（3-24）两边进行求积分，我们可以求出全要素的解析式

$$TFP_i = TFP_0 e^{-0.0740967 + 0.0000518 \times NE_{e,i-20}} \qquad (3-25)$$

如果对过去的 TFP 进行预测，我们选择 1980 年为初期；如果对未来的 TFP 进行预测，我们选择 2015 年为初期，也即放松生育管控的那一年。根据初期选择的不同，TFP_0 将有所不同。通过回归方程（3-25）可以看出，全要素生产率是指数型，基本符合张军和施少化（2003）对中国生产函数的设定。

3. 放松生育管控对全要素生产率的影响

根据在未来 35 年以内，放松生育管控对劳动市场出口影响不大。由于历史上新进入劳动力市场人数是影响全要素增长的关键变量，因此每年新进入劳动力市场的人数近似可用过去出生人数衡量。同时根据理论分析，如果放松生育管控下现在出生的人口数量越多，未来每年新进入劳动力市场的青年人口就越多，劳动市场的年龄结构就越年轻化，全要素增长率就越高。由于 1994 ~ 2014 年出生人口数量已知，不同生育情景下 2015 年以后的出生人数已知，根据方程（3-24），就可以近似地推算出 2014 年以后两种生育情景下的历年的全要素增长率（见图 3-9）。

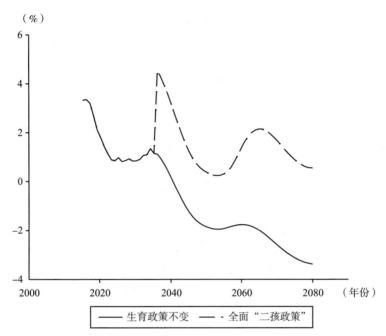

图 3 - 9 生育政策不变和全面 "二孩政策" 下的全要素增长率

从图 3 - 9 可看出，其一，相比生育政策不变，长期，放松生育管控会改变未来全要素增长率阶梯形下降的趋势性特征，提高未来的全要素增长率，改善未来要素的配置效率；其二，放松生育政策下的全要素增长率呈现一个类似人口波动的趋势性特征。

为什么放松生育管控下的全要素增长率呈现一个波动的态势，维持生育政策不变情景下的全要素生产率呈现一个阶梯性下降的趋势呢？因为在不放松生育管控的情景下，随着适龄育龄妇女人数减少，每年出生人数逐年下降，导致 15～20 年以后，每年新进入劳动力市场的年轻劳动人口逐年减少，使得劳动人口结构趋于老化，进而全要素增长率降低，要素配置效率恶化。放松生育管控，民众按照政策生育，相对基准情景，15～20 年以后进入劳动力市场的人口增多，进而导致劳动力结构相对趋于年轻化，全要素增长率上升，要素配置效率改善；但是伴随着适龄育龄妇女人数的减少，在生育堆积之后，出生人数又开始呈现一个下降的态势，进而 15～20 年以后每年进入劳动力市场的青年人口数量又降低，劳动力结构又趋于老化，全要素增长率又开始呈现下降的趋势，要素配置效率恶化。伴随着时间的演进，在首次放松生育管控下出生的那波婴儿潮进入育龄年龄阶段，又使得出生人口数量增加，又一个 15～20 年，进而劳动力市场的青年人口数量又开始增加，劳动力市场结构又开始趋于年轻化，全要素增长率又开始上升，要素配置效率改善，周而复始。进而人口周期在长期引致了技术的周期，人口的波动导致技术的波动,技术红利滞后于人口红利。

为了具有可比性,在此选取 2015 年为基期。在知道历年的全要素增长率的情景下,把全要素增长率环比指数累计相乘,进而求出基于 2015 年为基期的全要素生产定基指数,也就是 2015 年以后历年的全要素生产率水平(见表3-6)。

表3-6　　　　　　生育政策不变与全面"二孩政策"下的全要素生产率

年份	生育政策不变			全面"二孩政策"		
	20 年前出生人口(万人)	环比指数	定基指数	20 年前出生人口(万人)	环比指数	定基指数
2015	2074	1.000	1.000	2074	1.000	1.000
2016	2078	1.034	1.034	2078	1.034	1.034
2017	2048	1.032	1.067	2048	1.032	1.067
2018	1951	1.027	1.095	1951	1.027	1.095
2019	1842	1.021	1.119	1842	1.021	1.119
2020	1778	1.018	1.139	1778	1.018	1.139
2021	1708	1.014	1.155	1708	1.014	1.155
2022	1652	1.012	1.169	1652	1.012	1.169
2023	1604	1.009	1.179	1604	1.009	1.179
2024	1598	1.009	1.189	1598	1.009	1.189
2025	1621	1.010	1.201	1621	1.010	1.201
2026	1589	1.008	1.211	1589	1.008	1.211
2027	1599	1.009	1.221	1599	1.009	1.221
2028	1612	1.009	1.233	1612	1.009	1.233
2029	1595	1.009	1.243	1595	1.009	1.243
2030	1596	1.009	1.254	1596	1.009	1.254
2031	1607	1.009	1.266	1607	1.009	1.266
2032	1638	1.011	1.279	1638	1.011	1.279
2033	1644	1.011	1.293	1644	1.011	1.293
2034	1692	1.014	1.311	1692	1.014	1.311

续表

年份	生育政策不变			全面"二孩政策"		
	20 年前出生人口（万人）	环比指数	定基指数	20 年前出生人口（万人）	环比指数	定基指数
2035	1655	1.012	1.326	1655	1.012	1.326
2036	1647	1.011	1.341	2306	1.045	1.386
2037	1611	1.009	1.353	2255	1.043	1.445
2038	1564	1.007	1.363	2190	1.039	1.502
2039	1512	1.004	1.369	2117	1.036	1.556
2040	1455	1.003	1.372	2037	1.032	1.606
2041	1396	0.998	1.370	1954	1.027	1.649
2042	1341	0.995	1.363	1877	1.023	1.687
2043	1286	0.993	1.353	1800	1.019	1.720
2044	1235	0.990	1.340	1730	1.016	1.746
2045	1192	0.988	1.323	1668	1.012	1.768
2046	1155	0.986	1.304	1617	1.010	1.785
2047	1126	0.984	1.283	1576	1.008	1.798
2048	1103	0.983	1.262	1545	1.006	1.809
2049	1086	0.982	1.239	1521	1.005	1.818
2050	1074	0.982	1.216	1504	1.004	1.824

资料来源：1995 ~ 2015 年《中国统计年鉴》和笔者预测。

从图 3-10 可以看出，其一，在放松生育管控下的婴儿潮还没有进入劳动力市场之前，两种生育情景下具有相同的全要素生产率，即短期放松生育管控对全要素生产率影响不太显著。其二，随着放松生育管控下的婴儿潮进入劳动力市场以后，相比生育政策不变，放松生育管控改变了未来全要素生产率的趋势性特征，使得全要素生产率呈现一直上升的趋势；而维持生育政策不变下的全要素生产率在经过短暂的惯性增长以后，于 2040 年左右开始呈现下降的趋势，这与赵昕东和李林（2016）的研究结论基本上吻合的。总之，放松生育管控相对不放松生育管控的基准情景，短期的全要素生产率效应不太明显，长期却大大地改善了要素配置效率。

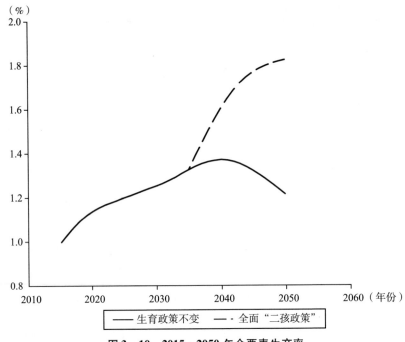

图 3 - 10　2015～2050 年全要素生产率

为什么生育政策不变下未来全要素生产率呈现下降的趋势，要素的配置效率出现恶化？如果我们继续维持生育政策不变，伴随着育龄妇女和生育水平的下降，出生人数继续呈现下降的态势，进而适龄劳动人口逐年萎缩，老龄人口不断增加，社会趋于倒金字塔结构。此时劳动人数的减少，终身劳动的社会将不断形成，导致劳动人口的出口将被逐步堵住。在一个劳动人口越来越少、劳动人口越来越老、劳动人口越来越缺乏流动的社会，劳动市场中新陈代谢能力缺失，全要素增长率为负值，要素配置效率将逐年下降，进而全要素生产率下降。

3.4　放松生育管控对储蓄和资本的影响

探讨了放松生育管控对人口年龄结构、人力资本以及全要素生产率的影响之后，要考察放松生育管控的产出、福利以及养老效应以及理解放松生育管控对产出、福利、养老模式选择和代际支持的作用机理，还需要知道放松生育管控对要素变量资本的影响。在此把放松生育管控的资本效应界定为 2050 年之前放松生育管控对储蓄、储蓄率，进而对资本存量和资本劳动比的影响。为什么考察放松生育管控对资本的影响，需要考察其对储蓄、储蓄率以及资本劳动比的影响？因为储蓄在某种程度上是资本存量的增量,只有了解了储蓄,才能更清晰地了解资本的运动规律;储蓄率在某种程度上说明每年产出中有多大比例用于储蓄,是衡量资本增长率的一个关键变量。资本劳动比代表一个劳动人口配置资本量的大小,间接说明储蓄率的高低,与此同时,了解放松生育管控对资本劳动比的影响,有助于理解放松生育管控的产出和代际支持效应的作用机理。那放松生育管控通过何种机制影响储蓄、储蓄率、资本以及资本劳动比呢?放松生育管控通过影响出生人口数量,影响未来的青少年人口数量、劳动人口数量以及老年人口数量,进而影响未来的年龄结构和社会抚养比,最终影响储蓄、储蓄率、资本存量以及资本劳动比。

3.4.1 相关变量和参数说明

第 i 年的储蓄、储蓄率、资本存量及资本劳动比分别记为 S_i、s_i、K_i 以及 klr_i。第 i 年的产出和劳动人口效用分别记为 Y_i 和 U_i。第 i 年青少年人口数量、成年劳动人口数量以及老年人口数量分别记为 H_i、L_i 和 O_i,其由 3.1 小节预测获得。年龄为 j 岁人口的幸存率 π_j。第 i 年的绝对量人力资本水平和相对量人力资本水平分别为 h_i 和 $\bar{h_i}$,其由 3.2 小节求得。第 i 年的消费、储蓄以及当期投入到下一期的回报分别为 C_i^1、S_i 以及 C_i^2,这些是模型求解的变量。第 i 年将要退出劳动力市场,进而被劳动人口赡养的人口数为 RE_i,历年 RE_i 值由 3.1 小节求得。第 i 年的工资水平和资本报酬率分别为 w_i 和 r_i,这个是每期模型需要求解的变量,$P_i(j)$ 为第 i 期年龄为 j 的人口数量,这个数据同样已知。生育水平用 n 表示。基准情景下生育水平为 1.5,放松生育管控下的生育水平为 2.1。全要素生产率为 A,由 3.3 小节求得;资本贡献份额为 α,参照 Zhu 等(2014)的成果,设定为 0.5。消费的跨期替代弹性为固定的 σ 且 $\sigma<1$,一般来说 σ 越大,效用函数越可能是线性的,随着消费的上升,边际效用下降得越慢,所以劳动人口更愿意允许消费随着时间的变动,当然也就越有耐心。下一期效用折现到当期的贴现因子为 β,一般贴现越大,家庭部门就越有耐心。孩子单位消费带来的效用折换成成年劳动人口的消费带来的效用的系数 γ,其内蕴着生育文化和生育的属性。一般来说,父母越把生育看作责任和担当或者消费和享受,在生育上表现得就越无私,或者生育的收益越高,成本越小,系数 γ 就越大。在此根据当前的生育文化,更多把生育看作权利和自由或者劳动和负担,或者根据当前的情景(生育收益的外部化,生育成本逐年上升且有家庭承担)。假设当前的劳动人口是一个经济人,劳动人口对孩子的消费赋予的权重小于对自己消费赋予的权重。一个劳动人口对一个老人的赡养支出占其工资的比例,也就是社会养老金替代率为 ϕ,抚

养一个子女的支出占一个劳动人口工资的比例为 μ，这些参数的设定，在模型后面将加以具体说明。

3.4.2 非线性多阶段决策模型的构建

参照巴罗和贝克尔（1988，1989，1990）、杜克（2004）、廖珮如（2011，2013）以及杨华磊等（2016，2017）的模型设定，整合上述研究中模型的可取之处，使得其更适合分析放松生育管控对资本的影响。把任何一期的人口分为三种类型：青少年、成年劳动力以及老年人口，每一类型人是同质的，且存在一个代表性主体。青少年不参与社会劳动，不存在决策，维持生命的消费仅来自父母对其的抚养。成年劳动人口参与社会财富创造，同时所有决策仅有其做出。决策如何把每期产出在消费、储蓄、抚养子女以及赡养老人间分配，以实现每期产出带来的效用最大化。老年人口不参与劳动和决策，消费来自孩子的赡养以及自己的储蓄。在不影响分析实质的情景，为了更加清晰地理解放松生育管控对资本的影响机理，考察放松生育管控对储蓄和资本的影响，抓住较为核心的部分，构建一个主线更加清晰的不考虑政府部门的多阶段的一般均衡模型。最终，家庭部门中的代表性劳动主体追求效用最大化，生产部门中的代表性厂商追求利润最大化，在一般均衡的情景下分析表征为放松生育管控对资本的影响。

需要说明的是，为了使得模型能够进行中短期模拟，考虑到中国国情，相比传统的 OLG 模型，在此模型的目标函数设定上，不再是代表性劳动主体追求一生的效用最大化，而是如何分配每期的产出，以达到每期产出带来效用的最大化。根据多阶段决策的理论，每期产出带来的效用最大化的最优决策序列从子结构上看，子决策序列也是最优的，也是在当期和下一期的所有分配产出的子决策序列集合中使得产出效用最大化的分配决策的子决策。为了避免无限期和多期模型求解的困难（三期或者多期模型求解，求解变量依赖于求解变量），以及产出在无限期内追求效用最大化的不符合现实（劳动人口生命有限，不可能看那么远）。所以在不影响分析的情况下，每期产出的分配方案，至少从当期和下一期来看是最优的，是能够给每期代表性劳动人口带来效用最大化的。当然这个决策序列也是无穷期或有限多期优化模型的最优决策序列上的子决策序列。基于此，把目标函数设定为两期目标函数。

1. 家庭部门中代表性劳动者的决策

如果把国家看作一个大的家庭，家庭中的决策有代表性劳动主体做出。一般来说，代表性劳动主体每期面临的规划是如何在当前的消费、储蓄、抚养孩子以及赡养老人之间分配每期的产出，以达到当前产出带来的效用最大化。总劳动人口的消费为 C_i^1，总劳动人口的储蓄为 S_i，在此不考虑政府部门，也不考虑国家市场和借贷等。如果抚养每个青少年占单个劳动人口的工资为 μ，那第 i 年对青少年的总抚养支出就为 $H_i\mu w_i$。如果在养老上采取给付确定的，抚养每个老年人口的支出占每个劳动人口工资的比例为 ϕ，那第 i 年社会总产出中用于社会总老年人口的支出水平为 $\phi w_i O_i$，则第 i 年劳动人口面临的第一约束方程为

$$Y_i = C_i^1 + S_i + H_i\mu w_i + O_i\phi w_i \qquad (3-26)$$

由于当期 C_i^1 在当期发生消费并产生效用流，直接进入效用函数，获得回报；根据传宗接代的利他文化，孩子消费项 $H_i\mu w_i$ 也在当期给劳动人口带来效用流，也直接进行效用函数，获得回报。剩下第 i 年的储蓄 S_i 和赡养老人 $O_i\phi w_i$ 支出没有获得回报。如果我们把储蓄和赡养老人在下一期的总回报记为 C_i^2。在国民核算中，我们假设储蓄等于投资，进而储蓄在下一年会作为资本参与生产活动，进而获得 $S_i(1+r_{i+1})$ 单位收入回报；因为每期决策的是劳动人口，第 i 年的赡养支出 $O_i\phi w_i$ 是第 i 年的劳动人口 L_i 支付的，由于第 i+1 年 L_i 中的一部分劳动人口 RE_i 将变成老年人口，所以我们必须对这部分人口进行结清。这部分老年人口获得的纯收益，就是第 i 年的劳动人口 L_i 获得的收益。那 RE_i 这部分老年人口在第 i+1 年获得多少收益呢？根据收益确定的养老制度，总收益为 $RE_i\phi w_{i+1}$ 单位，纯收益为扣除上一期对上一期老年人口的代际支付水平，那上一期的代际支付水平是多少呢？上一期总赡养支付 $O_i\phi w_i$ 乘以上一期将要退休的人口占总劳动人口的比例 RE_i/L_i。所以当期赡养老人开支 $O_i\phi w_i$ 在下一期给其带来 $O_i\phi w_i + (RE_i\phi w_{i+1} - RE_iO_i\phi w_i/L_i)$ 单位收入回报，则第 i 年劳动人口面临的第二个约束方程为

$$C_i^2 = S_i(1+r_{i+1}) + O_i\phi w_i + \left(RE_i\phi w_{i+1} - \frac{RE_i}{L_i}O_i\phi w_i\right) \qquad (3-27)$$

基于每期产出带来的效用最大化目标，每一期产出的分配方案至少满足从当期和下一期综合来看是最优的。最终每年劳动人口进行一次规划以适应变化的人口结构。同时为了模型能进行中短期模拟，相比传统的 OLG 模型设定，代表性劳动主体不再追求一生的效用最大化，而是如何分配每期的产出，以达到每期产出带来效用的最大化，最终构建一个每年进行更新的多阶段的一般均衡模型。根据多阶段决策的特点，每期产出带来的效用最大化的最优决策序列，从子结构上看子决策序列也是最优的，也是在当期和下一期的所有分配产出的子决策序列集合中使得产出效用最大化的分配决策的子决策。为了避免在无限期和多期中模型求解的困难（三期以及多期模型求解中需要求解变量依赖于需要求解的变量），以及产出在无限期内追求效用最大化的不符合现实（劳动人口生命有限，不可能

看那么远）。所以在模型设定上，在不影响分析的情况下，每期产出的分配方案至少从当期和下一期来看，是能够给每期代表性劳动主体带来效用最大化的。当然这个两期的最优决策序列也是无穷期或有限多期模型中的最优决策序列上的决策子序列。基于此，把目标函数设定为两期。

在已知约束条件的情景下，代表性劳动主体的目标函数该如何设置呢？根据上述分析，每年劳动人口的效用函数包括三项：当期消费 C_i^1 带来的效用流，当期抚养孩子支出 $H_i \mu w_i$ 带来的效用流以及当前储蓄和赡养老人支出在下一期获得的回报带来的效用流。效用函数设定参照巴罗和贝克尔（1988，1989，1990）、Liao（2011，2013）以及杨华磊等（2016，2017）的设定，家庭部门下代表性劳动人口的目标函数就表现为

$$U_i = (C_i^1)^\sigma + \gamma (H_i \mu w_i)^\sigma + \beta (C_i^2)^\sigma \qquad (3-28)$$

最终家庭部门中代表性劳动人口在每年面临的优化问题是，如何在消费和储蓄之间分配当年的产出，以达到每年产出带来效用的最大化。则第 i 年的劳动人口面临的目标函数和约束条件如下

$$MaxU_i = (C_i^1)^\sigma + \gamma (H_i \mu w_i)^\sigma + \beta (C_i^2)^\sigma$$

$$s.t. \begin{cases} Y_i = C_i^1 + S_i + H_i \mu w_i + O_i \phi w_i \\ C_i^2 = S_i (1 + r_{i+1}) + O_i \phi w_i + \left(RE_i \phi w_{i+1} - \dfrac{RE_i}{L_i} O_i \phi w_i \right) \\ 0 \leq \sigma, \ \beta, \ \gamma, \ \phi, \ \mu, \ \pi_r \leq 1 \end{cases} \qquad (3-29)$$

2. 生产部门中代表性厂商的决策

上述仅是家庭部门中劳动者的决策，由于本书是在一般均衡的情景下进行，所以需要考虑到生产部门中厂商的决策。家庭部门分析主要基于收入如何分配达到效用最大化，生产部门分析主要基于如果使用要素达到利润最大化。在此采用规模报酬不变的含有人力资本的 C-D 生产函数。为简化处理，在此仅用教育来表征人力资本，忽略健康水平和社会关系。资本贡献份额 α 是给定变量，2015年的全要素生产率 A 是一个需要校准的量。同时为了有可比性，人力资本水平采用相对量值，则第 i 年的生产函数为

$$Y_i = A_i (K_i)^\alpha (h_i / h_{2015})^{1-\alpha} (L_i)^{1-\alpha} \qquad (3-30)$$

在一般均衡的条件下，生产者利润必须达到最大化。根据生产者每期利润最大化条件，每期资本的边际收益等于资本的边际成本（利率），劳动的边际收益等于劳动的边际成本（工资）。资本的边际收益是生产函数关于资本的一阶导数，劳动的边际收益是生产函数关于劳动的一阶导数，则第 i 年生产者达到利润最大化的条件为

$$\begin{cases} w_i = \dfrac{\partial Y_i}{\partial L_i} = A_i(1-\alpha)(h_i/h_{2015})^{1-\alpha}(K_i)^{\alpha}(L_i)^{-\alpha} \\ r_i = \dfrac{\partial Y_i}{\partial K_i} = A_i\alpha(h_i/h_{2015})^{1-\alpha}(K_i)^{\alpha-1}(L_i)^{1-\alpha} \end{cases} \qquad (3-31)$$

根据 3.1 小节，我们已知每期的劳动人口 L_i，每期劳动人口等于分年龄上的适龄劳动人口乘以对应的劳动参与率，则有

$$L_i = \sum_{j=16}^{54} L_i(j) LPR_i(j) \qquad (3-32)$$

根据 3.2 小节，我们求出 2015 年以后的每期劳动人口的相对平均人力资本水平，则 2015 年以后每期的相对人力资本水平就表现为受教育年限的一个函数，则有

$$\bar{h}_i = h_i/h_{2015} = e^{\varphi(s_i)-\varphi(s_{2015})} \qquad (3-33)$$

参照朱喜等（2014）的研究成果，资本贡献份额 α 设定为 0.5。那初始年份以及 2015 年以后的全要素生产率 A_i 如何计算呢？根据 3.2 小节测算，包含人力资本增长率的全要素增长率为 $\overline{\dot{TFP}}/\overline{TFP}$，扣除未来相对量人力资本的增长率 $\dot{\bar{h}}_i/\bar{h}_i$，可以得到 2015 年以后各年的纯全要素增长率。2015 年的全要素生产率是需要通过 2015 年的实际产出 Y_{2015}、实际资本存量 K_{2015}、实际劳动人口 L_{2015} 以及资本贡献份额 α 校准获得。2015 年以后全要素生产率的计算为

$$A_i = A_{2015} \times \prod_{j=1}^{i}\left(1 + \frac{\overline{\dot{TFP_j}}}{\overline{TFP_j}} - \frac{\dot{\bar{h}_j}}{\bar{h}_j}\right) \qquad (3-34)$$

通过 3.1 小节、3.2 小节以及 3.3 小节，未来的劳动人口数量是已知的，未来的人力资本以及全要素生产率也是已知的。只要知道未来每期的资本，就可以求出任何一期的产出。如何求出 2015 年以后每期的资本存量呢？根据永续盘存法，每期的资本存量等于上一期的资本存量加上一期的投资，再剔除掉资本折旧量。为了具有可比性，假定资本折旧率 $\delta = 0.05$ 且以后各期不变。同时假定储蓄等于投资，则每年的储蓄到下一年将变成资本存量，参与生产活动。最终第 $i+1$ 年的资本存量 K_{i+1} 等于第 i 年的资本存量加上第 i 年的储蓄 S_i，再剔除掉第 i 年的折旧量 δK_i。如果初期是 2015 年，那 2015 年的资本存量是一个需要事先知道的量。根据 3.3 小节采用的永续盘存法，可以盘存出 2015 年的实际资本存量 $K_{2015} = 1038802.535$ 亿元。由于作者不考虑价格因素，所以 2015 年之后每期的资本存量都是以 2000 年为不变价实际量，则

$$K_{i+1} = (1-\delta)K_i + S_i \qquad (3-35)$$

3. 非线性多阶段决策的一般均衡模型的建立和参数设定

在家庭部门中分析了代表性劳动主体如何通过分配收入实现收入带来的效用

最大化；在生产部门中分析了代表性厂商如何安排要素实现利润最大化。如果代表性劳动主体和代表性厂商同时实现效用和利润最大化，在没有政府部门的情景下，就实现了相对意义上的一般均衡。把资本运动方程和人力资本运动方程代入下一期的生产函数中，模型最终转化成了在一般均衡的情景下求约束条件下家庭效用最大化的问题。最终，每期代表性劳动主体面临的规划是，如何选择每期消费水平 C_i^1 和储蓄水平 S_i，以实现当期收入带来的效用最大化。对目标函数和约束条件整理得，则有

$$\mathrm{Max}U_i = (C_i^1)^\sigma + \gamma(H_i\mu w_i)^\sigma + \beta(C_i^2)^\sigma$$

$$\text{s. t.}\begin{cases} Y_i = C_i^1 + H_i\mu w_i + S_i + O_i\phi w_i \\ C_i^2 = S_i(1 + r_{i+1}) + O_i\phi w_i + \left(RE_i\phi w_{i+1} - RE_i\dfrac{O_i\phi w_i}{L_i} \right) \\ w_i = A(1-\alpha)(h_i/h_{2015})^{1-\alpha}(K_i)^\alpha(L_i)^{-\alpha} \\ w_{i+1} = A(1-\alpha)(h_{i+1}/h_{2015})^{1-\alpha}[(1-\delta)K_i + S_i]^\alpha(L_{i+1})^{-\alpha} \\ r_{i+1} = A\alpha(h_{i+1}/h_{2015})^{1-\alpha}[(1-\delta)K_i + S_i]^{\alpha-1}(L_{i+1})^{1-\alpha} \\ 0 \leq \sigma, \ \beta, \ \gamma, \ \phi, \ \mu \leq 1 \end{cases} \quad (3-36)$$

放松生育管控首先通过影响出生人口数量，进而依次影响青少年人口数量、劳动人口数量以及老年人口数量，改变人口的年龄结构和教育结构，影响社会抚养比、人力资本水平和全要素生产率，进而影响未来的储蓄、储蓄率、资本存量以及资本劳动比。如果模型中所有参数和其他外生变量的取值已知，那就可以计算出第 i 年的储蓄 S_i，进而计算出储蓄率 s_i。根据 S_i 和第 i 年的资本存量 K_i，可以计算出第 i+1 年的资本存量 K_{i+1}，有了第 i+1 年的资本存量 K_{i+1}，可以计算出第 i+1 年的总产出 Y_{i+1}。根据上述模型和第 i+1 年的总产出 Y_{i+1}，可以计算出第 i+1 年的储蓄 S_{i+1}，进而计算出储蓄率 s_{i+1}。一直滚动和迭代下去，就可以求出 2015 年以后任何一年的储蓄、储蓄率以及资本存量。从上面分析可以发现，因为人口是外生的，储蓄率和资本存量有储蓄求出，所以考察放松生育管控对储蓄、储蓄率、资本存量以及资本劳动比的影响，关键是求出历年放松生育管控下的储蓄。

为求出每年储蓄 S_i，进而求出储蓄率、资本存量以及资本劳动比的解析解，需要对方程（3-36）进行整理。首先引入拉格朗日乘子 λ，同时根据目标函数和约束条件构建包括消费、储蓄以及拉格朗日乘子的拉格朗日方程 $\Gamma(C_i^1, \ S_i, \ \lambda)$，对目标函数中的 C_i^2 替代，最终拉格朗日方程 $\Gamma(C_i^1, \ S_i, \ \lambda)$ 表征如下

$$\Gamma(C_i^1, \ S_i, \ \lambda) = (C_i^1)^\sigma + \gamma(H_i\mu w_i)^\sigma$$
$$+ \beta\left[S_i(1 + r_{i+1}) + O_i\phi w_i + \left(RE_i\phi w_{i+1} - RE_i\dfrac{O_i\phi w_i}{L_i} \right) \right]^\sigma$$
$$+ \lambda(Y_i - C_i^1 - H_i\mu w_i - S_i - O_i\phi w_i) \quad (3-37)$$

对方程（3-37）分别求关于消费 C_i^1、储蓄 S_i 以及拉格朗日乘子 λ 的偏导，则有

$$
\begin{cases}
\sigma(C_i^1)^{\sigma-1} - \lambda = 0 \\
\beta\sigma\left[S_i(1+r_{i+1}) + O_i\phi w_i + \left(RE_i\phi w_{i+1} - RE_i\dfrac{O_i\phi w_i}{L_i}\right)\right]^{\sigma-1}\{1+r_{i+1} \\
\quad + A\alpha(1-\alpha)(h_{i+1}/h_{2015})^{1-\alpha}\left[S_i(L_{i+1})^{1-\alpha}(K_{i+1})^{\alpha-2}\right. \\
\quad + \left.RE_i\phi(L_{i+1})^{-\alpha}(K_{i+1})^{\alpha-1}\right]\} - \lambda = 0 \\
Y_i - C_i^1 - H_i\mu w_i - S_i - O_i\phi w_i = 0
\end{cases}
\tag{3-38}
$$

通过方程（3-37）可看出，把拉格朗日乘子和消费项通约掉。理论上可以求出在产出 Y_i 固定下的储蓄水平 S_i，进而求出储蓄率、资本存量以及资本劳动比的解析解。由于人力资本和人口运动方程是外生的，如果知道每年的储蓄，根据上述的资本运动方程 $K_{i+1}=(1-\delta)K_i+S_i$，就可以计算出下一年的资本存量，进而计算出下一年的产出 Y_{i+1}，再根据下一年的产出 Y_{i+1}，就可以计算出下一年的储蓄水平 S_{i+1}。在知道初始资本存量下依次类推，进行滚动，就可以求历年的产出序列，进而根据历年产出序列，分别求出历年对应的储蓄序列、储蓄率序列、资本存量序列以及资本劳动比序列，等等。通过对方程（3-38）进行观察，通约之后，仅含未知数 S_i 的函数是一个非线性的隐函数，关于隐函数的求解通常较为麻烦。基于此，作者在此不再求每年储蓄的解析解，仅通过模拟给出数值解。又由于在模拟数值解中，需要一定的参数和初始值设定。通过查阅相关文献以及校准，给出模拟前的初值和参数设定。

4. 参数设定和模型求解

通过 3.1 小节、3.2 小节以及 3.3 小节分析，依次可以求出 2015 年之后历年的青少年人口数量、劳动人口数量、老年人口数量、相对量人力资本水平以及全要素生产率。参照朱喜等（2015），设定资本贡献份额 $\alpha=0.05$；参考陈昌兵（2014），设定折旧率 $\delta=0.05$；参考廖珮如（2013）工作中抚养一个孩子占家庭工资性收入的比例为 0.2 左右，结合劳动贡献份额 0.5，设置抚养一个子女的开支占一个劳动人口工资的比例 $\mu=0.8$；根据世界银行公布的标准和中国设定的目标替代率，假设社会的养老金替代率，即赡养一个老人占一个劳动人口工资的比例 ϕ 为 0.6。基于经济人假设，同时考虑到中国父母在抚养孩子方面上的利他性，设定 γ 为 0.9。根据 2015 年的名义 GDP 和 GDP 价格指数，计算出 2015 年以 2000 年为不变价的实际 GDP 为 394762.655 亿元；根据 2014 年的资本存量和固定资本形成总额，盘存出 2015 年的实际资本存量为 1038802.535 亿元；根据 2015 年的实际 GDP、实际资本存量、实际就业人数以及资本贡献份额，校准得

$A_{2015} = 0.015103183$。参照杨子晖（2006）的研究成果，同时结合国情，设 $\sigma = 0.85$；结合黄宇（2010）研究成果，考虑到中国储蓄率偏高，记 β 为 0.95。

每年要求的变量为消费 C_i^1 和储蓄 S_i。把方程（3-27）代入方程（3-36）中发现，目标函数是一个非线性的函数，所以关于产出分配的决策是一个非线性决策，求解的方法自然用到非线性优化的方法。在此采用 Matlab 工具项中的 Fmincon 函数求解。考虑到考察放松生育管控对资本的影响是一个多阶段决策，每一期的决策依赖于前一期的决策，后一期的决策依赖于当期的决策，所以需要求出每一个过程中的最优决策，最终求出一个最优的决策序列。如本期不对产出进行优化分配，求出当期储蓄，下一期的资本存量将无法求出，进而下一期的产出无法求出，最终下一期的储蓄也无从谈起，进而无法考察放松生育管控的资本效应。综上所述，上述模型和问题适合用非线性多阶段的决策方法求解，求解代码见附录。

3.4.3 放松生育管控对资本的影响

1. 放松生育管控对储蓄的影响

从图 3-11 可以看出，其一，放松生育管控改变了未来储蓄变化的趋势性特征，使得储蓄呈现一个波浪式上升的趋势，波峰点为 2020 年和 2040 年，波谷点为 2030 年。在生育政策不变的情景下，未来储蓄呈现一个波浪式下降的趋势。其二，相比生育政策不变，放松生育管控短期挤占储蓄，在 2030~2035 年以后，随着放松生育管控下的婴儿潮进入劳动力市场，长期，放松生育管控又提高了未来社会中的储蓄。总之，放松生育管控民众按照政策生育，短期不具有储蓄效应，即挤占储蓄，从长期来看，会提高未来社会中的储蓄，具有储蓄效应。

为什么不论哪种生育情景下，储蓄都会呈现一个 M 形轨迹呢？源于历史上出生人口的波动导致未来人口抚养比的波动，即人口周期在储蓄轨迹上的反映。"50 后"是出生低谷世代，"60 后"是出生高峰世代，"70 后"是出生低谷世代，"80 后"又是一个出生高峰世代，等等。大约 10 年一个世代，出生低谷世代和出生高峰世代交替分布。按照现在退出劳动力市场的年龄，未来几年"55 后"陆续退出劳动力市场，由于人口规模较小，虽然老龄化水平增高，但是全要素生产率和人力资本的提高足以冲销出生低谷世代退出劳动力市场在储蓄上的负面影响，随着产出的增加，储蓄份额还会随之增加。未来随着"60 后"婴儿潮一代退出劳动力市场，老龄化水平迅速增加，同时"00 后"出生低谷陆续进入

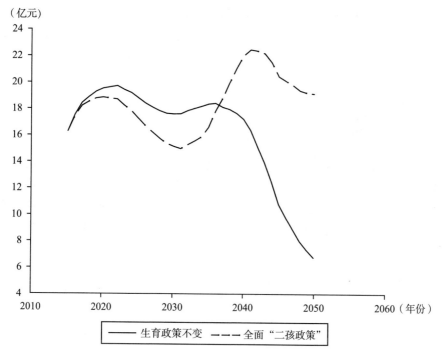

（亿元）

图 3−11　生育政策不变和全面"二孩政策"下的储蓄

劳动力市场，适龄劳动人口数量大幅减少，产出增速下降，导致社会总产出中用于储蓄的量下降，进而储蓄进入减少的阶段。大约 2030 年以后，"60 后"婴儿潮完全退休，"70 后"出生低谷世代进入退休阶段，劳动人口减速放缓，赡养老人支出的增速下降，导致总产出中用于储蓄的量增多。

　　为什么在 2030～2035 年，生育政策不变下的储蓄呈断崖式下降，放松生育管控下的储蓄继续上升，且维持在一个较高的水平上？因为在 2030～2035 年之后，放松生育管控下新出生的婴儿潮进入劳动力市场，导致社会适龄劳动人口迅速增长，劳动人口人力资本水平提高，更重要的是导致社会全要素增长率迅速增加，进而社会总产出增加；同时 2030～2035 年是中国的"70 后"出生低谷世代开始进入退休时期，赡养老人支出增速下降，总产出增速上升，进而储蓄量增加。2040 年以后，是 2025 年后或 2020 年后出生低谷世代逐步进入劳动力市场，中国"80 后"婴儿潮开始退出劳动力市场的阶段，人力资本、全要素生产率及劳动人口增长率下降，进而储蓄下降。

　　为什么放松生育管控短期会降低储蓄，长期却会增加未来社会的储蓄？因为相比维持生育政策不变，短期放松生育管控提高少儿抚养比，进而提高了社会的抚养比，使得社会有更多的产出用于消费而非储蓄，对储蓄产生了挤占（杨华磊等，2015）。随着放松生育管控下的婴儿潮进入劳动力市场，相比生育政策不变，在老年人口相同的情景下，新进入劳动市场的人口增加导致生产人口增加，消费人口相对减少，社会负担降低；同时由于放松生育管控下的婴儿潮进入劳动力市场，提高了劳动人口的人力资本水平和全要素生产率，使得社会总产出增速增大，进而社会的产出中更多的份额将用于储蓄。

2. 放松生育管控对储蓄率的影响

仿照人口抚养比与人口红利的关系，参照杨华磊等（2017）的研究成果，界定储蓄率和资本红利的关系。把总产出中用于储蓄的量与总产出的比看作储蓄率。把储蓄率上升期和消失期分别看作资本红利形成和消失期。所以放松生育管控对储蓄率的影响可近似看作放松生育管控的资本红利效应（见图3-12）。

$$s_i = S_i / Y_i \qquad\qquad (3-39)$$

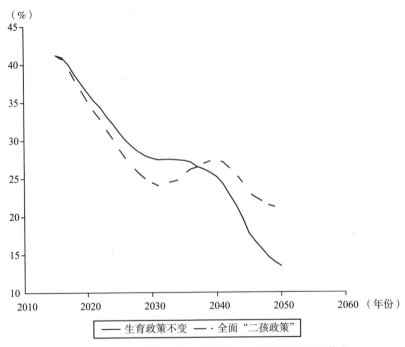

图3-12 生育政策不变和全面"二孩政策"下的储蓄率

从图3-12中看出，其一，放松生育管控虽然改变不了储蓄率下降的趋势性特征，但是改变了储蓄率下降的形式。生育政策不变下的储蓄率呈现一个阶梯式的下降态势（2015～2030年断崖式下降，2030～2040年为相对平稳期，2040年以后继续断崖式下降）；放松生育管控下的储蓄率呈现一个波动式下降的趋势。

其二，放松生育管控短期会降低储蓄率，但是伴随着放松生育管控下的婴儿潮进入劳动力市场，放松生育管控会提高未来社会中的储蓄率。总之，伴随着人口世代的更迭，人口红利逐年消失，社会养老负担逐年增大。放松生育管控改变不了资本红利消失的趋势性特征，同时短期加快资本红利消失，长期又减缓资本红利消失的速度。

为什么放松生育管控改变不了储蓄率下降的趋势性特征？在生产人口上，由于 1995 年以后出生人数呈现断崖式下降的趋势，导致 20 年之后的生产人口增速也出现急剧下降，进而产出增速下降；在消费性人口上，由于放松生育管控，短期会导致青少年人口数量轻微增加，同时由于"60 后"婴儿潮开始逐步退出劳动力市场，老年人口急剧增加，最终生产人口增速急剧下降，老年人口增速急剧上升的背景，引致社会抚养比急剧上升，使得微观上一单位劳动收入（在劳动人口消费不变下）中有更多的份额用于老年人口消费支出，进而用于储蓄的份额持续减少，储蓄率持续下降。在宏观上，随着婴儿潮退休引发的养老潮的到来，社会保障等消费性支出增速上升，在产出不变或产出增速急剧下降的情景下，产出用于储蓄的相对份额就越来越少，进而储蓄率不断下降。

为什么放松生育管控短期会降低储蓄率，加速资本红利消失，长期却提高了储蓄率，积蓄了资本红利呢？因为相比生育政策不变，放松生育管控短期增加了少儿抚养比，在劳动人口数量不变，进而产出不变的情景，使得产出中用于消费的份额增加，用于储蓄的份额减少，最终使得社会的储蓄率下降。与此同时，随着放松生育管控下的婴儿潮进入劳动力市场，增加了劳动人口数量，在老年人口数量不变下，降低了社会中的老年抚养比，进而社会抚养比；同时全要素生产率和人力资本得到提高，总之，在消费人口数量近似不变下，由于更有效的生产人口的增加，使得社会中有更多的产出用于储蓄，则储蓄率将呈现上升的趋势。

3. 放松生育管控对资本存量的影响

考察放松生育管控对资本存量的影响，首先需要知道放松生育管控下的资本存量。那 2015 年以后历年的资本存量如何计算呢？资本存量取决于初始的资本存量，历年的资本折旧量以及以后各年的储蓄（储蓄等于投资的情景下）。资本折旧参照陈昌兵（2014）设定为 0.05；初始资本存量由 3.3 小节求出；历年储蓄由上述模型求得（见图 3 – 13）。则最终 2015 年及以后的实际资本存量为

$$\begin{cases} K_{i+1} = (1 - \delta) K_i + S_i \\ K_{2015} = 1038802.535 \end{cases} \qquad (3-40)$$

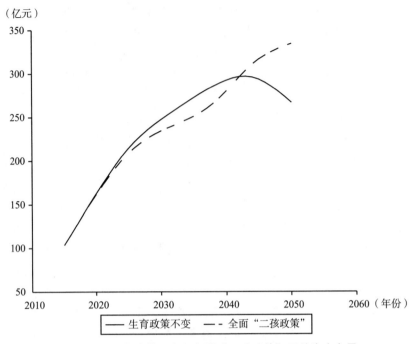

图 3 – 13　生育政策不变和全面"二孩政策"下的资本存量

　　从图 3 – 13 可以看出，其一，放松生育管控改变了未来资本存量变化的趋势性特征，使得资本存量呈现一个增加的趋势，而非生育政策不变下的倒 U 形的趋势。拐点是 2040 年左右，源于 2040 年以后，资本的折旧量开始大于资本的增量储蓄，当然折旧率更大些，生育政策不变下的拐点将更早。其二，相比生育政策不变，放松生育管控短期会降低资本存量，但是在 2040 年以后，即放松生育管控下的储蓄开始高于生育政策不变下的储蓄以后，放松生育管控会提高未来社会中的资本存量。由于放松生育管控短期对储蓄的负面影响使得即使放松生育管控下的婴儿潮进入劳动力市场之后，有效劳动人口增加，全要素增长率上升，全面"二孩政策"对储蓄的影响转正之后，放松生育管控下的资本存量还需要一段时日才能高于生育政策不变下资本存量。总之，放松生育管控短期挤占资本存量，长期却提高未来社会中的资本存量。但是相比放松生育管控开始改善储蓄和储蓄率的时间点，开始改善资本存量的时间点会更晚些。

　　总之，伴随人口世代的更迭，"60 后"婴儿潮的退休、"95 后"和"00 后"出生低谷世代陆续进入劳动力市场。即使采取全面"二孩政策"，由于养老潮的到来和育龄妇女人数的下降，表征为放松生育管控的"二孩政策"改变不了有老年抚养比迅速增加导致的社会抚养比迅速增加的趋势，社会赡养能力急剧下降，储蓄率和投资率呈现下降的趋势。在未来一段时间内，由于产出增速还高于老年人口增速，所以储蓄还会呈现出一定程度上的增加趋势。短期，由于放松生育管控使得少儿抚养比增加，导致单位产出下用于消费的份额增加，进而了降低了储蓄率、储蓄以及资本存量；长期，虽然放松生育管控下的婴儿潮进入劳动力市场，降低了老年抚养比，增加了社会储蓄，提高了储蓄率，但是由于放松生育管控过去长期对储蓄，进而对资本存量的负面影响开始转正，在放松生育管控下的婴儿潮进入劳动力市场之后，还需要一段时日。

4. 放松生育管控对资本劳动比的影响

资本劳动比等于对应的资本存量除以劳动人口数量，其衡量了每个劳动人口所装备的资本数量。在某种程度上反映未来储蓄、人均产出、工资水平以及代际支持水平的大小。理解放松生育管控对资本劳动比的影响，有助于下文我们理解放松生育管控的产出以及代际支持效应（见图 3 – 14）。未来每期的资本存量已求，对应每期的劳动人口数量由 3.1 小节求出，则就可以分析未来历年的资本劳动比，则有

$$klr_i = K_i / L_i \qquad\qquad (3-41)$$

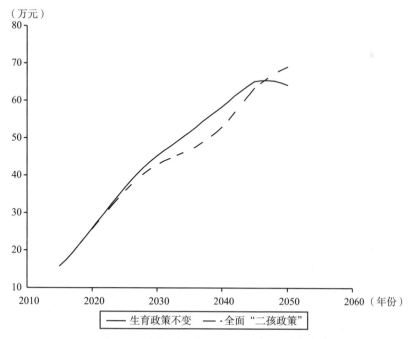

图 3 – 14　生育政策不变和全面"二孩政策"下的资本劳动比

从图 3 – 14 可以看出，其一，放松生育管控改变为未来资本劳动比的趋势性

特征，基本上使得资本劳动力比呈现一个增加的趋势。因为短期放松生育管控无法影响劳动人口数量，只是轻微降低了资本存量。伴随着人口世代的更迭，短期，1960年后婴儿潮的退休和1995年后和2000年后出生低谷世代进入劳动力市场，适龄劳动人口大幅减少，减少的速度超过了资本减少的速度，进而资本劳动比依然呈现增加的趋势；长期，资本存量呈现一个缓慢增加的趋势，而劳动人口数量依然呈现减少，所以资本劳动比依然呈现增加的趋势。其二，相比生育政策不变，放松生育管控短期降低了资本劳动比，在放生育管控改善储蓄和资本存量以后，长期放松生育管控也提高了未来社会中的资本劳动比。短期，两种生育情景下具有相同的劳动人口，但放松生育管控下资本存量低于生育政策不变下的资本存量，所以放松生育管控下的资本劳动力比低于生育政策不变下的资本劳动比。过渡期，随着放松生育管控下的婴儿潮进入劳动力市场，由于短期放松生育管控对资本存量的负面影响还继续存在，使得放松生育管控下的婴儿潮进入劳动力市场之后的资本存量仍然低于生育政策不变下的资本存量；由于此时放松生育管控下的劳动人口数量又多于生育政策不变的劳动人口数量，所以放松生育管控下的资本劳动比依然低于生育政策不变下的资本劳动比。随着放松生育管控下的资本存量大于生育政策不变下的资本存量，资本存量增长率超过劳动人口增长率，进而放松生育管控下的资本劳动比开始高于生育政策不变下的资本劳动比，但这个时点晚于放松生育管控下资本存量开始发生反转的时点（见表3-7）。

表3-7 生育政策不变和全面"二孩政策"下的储蓄、资本存量及资本劳动比

年份	生育政策不变				全面"二孩政策"			
	资本存量（亿元，2000年不变价）	储蓄（亿元，2000年不变价）	资本劳动比（万元，2000年不变价）	储蓄率（%）	资本存量（亿元，2000年不变价）	储蓄（亿元，2000年不变价）	资本劳动比（万元，2000年不变价）	储蓄率（%）
2015	1038803	162702	16	41.22	1038803	162702	16	41.22
2016	1149565	175336	17	40.95	1149565	174307	17	40.71
2017	1267422	184263	19	40.04	1266394	182023	19	39.57
2018	1388314	188793	22	38.68	1385097	185166	21	37.98
2019	1507691	192712	24	37.52	1501008	187568	24	36.60
2020	1625018	195100	26	36.38	1613525	188333	26	35.24
2021	1738867	196051	28	35.29	1721182	187595	28	33.94
2022	1847975	197020	30	34.41	1822718	186843	30	32.86
2023	1952597	194052	32	33.20	1918425	182124	32	31.43

续表

年份	生育政策不变				全面"二孩政策"			
	资本存量 （亿元， 2000 年 不变价）	储蓄 （亿元， 2000 年 不变价）	资本劳动 比（万元， 2000 年 不变价）	储蓄率 （%）	资本存量 （亿元， 2000 年 不变价）	储蓄 （亿元， 2000 年 不变价）	资本劳动 比（万元， 2000 年 不变价）	储蓄率 （%）
2024	2049019	191784	35	32.22	2004628	178089	34	30.25
2025	2138353	187780	37	31.06	2082485	172288	36	28.88
2026	2219215	183877	39	30.05	2150649	166610	38	27.66
2027	2292131	180830	41	29.24	2209726	161767	39	26.64
2028	2358355	178237	42	28.54	2261007	157357	41	25.73
2029	2418675	176270	44	27.99	2305313	153572	42	24.98
2030	2474011	175821	45	27.68	2343620	151276	43	24.47
2031	2526131	175969	47	27.46	2377715	149597	44	24.06
2032	2575794	178357	48	27.51	2408426	152583	45	24.32
2033	2625362	180066	49	27.51	2440588	155395	45	24.55
2034	2674159	181651	50	27.44	2473954	158627	46	24.78
2035	2722102	183419	52	27.37	2508883	165845	47	25.56
2036	2769417	183951	53	27.15	2549284	178090	48	26.20
2037	2814897	181018	54	26.57	2599910	187822	49	26.45
2038	2855171	179428	56	26.22	2657736	199721	50	26.93
2039	2891840	179383	57	26.22	2724571	213850	51	27.68
2040	2923679	171998	58	25.21	2798983	220032	53	27.41
2041	2949493	163645	60	24.25	2879065	224685	55	27.12
2042	2965663	151236	61	22.83	2959797	223725	57	26.33
2043	2968616	139110	63	21.49	3035532	221798	59	25.58
2044	2959296	124347	64	19.81	3105553	215074	61	24.49
2045	2935678	107715	65	17.77	3165349	204401	63	23.08
2046	2896609	97707	65	16.68	3211482	200969	65	22.50
2047	2849485	88629	65	15.69	3251877	197671	66	22.00
2048	2795640	79699	65	14.68	3286954	193617	67	21.48
2049	2735557	73043	65	14.01	3316224	192014	68	21.25
2050	2671822	67341	64	13.46	3342426	191314	69	21.13

资料来源：笔者预测。

3.5 本章小结

通过本章研究发现，其一，放松生育管控分别改变不了未来总人口数量倒 U 形、劳动人口数量减少以及老年人口数量增加的趋势性特征，但是放松生育管控会推迟总人口数量达峰的时间，增加总人口数量，减缓劳动人口数量减少和老年人口增加的速度。放松生育管控无法改变未来社会抚养比上升或人口红利消失的趋势性特征，同时短期加快社会抚养比上升和人口红利消失的速度，长期却提高了社会抚养比，减缓人口红利消失的速度。相比生育政策不变，放松生育管控会人为制造婴儿潮，使得人口结构性问题（在生命周期的前期和后期是负面影响，在生命的中期存在正面影响）长期存在。其二，放松生育管控无法改变未来人力资本水平增加的趋势性特征，只会轻微提高未来劳动人口的人力资本水平。伴随着劳动力市场的新陈代谢，新进入劳动市场的劳动人口的平均人力资本水平高于原有劳动力市场的劳动人口的平均人力资本水平，放松生育管控下未来进入劳动力市场的劳动人口较多，所以放松生育管控没有改变未来劳动人口的人力资本水平的趋势性特征，同时提高了未来劳动人口的平均人力水平。其三，放松生育管控改变了未来全要素生产率的趋势性特征，而非生育政策不变下倒 U 形的特征。同时放松生育管控通过增加了未来新进入劳动力市场的人数，改变了未来劳动人口的年龄结构，进而改善了未来要素的配置效率。其四，放松生育管控使得未来储蓄、资本存量以及资本劳动比呈现增加的趋势，而非生育政策不变下的倒 U 形特征；短期通过提高社会抚养比，挤占了储蓄、资本存量以及资本劳动比，长期通过增加劳动人口数量，降低社会抚养比，提高了储蓄、资本存量以及资本劳动比；同时长短期效应发生逆转的时点，储蓄早于资本存量，资本存量早于资本劳动比①。因为放松生育管控没有改变未来老龄化的趋势，所以也没有改变未来中国储蓄率下降或者资本红利消失的趋势性特征，同时短期加剧了资本红利消失的速度，长期减缓了资本红利消失的速度。

---

① 初期放松生育管控对储蓄，进而资本存量产生的负面影响，即使将来放松生育管控对储蓄的影响转正以后，由于以前的负面影响依然很大且存在，进而对资本存量的影响需要很长一段时间才转换为正面影响；对资本存量的影响转正以后，还需要储蓄增速超过劳动人数增速，资本劳动比才开始转正。

第4章 放松生育管控的产出、福利及养老效应评估

基于第 3 章放松生育管控对要素变量（人口、人力资本、全要素生产率及资本）的影响研究①，此章把生育政策评估、养老制度选择以及劳动人口的福利分析放在一个多阶段决策的一般均衡框架内，通过考察放松生育管控的产出、福利及养老效应，尝试回答以下四个问题：相比维持生育政策不变，如果民众按照政策生育，其一，表征为放松生育管控的全面"二孩政策"是否可以提高社会产出，协助中国顺利实现两个百年目标？其二，是否可以改善劳动人口福利，落实全面"二孩政策"生育力量？其三，是否从根本上改变了未来最优的养老模式选择或者代际赡养下最优的养老模式选择？其四，是否会从根本上解决未来社会的老龄化，改善未来老年人口的养老状况，应对短期"60 后"婴儿潮引发的养老汛期？

此章分析的逻辑路线表现为：放松生育管控通过影响人口、资本、人力资本以及全要素生产率等要素变量，影响产出，进而考察放松生育管控的产出效应；劳动人口基于一定目标，通过分配每期的产出，完成放松生育管控的劳动人口福利效应分析；通过如何分配产出，如每期产出中多少用于赡养老人，多少用于上缴个人账户养老金或者多少用于上缴社会账户养老金，完成放松生育管控的养老模式效用和代际支持效应分析。通过资本运动方程，实现每年放松生育管控的产出、福利以及养老效应分析。具体放松生育管控的产出、福利、养老效应分析示意图见图 4-1。

需要说明的是，考虑到全面"二孩政策"于 2016 年才开始正式实施，民众反应和政策效应发挥具有一定的滞后性。如全面"二孩政策"养老效应的实证分析需要等当前新出生的婴儿潮进入劳动市场后才能加以开展。同时考虑到在全面"二孩政策"才开始实施的前两年，国家也想获得一些对后续配套性政策制定以及进一步生育政策安排有参考意义的前瞻性的评估和模拟工作，如若民众按照政

---

① 为了使得研究距离现实更近，具有政策意义，我们考虑了放松生育管控对所有要素变量的影响；当然，我们也可以假设上述要素变量中的某些要素变量不变，进而考察放松生育管控的产出、福利以及养老效应，结论会有所不同，如果读者感兴趣，可以联系作者，获得代码和数据。

策生育会怎样。所以本书的研究更多是对当前放松生育管控效应的评估和对未来配套政策和生育政策效果的模拟，进而通过这些评估和模拟工作，给当前决策者下一步决策提供有意义的参考。

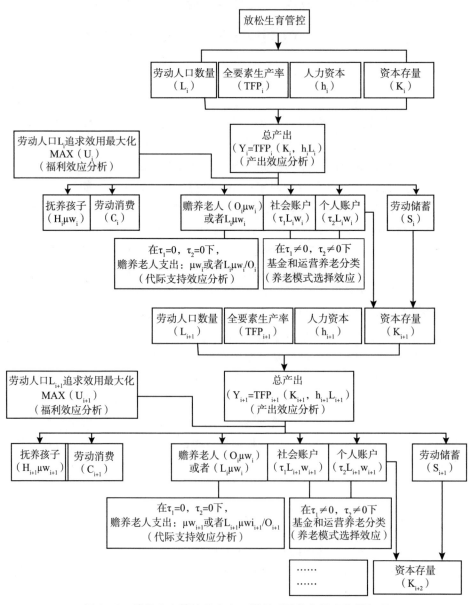

图4-1 放松生育管控的产出、福利以及养老效应作用机理

4.1 非线性多阶段决策一般均衡模型的构建

为了分析放松生育管控的产出、福利以及养老效应，笔者同样采用多阶段决策的一般均衡框架。在模型设定上，考虑到中国的生育行为严格受到生育管控，所以人口运动方程是外生给定的；考虑到养老和传宗接代的生育文化，所以抚养孩子和赡养老人的回报要进入效用函数。为了更好地拟合经济现实，考虑到中国养老制度的特点：个人账户的积累制、社会统筹形式的现收现付制以及家庭支持的混合。所以相对3.4小节的模型设定，引入考虑社会养老的政府部门①。

需要注意的是，其一，为了使得模型能够进行中短期分析和模拟，相比世代交叠模型（OLG）每滚动一期是一代，此处多阶段决策一般均衡模型（GEMDM）每滚动一期是一年，都会有一部分青少年人口变为劳动人口，一部分劳动人口变成老人，一部分老人退出系统。其二，参照巴罗和贝克尔（1988，1989，1990）、杜克（2004）、廖珮如（2011，2013）、杨等（2016）以及杨华磊等（2016，2017）在效用函数的设定，在不影响分析结果的情景下②，设定劳动者的效用函数仅包括消费带来的效用，不包括闲暇。当然改变这些是本书进一步拓展的方向。其三，在不影响分析实质的情况下，基于本书的研究尺度：主要关注宏观、整体以及趋势性特征与定性判断和比较结果，为模拟的方便，抓住主要特征，简化细节，不再区分劳动人口在性别、职业以及区域上的差别，如在养老情景设计上，不区分事业机关单位、企业单位以及农村居民的差异。

最终在实现两个百年目标的关键期以及生育力量释放的战略机遇期，作者综合本书要研究问题的特点，优化模型的适用范围，中国的具体国情以及所研究问题的时间跨度，同时考虑到多阶段决策模型的特点，尝试建立一个可以推广的非线性多阶段的一般均衡框架。在理论框架设定上，原始参考巴罗和贝克尔

---

① 新农保的开展和城镇养老双轨制的结束，标志着中国统账结合养老制度的正式形成。在社会养老中，社会统筹部分实行现收现付制；个人账户实行积累制，即在社会养老方面是社会统筹和个人账户的混合情景。同时考虑到中国的传统文化，根据道德约束，家庭储蓄养老和家庭子女赡养还占据一定比例，所以中国养老也是社会养老和家庭养老的混合。

② 考虑闲暇，只影响放松生育管控的福利效应分析，但不影响放松生育管控的产出、养老模式选择以及代际支持效应分析，不影响放松生育管控和生育政策不变在福利上的比较结果（本书重点关注的研究问题）。特别短期，相比不考虑闲暇，通过后面分析会发现，考虑闲暇只会使得福利分析的结果更加稳健，即放松生育管控的情景下，如果民众按照政策生育，多生孩子，牺牲闲暇，会更大幅度地降低劳动人口福利水平。长期，等孩子进入劳动力市场，带来人口、资本以及技术红利，闲暇的效应将更多被生育的好处所替换，所以对长期的福利结果影响也不大。

(1988，1989，1990)、杜克（2004）、廖珮如（2011，2013）、杨菊花（2016）以及杨华磊等（2016，2017）的研究成果，并根据上述中国国情和本书的研究问题，整合了这些文献在模型设定上的可取之处。最终，把放松生育管控的产出、福利以及养老效应，把生育政策和养老制度放在一个框架内进行分析。

4.1.1 模型构建

同样把任何一期的人口分为三种类型：青少年、劳动人口以及老年人口，[①]每一类人中都存在一个代表性主体。劳动人口是生产人口，青少年和老年人口是需要劳动人口抚养和赡养的人口。青少年和老年人口不参与社会劳动，同时不做出社会决策。青少年维持生命活动的消费仅来自父母对其的抚养，随着社会养老的开展，全国养老金统筹的推进，老年人口消费来自政府给发放的养老金、年轻时候抚养孩子的回报以及自己年轻时的储蓄。劳动人口参与劳动且做出社会决策。政府有部分决策行为，如管控生育和管理社会养老金。进而引入政府部门的代表性劳动人口的决策是，如何把社会总产出在消费、储蓄、上缴养老金、抚养子女以及赡养老人之间进行分配，以实现当前产出带来的效用最大化。每期代表性劳动人口的效用函数包括当期消费带来的效用流，当期抚养孩子带来的效用流，当期赡养老人、上缴养老金以及储蓄在下一期的回报带来的效用流。

消费弹性为固定的 σ 且 $\sigma < 1$。下一期效用折现到当期的系数为 β，孩子单位消费带来的效用折换成成年劳动人口消费带来的效用的系数为 γ。第 i 年的产出和代表性劳动人口的效用分别记为 Y_i 和 U_i。统筹养老金账户和个人账户分别收取社会总工资的比例为 τ_1 和 τ_2，其中 $\tau_1 + \tau_2 = \tau$，第 i 年政府支出的社会统筹养老金和个人账户的养老金分别为 SPP_i 和 PAP_i，前者直接用于当年老人养老的转移支出，后者直接存入劳动人口养老金的个人账户之中，变成下一期生产活动的资本；子女根据道德约束，对一个老人的赡养支出占其工资的比例为 ϕ，抚养一个子女的支出占工资的比例为 μ。第 i 年的消费、储蓄以及收入回报分别为 C_i^1、S_i 以及 C_i^2；第 i 年的青少年人口数量、成年劳动人口数量以及老年人口数量分别为 H_i、L_i 和 O_i，当期将要领取养老金的人口数量为 RE_i，$P_i(j)$ 为第 i 期年龄为 j 的人口数量。第 i 年的工资水平和利率水平分别为 w_i 以及 r_i；第 i 年的绝对量人力资本水平和相对量人力资本水平分别为 h_i 和 $\bar{h}_i$；生育政策不变情况下的生育水平为 1.5，放松生育管控下的政策生育水平为 2.1。

[①] 老年人口界定为需要领取养老金或者被劳动人口赡养的人口。

1. 家庭部门中代表性劳动者的决策

为了体现中国养老制度的混合和转轨特点，家庭部门中代表性劳动主体面临的决策是，如何把每年的国民总收入 Y_i 在消费 C_i^1、储蓄 S_i、抚养子女 $H_i\mu w_i$、赡养老人 $\phi w_i O_i$、缴纳社会统筹的基础养老金以及个人账户养老金上分配，以达每年国民收入带来效用的最大化。由于社会统筹和个人账户养老金征收的比例分别是社会总劳动收入的 τ_1 和 τ_2，则每年上缴的社会统筹和个人账户养老金分别为 $\tau_1 L_i w_i$ 和 $\tau_2 L_i w_i$。代表性劳动人口每年决策的社会总收入等于社会总劳动收入 $L_i w_i$ 和社会总资本性收入 $K_i r_i$。以第 i 年为例，代表性劳动人口面临的第一约束方程为

$$L_i w_i + K_i r_i = C_i^1 + S_i + H_i\mu w_i + O_i\phi w_i + \tau_1 L_i w_i + \tau_2 L_i w_i \qquad (4-1)$$

当期消费 C_i^1 和抚养子女费用 $H_i\mu w_i$ 在当期产生效用流，储蓄 S_i 以及家庭养老下赡养老人费用 $O_i\phi w_i$ 在下期通过收入回报产生效用流，回报在第 3 章已经计算出来，进而也进入效用函数。假设个人账户养老金和储蓄一样，参与下一期生产活动获得相同的资本收益。社会统筹和个人账户下的养老金如何产生效用流，并进入效用函数呢？由于上缴的个人账户养老金 $\tau_2 L_i w_i$ 类似储蓄，参与下一期的生产活动，所以个人账户养老金 $\tau_2 L_i w_i$ 在下一期给第 i 年的代表性劳动人口带来 $\tau_2 L_i w_i(1 + r_{i+1})$ 单位回报，进而产生效用流。社会统筹养老金 $\tau_1 L_i w_i$ 将获得多少回报呢？因为每期决策的是代表性劳动人口，第 i 年的社会统筹养老金 $\tau_1 L_i w_i$ 是第 i 年的代表性劳动人口 L_i 支付的，由于第 i+1 年 L_i 中的一部分劳动人口 RE_i 将变成老年人口，所以必须对这部分人进行结清。这部分老年人口获得的纯收益是第 i 年劳动人口 L_i 获得的收益。那 RE_i 这部分老年人口在第 i+1 年获得多少收益呢？在第 i 年所有劳动人口上缴社会统筹账户的养老金为 $L_i\phi w_i$，将要退休的那部分劳动人口上缴的社会统筹养老金为 $L_i\phi w_i RE_i/L_i$，第 i+1 年总老年人口通过政府转移支付总获得 $\tau_1 L_{i+1}w_{i+1}$ 单位收入，将要退休的 RE_i 这部分人口（第 i 年的劳动人口）获得 $\tau_1 L_{i+1}w_{i+1}RE_i/O_{i+1}$ 单位收入。第 i 年劳动人口上缴的社会统筹养老金 $\tau_1 L_i w_i$ 在下一期给第 i 年劳动人口带来 $\tau_1 L_i w_i(1 - RE_i/L_i) + \tau_1 L_{i+1}w_{i+1}RE_i/O_{i+1}$ 单位收入回报，并产生效用流。综上所述，消费和抚养子女的费用在当期产生效用流，储蓄、统筹养老金、个人账户养老金、抚养子女以及赡养老人费用在下期产生效用流，则第 i 年的代表性劳动人口面临的第二个约束条件为

$$C_i^2 = (S_i + \tau_2 L_i w_i)(1 + r_{i+1}) + O_i\phi w_i + \left(RE_i\phi w_{i+1} - \frac{RE_i}{L_i}O_i\phi w_i\right)$$

$$+ \tau_1 L_i w_i + \left(\tau_1 L_{i+1}w_{i+1}\frac{RE_i}{O_{i+1}} - RE_i\tau_1 w_i\right) \qquad (4-2)$$

家庭部门中代表性劳动人口的目标函数该如何设置呢？和第3章一样，闲暇不进入效用函数。同时考虑到中国生育孩子的传宗接代文化以及向下的回报机制，父母在抚养孩子方面的利他性。代表性劳动人口的效用函数包括三项：当期消费带来的效用流、下一期收入回报带来的效用流以及当期孩子消费给成年劳动人口带来的效用。以第 i 年为例，则代表性劳动人口面临的目标函数为

$$U_i = (C_i^1)^\sigma + \gamma (H_i \mu w_i)^\sigma + \beta (C_i^2)^\sigma \tag{4-3}$$

最终，在充分考虑中国国情的前提下，每期代表性劳动主体面临的规划是如何选择当期的消费水平 C_i^1 和储蓄水平 S_i，以实现当期收入带来的效用最大化。以第 i 年为例，则第 i 年的代表性劳动人口面临的目标函数和约束条件如下

$$MaxU_i = (C_i^1)^\sigma + \gamma (H_i \mu w_i)^\sigma + \beta (C_i^2)^\sigma$$

$$s.\,t. \begin{cases} L_i w_i + K_i r_i = C_i^1 + H_i \mu w_i + S_i + O_i \phi w_i + \tau_1 L_i w_i + \tau_2 L_i w_i \\ C_i^2 = (S_i + \tau_2 L_i w_i)(1 + r_i + 1) + \phi w_i O_i \left(1 - \dfrac{RE_i}{L_i}\right) + RE_i \phi w_{i+1} \\ + \tau_1 L_i w_i \left(1 - \dfrac{RE_i}{L_i}\right) + \tau_1 L_{i+1} w_{i+1} \dfrac{RE_i}{O_{i+1}} \\ 0 \leqslant \sigma,\ \beta,\ \phi,\ \tau_1,\ \tau_2,\ \gamma,\ \mu,\ \pi_r \leqslant 1 \end{cases} \tag{4-4}$$

2. 社会部门中政府的决策

在此，政府决策行为有两种：其一，政府对生育进行管控。以全面"二孩政策"为例，国家的管控是制定生育上限，如最高每个家庭可以生育两个子女，超生是不允许的。同时国家还会采取一些释放"二孩政策"生育力量的措施。放松生育管控下实际生育水平 n 低于二孩的政策生育水平 n̄，政府会采取各种政策去释放生育力量；如果未来释放的生育力量过多，家庭部门的实际生育水平 n 高于"二孩政策"生育水平 n̄，政府同样会采取一系列的配套措施限制超额生育。总之，政府部门的存在就是千方百计地使得实际生育水平尽量与政策生育水平相一致，避免社会福利和家庭福利的损失，最终实现双赢，此时存在政府部门的生育管控就表现为

$$n = n_2 \tag{4-5}$$

其二，政府管理社会养老金。第 i 年劳动人口上缴的社会统筹养老金为 $\tau_1 L_i w_i$，根据社会统筹养老金的特点，当期收缴的社会统筹养老金当期又直接转移给当期的老年人口。如果记政府第 i 年总产出中支出的社会统筹养老金为 SPP_i，考虑到本书在一般均衡意义上探讨，在此模型中每期政府的收入需要等于支出，则有

$$SPP_i = \tau_1 L_i w_i \qquad (4-6)$$

3. 生产者部门中代表性厂商的决策

上述仅是基于家庭部门和政策部门的均衡分析，没有考虑到生产者部门。类似第3章的分析，要实现一般均衡须引入生产者部门。生产者部门中的决策者是代表性厂商，其面临的规划是如何选择合适的要素，以实现每期生产利润的最大化。同样在此引入规模报酬不变的含有人力资本的 C-D 生产函数，则第 i 年的生产函数为

$$Y_i = A_i (K_i)^\alpha (\overline{h_1})^{1-\alpha} (L_i)^{1-\alpha} \qquad (4-7)$$

在一般均衡下，生产者利润达到了最大化。根据生产者每期利润最大化条件，每期资本的边际收益等到资本的边际成本（利率），劳动的边际收益等于劳动的边际成本（工资）。资本的边际收益是生产函数关于资本的一阶导数，劳动的边际收益是生产函数关于劳动的一阶导数，则第 i 年生产者达到利润最大化的条件为

$$\begin{cases} w_i = \dfrac{\partial Y_i}{\partial L_i} = A_i (1-\alpha)(\overline{h_1})^{1-\alpha}(K_i)^\alpha (L_i)^{-\alpha} \\[3mm] r_i = \dfrac{\partial Y_i}{\partial K_i} = A_i \alpha (\overline{h_1})^{1-\alpha}(K_i)^{\alpha-1}(L_i)^{1-\alpha} \end{cases} \qquad (4-8)$$

在不考虑国际部门的情景下，一般国内生产总值等于国民总收入。同时根据国民总收入等于国内生产总值，则有

$$Y_i = L_i w_i + K_i r_i \qquad (4-9)$$

未来的劳动人口数量是已知的；未来的人力资本以及全要素生产率也是已知的。只要知道未来每期资本存量，就可求出任何一期的产出。如何求出 2015 年以后每期的资本存量呢？每期资本存量等于上一期资本存量加上一期投资，再剔除资本折旧量。假定储蓄等于投资，个人账户养老金类似储蓄，和储蓄具有相同的资本收益，在下一期和储蓄一同变成资本存量，参与生产。第 i+1 期的资本量 K_{i+1} 等于第 i 期资本存量 K_i 减去折旧量 δK_i，再加上第 i 期的储蓄 S_i 和收缴的养老金 $\tau_2 L_i w_i$。如果初期是 2015 年，那 2015 年的资本存量是一个需要事先知道的量。根据第3章，2015 年的实际资本存量为 $K_{2015} = 1038802.535$ 亿元。由于未来不考虑价格因素，2015 年之后每期的资本存量都是以 2000 年为不变价的实际量，则有

$$K_{i+1} = (1-\delta)K_i + S_i + \tau_2 L_i w_i$$
$$K_{2015} = 1038802.535 \qquad (4-10)$$

4. 一般均衡模型的构建

把第 3 章求出的人口运动方程、方程（4 - 10）提供的资本运动方程以及第 3 章求出的人力资本运动方程代入下一期的生产函数中。根据上述对家庭、政府及厂商决策行为的分析，建立一个可分析放松生育管控的产出、福利及养老效应，把对生育政策评估和养老制度选择放在一个框架内分析的多阶段一般均衡框架。在这个一般均衡的框架下，家庭部门达到效用最大化，政府部门实现了收支平衡，生产者部门达到了利润最大化。相对第 3 章的模型设定，此模型更贴近现实，更加具有一般意义上的均衡。最终，代表性劳动人口面临的规划是，如何把当期缴纳的基础养老金和个人账户养老金之后的国民总收入最优化地在当期消费、储蓄、抚养子女以及赡养老人之间进行分配，以实现当期国民总收入带来效用的最大化。决策的变量同样为每期消费水平 C_i^1 和储蓄水平 S_i，则多阶段决策的一般均衡模型框架就表现为

$$MaxU_i = (C_i^1)^\sigma + \gamma(H_i\mu w_i)^\sigma + \beta(C_i^2)^\sigma$$

$$s.t. \begin{cases} C_i^1 = Y_i - S_i - H_i\mu w_i - \phi w_i O_i - \tau_1 L_i w_i - \tau_2 L_i w_i \\ C_i^2 = (S_i + \tau_2 L_i w_i)(1 + r_{i+1}) + \phi w_i O_i\left(1 - \dfrac{RE_i}{L_i}\right) + RE_i\phi w_{i+1} \\ \quad + \tau_1 L_i w_i\left(1 - \dfrac{RE_i}{L_i}\right) + \tau_1 L_{i+1} w_{i+1}\dfrac{RE_i}{O_{i+1}} \\ n = \bar{n} \\ SPP_i = \tau_1 L_i w_i \\ w_i = A(1-\alpha)(\bar{h_1})^{1-\alpha}(K_i)^\alpha(L_i)^{-\alpha} \\ w_{i+1} = A(1-\alpha)(\bar{h_1})^{1-\alpha}[(1-\delta)K_i + S_i + \tau_2 L_i w_i]^\alpha(L_{i+1})^{-\alpha} \\ r_{i+1} = A\alpha(\bar{h_1})^{1-\alpha}[(1-\delta)K_i + S_i + \tau_2 L_i w_i]^{\alpha-1}(L_{i+1})^{1-\alpha} \\ 0 \leqslant \sigma, \beta, \tau_1, \tau_2, \phi, \gamma, \mu \leqslant 1 \end{cases} \quad (4-11)$$

4.1.2 模型求解

为了求出以后每年的产出和代表性劳动人口的效用水平，在人力资本水平和人口运动方程外生的情景，需要知道每年储蓄，进而每年的资本存量。首先引入拉格朗日乘子 λ，根据目标函数和约束条件构建包括消费、储蓄及拉格朗日乘子的拉格朗日方程 $\Gamma(C_i^1, S_i, \lambda)$。对方程（4 - 11）进行整理，把目标函数中的 C_i^2 用方程（4 - 2）替代，最终拉格朗日方程 $\Gamma(C_i^1, S_i, \lambda)$ 如下

$$\Gamma(C_i^1,\ S_i,\ \lambda) = (C_i^1)^\sigma + \gamma(H_i\mu w_i)^\sigma + \beta$$

$$\left[\begin{array}{l}(S_i + \tau_2 L_i w_i)(1 + r_{i+1}) + \phi w_i O_i\left(1 - \dfrac{RE_i}{L_i}\right) \\[2mm] + RE_i\phi w_{i+1} + \tau_1 L_i w_i\left(1 - \dfrac{RE_i}{L_i}\right) + \tau_1 L_{i+1} w_{i+1}\dfrac{RE_i}{O_{i+1}}\end{array}\right]^\sigma$$

$$+ \lambda(Y_i - C_i^1 - S_i - H_i\mu w_i - \phi w_i O_i - \tau_1 L_i w_i - \tau_2 L_i w_i) \qquad (4-12)$$

对方程（4-12）分别求关于消费 C_i^1、储蓄 S_i 及拉格朗日乘子 λ 的偏导，则有

$$\left\{\begin{array}{l}\sigma(C_i^1)^{\sigma-1} - \lambda = 0 \\[3mm]\beta\sigma\left[\begin{array}{l}(S_i + \tau_2 L_i w_i)(1 + r_{i+1}) + \phi w_i O_i\left(1 - \dfrac{RE_i}{L_i}\right) + RE_i\phi w_{i+1} \\[2mm] + \tau_1 L_i w_i\left(1 - \dfrac{RE_i}{L_i}\right) + \tau_1 L_{i+1} w_{i+1}\dfrac{RE_i}{O_{i+1}}\end{array}\right]^{\sigma-1} \\[8mm]\left\{1 + r_{i+1} + A\alpha(1-\alpha)(\bar{h}_i)^{1-\alpha}\left[\begin{array}{l}(S_i + \tau_2 L_i w_i)(L_{i+1})^{1-\alpha}(K_{i+1})^{\alpha-2} + p_i\phi(L_{i+1})^{-\alpha} \\[2mm] (K_{i+1})^{\alpha-1} + \dfrac{\tau_1 L_{i+1}}{O_{i+1}}RE_i(L_{i+1})^{-\alpha}(K_{i+1})^{\alpha-1}\end{array}\right]\right\} \\[8mm]- \lambda = 0 \\[3mm]Y_i - C_i^1 - S_i - H_i\mu w_i - \phi w_i O_{i+1} - \tau_1 L_i w_i - \tau_2 L_i w_i = 0\end{array}\right.$$

$$(4-13)$$

把方程（4-13）中拉格朗日乘子和消费项通约掉，理论上可求出在产出 Y_i 固定下的储蓄水平。如果储蓄水平 S_i[①] 已知，就计算出劳动人口的福利水平 U_i。进而可计算出下一年的资本存量 $K_{i+1} = (1-\delta)K_i + S_i + \tau_2 L_i w_i$，下一年的产出 Y_{i+1}。根据下一年的产出，可以计算出下一年的储蓄水平 S_{i+1}，依次类推，求出储蓄序列。在初始资本存量、人力资本及人口运动已知的条件下，依次类推进行滚动，求出历年的产出序列和劳动人口福利序列。通过对方程（4-13）的观察发现，仅含未知数 S_i 的函数是一个非线性的隐函数。关于隐函数的求解通常较为麻烦，所以作者不再求储蓄的解析解，仅通过模拟给出数值解。又由于在模拟数值解中，需知道参数和初始值的设定。通过查阅相关文献、计算和校准，给出模拟前变量的初值、外生变量值和参数设定。最后，为具有可比性，作者将直接延续 3.4 小节中的参数设定。由于本章涉及社会养老，根据当前统账结合养老制度的特点，统筹部分缴纳的比例 τ_1 近似为 0.2，个人账户缴纳比例 τ_2 近似为 0.08。同样和第 3 章一样，用非

---

① 在每年社会总产出 Y_i 已知的条件下，每年的个人账户养老金 $\tau_2 L_i w_i$ 也是已知的，所以关键还是求出每年的储蓄 S_i 和产出 Y_i。

线性决策方法求解，求解变量和代码见附录。需要说明的是，根据研究问题需要，考察放松生育管控的养老模式选择效应和代际支持水平效应时，模型设定会有所不同，具体差别将在下文论述。

4.2　放松生育管控的产出、人均产出以及产出增速效应评估

考察放松生育管控的产出效应，也需要回答三个子问题：相比维持生育政策不变，如果民众按照政策生育，其一，放松生育管控在短期和长期对社会总产出的影响，是改善了还是降低了；其二，放松生育管控是否能够提高未来人均产出，帮助中国按时实现两个百年目标；其三，放松生育管控是否改变了产出增速的趋势性特征，提高未来产出增速。最后我们将验证放松生育管控的产出效应是否稳健，即进行敏感性分析。

4.2.1　放松生育管控的总产出效应

从图4-2可以看出，放松生育管控改变了未来实际总产出的趋势性特征，使得未来实际总产出呈现波动上升的趋势：先逐年上升，后趋于稳定，最后又呈现逐年上升，但增速放缓。生育政策不变下的未来实际总产出呈现一个倒U形的趋势，先逐年上升，然后相对稳定，最后呈现下降的趋势。在全面"二孩政策"下的婴儿潮还没有进入劳动力市场之前，全面"二孩政策"下的总产出低于维持生育政策不变下的总产出，说明全面"二孩政策"在放开的初期对产出存在挤占作用；伴随着全面"二孩政策"下的婴儿潮进入劳动力市场，全面"二孩政策"下的总产出高于维持生育政策不变下的总产出。综上所述，表征为放松生育管控的全面"二孩政策"改变了未来社会总产出的趋势性特征，同时短期轻微降低社会总产出，长期较大幅度地提高了社会总产出，综合考虑长期和短期效果，放松生育管控在产出上的影响是积极的。从这个意义上看，放松生育管控更多是基于长期和战略上的考虑。

为什么放松生育管控改变了未来实际总产出的趋势性特征，使得未来实际总产出呈现一个波动式的上升趋势。2015~2035年，因为维持生育政策不变和放松生育管控下的实际社会总产出呈现相同的趋势，故在此重点解释2035年以后的差异。2035年以后，放松生育管控下的婴儿潮开始陆续进入劳动力市场，迎来

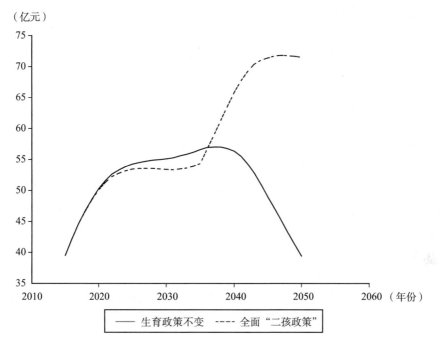

图 4 - 2　维持生育政策不变和全面"二孩政策"下的总产出

了人口、资本以及要素配置红利，造成劳动要素增加，全要素生产率以及人力资本增加；与此同时放松生育管控前期对储蓄，进而对资本存量的负面影响，在2035～2040 年也开始转正，使得放松生育管控下的储蓄和资本存量在 2035～2040 年也开始大于生育政策不变下的储蓄和资本存量。考虑到要素变量的增加，所以放松生育管控下的社会总产出呈现增加的趋势。

　　为什么放松生育管控下的总产出短期低于生育政策不变下的总产出，长期却高于生育政策不变下的总产出？其一，在不发生 Q - Q 替代的情景下，按照政策生育的放松生育管控，短期意味着少儿抚养比上升，少儿抚养比上升引致消费性支出增加，资本存量增速变缓。在全要素生产率、劳动数量、劳动力参与率以及人力资本水平不变的情况下，相对生育政策不变，总产出降低①。其二，随着全面"二孩政策"下的婴儿潮进入劳动力市场，劳动要素增多；老年抚养比下降，社会消费性支出降低，储蓄上升，资本存量增速上升；随着受教育水平较低一代退出劳动市场，劳动人口的平均受教育年限和人力资本随之增加；与此同时，新

---

　　①　当然是全面"二孩政策"对总产出影响的上限。若模型考虑到多生育孩子对劳动人口参与率的降低作用，因为家庭抚养负担的增大，进而使得用于抚养孩子的时间增加，降低劳动人口的劳动参与率，进而使得未来每期劳动力数量减少，在全面放开"二孩政策"下，总产出将更低。

出生的婴儿潮进入劳动市场改变了劳动人口的年龄结构，大大提高了要素的配置效率。综上所述，放松生育管控长期依次增加了适龄劳动人口数量和资本存量，提高了人力资本水平和要素配置效率，进而提高了社会总产出。

4.2.2　放松生育管控的人均产出效应

从图4-3可看出，其一，放松生育管控改变了未来人均产出的趋势性特征。放松生育管控下的人均产出呈现增加的趋势，基准情景下的人均产出呈现下降的趋势。其二，短期放松生育管控下的人均产出低于生育政策不变下的人均产出，即放松生育管控对人均产出产生挤占；长期放松生育管控下的人均产出高于生育政策不变下的人均产出，即对人均产出有较大的提升作用。在此，没有考虑全面"二孩政策"对劳动参与率的影响，同时假设孩子数量不对孩子质量发生替代。如果考虑到全面"二孩政策"对劳动参与率的影响和Q-Q替代，与当前结果相比，短期放松生育管控的负面影响和长期全面"二孩政策"的提升作用会相对弱些。

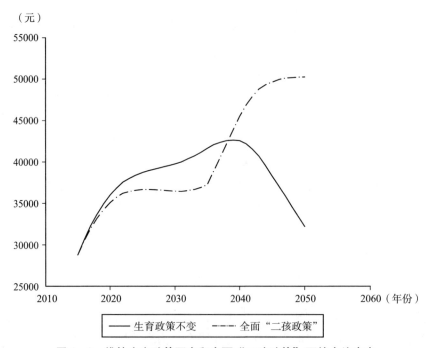

图4-3　维持生育政策不变和全面"二孩政策"下的人均产出

为什么在政策生育水平完全释放下，放松生育管控改变了未来人均产出的趋势性特征呢？根据人均产出 $y = A(L/P)h^{1-\alpha}k^{\alpha}$，短期全要素增长率为正且逐年增加，伴随着人口世代更迭，人力资本水平也逐年增加；资本存量在增加，劳动人口减少，使得资本劳动比也逐年上升；2025 年以后，社会总人口下降，劳动人口占比呈现下降趋势。综上所述，全要素生产率、人力资本以及资本劳动比的增加足以弥补劳动人口占比减少对人均产出的负面影响，所以两种生育情景下的人均产出呈增加趋势。随着放松生育管控的婴儿潮进入劳动力市场，全要素生产率长期得到大幅提升，人力资本继续呈现增加趋势；劳动人口增加的同时，社会总人口也增加，劳动人口占比稳中有降；资本大幅增加，资本劳动比稳中有升。最终由于全要素生产率的大幅提高，资本劳动比和人力资本的增加，使得人均产出继续增加。与此同时，生育政策不变下的要素配置效率出现恶化，劳动人口占比继续下降，人力资本呈现轻微提升，资本劳动比轻微增加，进而人均产出呈现下降的趋势。

为什么如果民众按照政策生育，放松生育管控短期挤占了人均产出，长期却提高了人均产出？其一，短期两种生育情景下的全要素生产率和人力资本相同，相比生育政策不变，放松生育管控因为多生孩子，造成劳动人口占比下降，少儿抚养支出增加，引致储蓄份额减少，资本存量相对减少，在劳动人口近似相同下，资本劳动比减少。根据人均产出的方程，放松生育管控短期降低了人均产出。其二，随着全面"二孩政策"下的婴儿潮进入劳动力市场，相对生育政策不变，根据 $y = A(L/P)h^{1-\alpha}k^{\alpha}$，放松生育管控下的全要素生产率和人力资本得到大幅提高；劳动人口增加，社会总人口增加，资本存量上升，劳动人口占比在 2045 年左右开始高于生育政策不变下的劳动人口占比，资本劳动比也在 2045 年左右开始高于生育政策不变下的资本劳动比，所以放松生育管控在长期提高了人均产出。

总之，在短期，两种生育情景下人力资本和全要素生产不变，如果政策生育力量得到完全释放，全面"二孩政策"降低了社会总产出，增加总人口，所以降低了人均产出。在长期，放松生育政策在增加社会总人口的过程中，更多是增加了人力资本和全要素生产率，进而增加了有更高生产率水平的劳动人口，在使分母总人口变大的同时，更大幅度上增加了分子总产出，进而产出增速高于总人口增速，所以放松生育管控在长期提高了人均产出。

4.2.3　放松生育管控的产出增速效应

从图 4 - 4 可看出，其一，全面"二孩政策"没有改变未来经济增速的下降态势，但是在 2030 ~ 2035 年，使得中国经济增速产生一个跳跃，然后在一个高水位上继续呈现下降趋势。其二，相比生育政策不变，全面"二孩政策"短期轻微降低产出；伴随着放松生育管控下的婴儿潮进入劳动力市场，全面"二孩政策"对经济增速产生较大的提升作用。为什么放松生育管控在2030~2035年使得经济增速产生一个跳跃呢？相比生育政策不变，随着松生育管控下的婴儿潮开始进入劳动力市场，进入劳动力市场队列的人数增加使得劳动人口增速增加；进入劳动队列的人口数改变劳动人口的受教育年限和劳动人口的年龄结构，劳动人口的人力资本水平得到提高，全要素增长率也大幅提高，表征为资本增量和增速的储蓄和储蓄率也开始高于政策不变下的储蓄和储蓄率，最终经济增速产生一个较大的跳跃。

为什么短期"二孩政策"下的经济增速低于生育政策不变下的经济增速，长期却高于生育政策不变下的经济增速？短期，全要素增长率和人力资本增长率相同，因为"二孩政策"下多出生的婴儿提高了社会抚养比，增加了消费性支出，降低储蓄，进而降低了资本存量增速，降低产出和产出增速。随着"二孩政策"下的婴儿潮进入劳动市场，劳动人口增速上升；改变了劳动市场的受教育年限和年龄结构，全要素和人力资本增长率增加；与此同时，降低了老年（或社会）抚养比，使得储蓄和储蓄率呈现增加趋势，资本存量增速增加（杨华磊和王辉，2016）。综上所述，"二孩政策"提高了未来的经济增速。

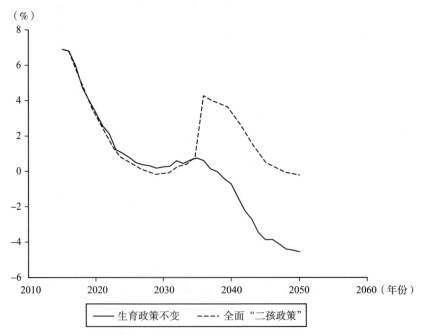

图4-4 维持生育政策不变和全面"二孩政策"下的经济增速

为什么全面"二孩政策"下未来经济增速的趋势性特征没有变。特别是

2015～2035 年，在全要素生产率和人力资本相对稳定下，无论放松生育管控还是生育政策不变，对未来 GDP 增速的趋势都影响不大。由于 20 世纪 80 年代中国存在一个生育高峰，90 年代和 2000 年左右出生的人数急剧下降。在劳动市场入口上，当"90 后"开始进入劳动力市场的 2010 年左右，每年新增的劳动人数急剧下降，进而适龄劳动增长率下降，导致由适龄劳动人口增长引致的每年 GDP 增速也会出现急剧下降，这就是所谓的人口峭壁。在劳动市场出口上，2015 年以后，"60 后"婴儿潮一代将陆续进入退休年龄，迎来养老汛期，加上中国的计划生育政策缩短了人口红利期，使得人口红利期来得过于陡峭，同时也使得未来老龄化来得过于迅猛。伴随着养老汛期的到来，2015 年以后，社会养老负担急剧增加，消费支出大幅度挤占储蓄，资本存量增速下降，有资本存量增速引致的经济增速急剧下降，最终导致经济增速呈现下降趋势。

为什么长期放松生育管控没有改变经济增速的趋势性特征呢？2015 年以后，放松生育管控对未来新增劳动人口影响有限，进而对经济增速的趋势性特征影响有限。因为 20 世纪 90 年代出生的人口呈现逐年下降的趋势，导致 2015 年以后每年新增育龄妇女数很小且急剧下降，故即使如今放松生育管控，2015 年后每年新出生的婴儿的绝对量也将很少（源于 2015 年以后历年新增的育龄妇女人数很小和逐年下降，导致 2035 年左右历年新增的劳动力数量也是很少），进而无法挽回 20 年后劳动要素（资本红利内蕴于人口红利），进而整体经济增速急剧下降的大趋势。实际上中国错过放开生育管控的最佳时间，本应在 2001 年左右放松生育管控，因为此时段是"80 后"婴儿潮开始进入婚配和劳动市场的时刻。如今中国经济已经挺进在人口峭壁之上，放开或者不放开，对 35 年内经济增速的趋势特征影响不大。

最后，虽然放松生育管控无法改变未来经济增速断崖式下降的趋势，但是在全面"二孩政策"下的婴儿潮开始进入劳动市场之后，会较大地提高未来新进入劳动力市场的人口数量，增加劳动人口增速，提高全要素和人力资本增长率，增加未来的储蓄和储蓄率，提高未来的资本增速，最终提高未来的经济增速。

4.3　放松生育管控的劳动人口福利效应评估

为回答表征为放松生育管控的全面"二孩政策"是否会改善劳动人口福利、落实"二孩政策"等问题，在此衡量劳动人口福利采用适龄劳动人口的人均效用。如果全面"二孩政策"下民众按照政策生育，提高劳动人口的福利，说明民众生育意愿很高，实际生育水平高于政策生育水平，全面"二孩政策"

的实施不会面临遇冷等问题，通过生育政策调整可以实现初始的宏观政策目标。此时应注意过度生育对经济、社会以生态系统的负面影响。如果民众按照政策生育，福利水平降低了，说明全面"二孩政策"若不加以其他配套生育政策，很可能在生育堆积力量释放之后遇冷，通过生育政策调整来实现的宏观目标很可能面临无法落实，进而影响全面"二孩政策"综合效应的发挥。所以在缺乏配套措施的情景下，回答如果民众按照政策生育，会对劳动人口的长短期福利产生何种影响显得很重要。因为其可以解答学者、民众以及政府的疑惑，为下一步生育政策和配套性政策制定提供参考。

4.3.1 理论分析

n、n^*、n_1 以及 n_2 分别定义为实际生育水平、实际生育意愿、原始政策生育水平和新政策生育水平。如果实际生育水平等于实际生育意愿和政策生育水平，劳动人口的福利最大化目标和社会福利最大化目标是一致的。然而劳动者福利最大化的生育目标通常偏离了社会福利最大化的生育目标，为了实现社会福利最大化的目标，避免集体选择的困境，政府通常实行一定的生育管控。最终放松生育管控是否改善劳动人口福利依赖于当前政策水平、实际生育水平以及实际生育意愿之间的关系。

把劳动人口的福利记为 U(n)，实际生育水平 n。基于上述分析，劳动人口的福利和实际生育水平呈现一个倒 U 形的关系，生育意愿 n^* 上的福利水平是劳动人口福利水平最大化的值，所以劳动人口福利水平和实际生育水平的关系可以表示为

$$U(n) = an^2 + bn + c, \ a > 0 \qquad (4-14)$$

伴随着社会的发展，社会福利最大化下的政策生育水平和家庭福利最大化的实际生育意愿不断调整。在实际生育意愿 n^* 高于原政策生育水平 n_1 下，假设实际生育水平严格受到生育政策控制，同时社会福利不存在降低。如果新政策生育水平 n_2 低于原始政策生育水平 n_1，则新生育政策的实施将降低劳动人口的福利。如果新生育政策水平 n_2 高于原始政策生育水平 n_1，新政策生育水平 n_2 又低于实际生育意愿 n^*，则新生育政策的实施将提高劳动人口的福利水平（见图 4-5）。如果新生育政策提高了劳动人口的福利，则实际生育意愿 n^* 和新政策生育水平 n_2 之间的关系是不确定的。在这种情景下，就得出第一个命题。

命题 1：在 $n_1 < n^*$ 的前提下，如果 $U(n_2) > U(n_1)$，则新政策生育水平 n_2 和实际生育意愿 n^* 之间的关系是不确定的

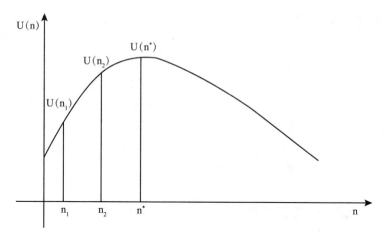

图 4 - 5　在 $n_1 < n_2 < n^*$ 情景下的福利比较

　　若新政策生育水平高于实际生育意愿，因为放松生育管控的实施，劳动人口福利方向的改变将是不确定的。但是，如果放松生育管控降低了劳动人口的福利，则说明新生育政策的政策生育水平高于实际生育意愿（见图 4 - 6），在这种情景下，得到第 2 个命题。

　　命题 2：在 $n_1 < n^*$ 的前提下，如果 $U(n_2) < U(n_1)$，则 $n_2 > n^*$，即新政策生育水平大于实际生育意愿

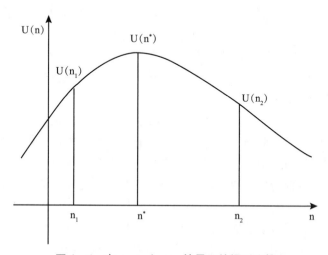

图 4 - 6　在 $n_1 < n^* < n_2$ 情景下的福利比较

　　考虑到中国的生育行为严格受到政策管控以及强大的政府和宏观调控力量，只要实际生育水平与政策生育水平存在偏差，社会福利就会遭受损失，国家总会

采取一些措施确保政策生育水平等于实际生育水平，确保社会福利、集体以及长期利益得到保障。这基本符合周长洪和潘金洪（2010）的研究发现，在现实的中国，实际生育水平近似等于政策生育水平。因此我们在政策生育水平上探讨放松生育管控的效应，也存在一定的合理性。社会福利最大化的生育目标不总是和家庭福利最大化的目标一致，考虑到现实通常对社会福利最大化目标给予优先权，因此我们得到第 3 个命题。

命题 3：在中国，相对于劳动人口福利，我们总是对社会福利给予优先权，同时实际生育水平近似等于政策生育水平。

4.3.2 放松生育管控的劳动人口福利效应评估

把劳动人口效用函数取最大值时的总效用水平除以适龄劳动人口总量，得到劳动人口的人均效用，把劳动人口的人均效用看作劳动人口的福利水平，进而考察放松生育管控对劳动人口福利的影响。首先回答的问题是，短期民众按照政策生育，在缺乏配套措施和补贴下，表征为放松生育管控的"二孩政策"是否会改善劳动人口福利？如果短期民众按照政策生育，降低了劳动人口福利，则民众将不会很好地响应"二孩政策"，按照政策生育；否则，劳动人口将会很好地响应"二孩政策"，按照政策生育。从长期来看，为解答学者、政府和民众的疑惑，在缺乏补贴和配套措施下，回答放松生育管控下的按照政策生育，是否会改善未来劳动人口或者当前孩子未来的福利水平等问题。如果放松生育管控，按照政策生育，对于当前孩子的未来是好的。那为了孩子和民族的未来（社会责任和担当），或者通过跨期补偿（用未来生育收益补偿当前劳动人口的生育成本），对于家庭来说，生育也是值得的；对于政府来说，也要积极促成民众按照政策生育（见图 4 - 7）。

从图 4 - 7 可看出，其一，全面"二孩政策"改变了未来劳动人口福利水平的趋势特征，使得未来劳动人口的福利水平呈现一直增加的趋势，而非生育政策不变下的倒 U 形特征。其二，在缺乏配套性政策和当前生育环境下，让家庭按照政策生育，平均生育两娃，短期会轻微降低当前劳动人口（父母）福利，长期提高了未来劳动人口（当前孩子）的福利水平。这就意味着，虽然放松生育管控长期是好的，会改善当前孩子的未来福利水平，但是由于当前实际生育意愿低于政策生育水平（王军和王广州，2013；王广州和王丽萍，2013；张晓青等，2016），放松生育管控，按照政策生育短期会降低当前劳动人口或父母的福利水平，在缺乏任何配套和补贴下，民众很可能不会有效地响应"二孩政策"，使得未来"二孩政策"带来的福利无法得到有效落实。

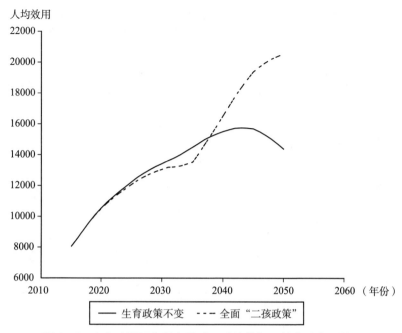

图 4 - 7　生育政策不变和全面"二孩政策"下的劳动人口福利

　　为什么放松生育管控下民众按照政策生育，短期对劳动人口的福利水平会产生挤占效应，长期却较大幅度地提高了未来劳动人口的福利水平？在保障孩子的抚养质量不下降和经济人假设下，全面"二孩政策"短期降低人均产出，进而降低了自己消费和储蓄的绝对量；同时多生孩子进一步降低自己的消费。因为孩子的单位消费带来的效用低于自己单位消费给自己带来的效用以及自己储蓄带来的效用水平，所以全面"二孩政策"降低了劳动人口的平均效用水平。随着全面"二孩政策"下的婴儿潮进入劳动力市场，相比生育政策不变下，全要素增长率大幅增加，人力资本增加，大大提高社会的人均产出（包括工资和利率两部分），特别是资本收益。在同样的利他系数、折现因子以及少儿抚养系数下，人力资本、全要素生产率的大幅提高，将弥补生育的成本，使得人均产出中用于孩子抚养的份额相对降低，导致用于劳动人口自身消费和储蓄的比例上升，由于单位自身消费和储蓄带来的效用水平较高，所以相比生育政策不变，全面"二孩政策"提高了未来劳动人口或者当前孩子未来的福利水平。总之，在放松生育管控的情景下，按照政策生育，短期对父母是有害的，长期对孩子的未来，甚至对父母的未来是好的（见表 4 - 1）。

表 4 - 1   生育政策不变下和全面"二孩政策"下的产出和福利水平

年份	生育政策不变				全面"二孩政策"			
	总产出（亿元，2000 年不变价）	人均产出（元，2000年不变价）	福利水平	经济增速（%）	总产出（亿元，2000年不变价）	人均产出（元，2000年不变价）	福利水平	经济增速（%）
2015	394763	28781	8052		394763	28781	8052	
2016	421615	30588	8545	6.80	421615	30443	8545	6.80
2017	446781	32273	9089	5.97	446590	31960	9085	5.92
2018	467881	33669	9625	4.72	467301	33171	9613	4.64
2019	486591	34906	10106	4.00	485423	34206	10084	3.88
2020	502671	35970	10541	3.30	500724	35058	10504	3.15
2021	515636	36832	10932	2.58	512737	35699	10876	2.40
2022	526562	37569	11277	2.12	522546	36208	11199	1.91
2023	532954	38006	11613	1.21	527702	36420	11510	0.99
2024	538383	38398	11919	1.02	531760	36581	11787	0.77
2025	542550	38721	12234	0.77	534438	36672	12069	0.50
2026	545158	38955	12535	0.48	535444	36670	12334	0.19
2027	547143	39163	12789	0.36	535714	36637	12549	0.05
2028	548850	39369	13027	0.31	535592	36594	12745	- 0.02
2029	549830	39540	13236	0.18	534644	36512	12910	- 0.18
2030	551168	39751	13418	0.24	533935	36459	13045	- 0.13
2031	552709	39993	13605	0.28	533321	36425	13183	- 0.12
2032	555979	40375	13788	0.59	534829	36550	13205	0.28
2033	558419	40713	13998	0.44	536172	36674	13266	0.25
2034	561893	41141	14252	0.62	539215	36924	13384	0.57
2035	566069	41635	14487	0.74	543512	37268	13513	0.80
2036	569480	42087	14733	0.60	566695	38916	14067	4.27
2037	570219	42355	14992	0.13	589316	40532	14676	3.99
2038	570050	42568	15192	- 0.03	612904	42218	15279	4.00
2039	567621	42624	15361	- 0.43	635873	43862	15897	3.75
2040	563587	42570	15508	- 0.71	658287	45466	16526	3.52
2041	555191	42197	15624	- 1.49	677278	46834	17159	2.89
2042	542788	41525	15724	- 2.23	692121	47916	17793	2.19
2043	528124	40684	15743	- 2.70	704043	48800	18358	1.72

年份	生育政策不变				全面"二孩政策"			
	总产出（亿元，2000 年不变价）	人均产出（元，2000年不变价）	福利水平	经济增速（%）	总产出（亿元，2000年不变价）	人均产出（元，2000年不变价）	福利水平	经济增速（%）
2044	509709	39553	15728	-3.49	710453	49308	18889	0.91
2045	489991	38317	15690	-3.87	713950	49622	19378	0.49
2046	471097	37140	15502	-3.86	717083	49922	19709	0.44
2047	451695	35917	15267	-4.12	718333	50106	19982	0.17
2048	431844	34649	15012	-4.39	717686	50173	20219	-0.09
2049	412587	33417	14706	-4.46	716593	50223	20392	-0.15
2050	393810	32210	14381	-4.55	715045	50255	20531	-0.22

资料来源：笔者预测。

4.4　放松生育管控的养老模式选择效应和代际支持效应评估

通过第 3 章分析发现，在人口学意义上，按照政策生育下的放松生育管控可以缓解未来社会的老龄化，降低社会抚养比。从经济学意义上看，全面"二孩政策"能否应对养老汛期，改善养老状况以及解决未来社会的养老问题，学者依然存在很多疑问。总之，表征为放松生育管控的全面"二孩政策"的养老效应包括两层含义：其一，放松生育管控是否会从根本上改变未来最优的养老模式选择？其二，在当前的养老规则下，特别是现收现付制占主导的养老制度下，全面"二孩政策"能否提高对老年人口的代际支持水平，应对短期的养老汛期，改善未来社会的养老状况？总之，对这些问题的回答，关乎国家和家庭下一步的政策制定和生育决策，进一步关乎两个百年目标的实现（见图 4-8）。

4.4.1　情景设计和模型构建

为考察全面"二孩政策"的养老模式选择效应，回答放松生育管控是否会从根本上改变未来最优的养老模式选择以及在未来的社会中我们应该选择何种养老模式等问题，基于基金运营模式给出三种养老制度。第一，完全现收现付制的

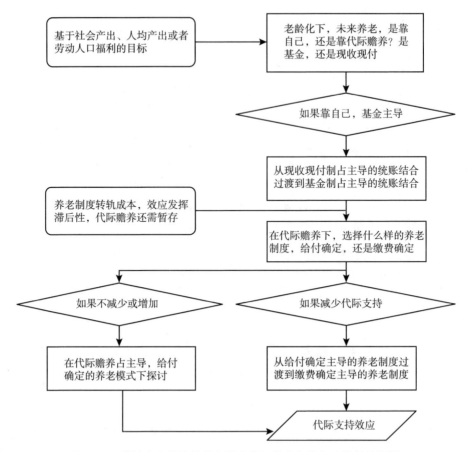

图 4 - 8　放松生育管控的养老模式选择效应和代际支持效应逻辑

养老制度（pay as you go system，PAYGS）。此情景下把当前从劳动人口征收的养老金，直接用于当前老年人口开支。第二，完全个人账户制或完全基金制的养老制度（fully funded pension system，FFPS）。这种养老制度下对劳动人口收缴的养老金类似储蓄一样全部放入个人账户，通过运营获得一定的运营收入。第三，统账结合的养老制度（tongzhang pension system，TZPS）[①]。在此种养老制度下收缴的养老金，一部分用于社会统筹，一部分入个人账户。社会统筹采用现收现付，追求公平，没有累积效应；个人账户采用基金制，追求效率，有累积效应。基于产出及福利目标，如果不论是放松生育管控，还是维持生育政策不变，未来都是基金制最高，则放松生育管控没有改变未来最优的养老模式选择，同时也说明未来养老制

----

① 考虑到统账结合的养老制度是中国独有的，特别是统账的翻译，国内外还不统一，参考 Yang（2016）的工作，暂且把其翻译成 tongzhang pension system。

度的改革方向将朝着自己养自己的方向发展，而非代际赡养的养老模式。否则，则相反。

需要说明的是，下述理论框架同样也有一些假设。其一，考虑到中国的传统文化，子女对父母有赡养的义务，所以无论在哪种养老制度下，都存在子女按照工资的一定比例对老人的赡养支出。其二，由于本书更多着眼宏观和整体的分析，关注结论在定性和趋势上的差别，所以不再对行业、区域以及年龄上的劳动人口进行细分；在模型设定上，主要是考虑不同养老制度的主要特征差异，不再考虑现实中其他特征的差别，如每个参与新农保的农民或者参与城镇居保的居民未来每月领取多少养老金的问题。当然，改变这些是本书下一步的延拓方向。

1. 基于基金运行模式的模型构建

（1）现收现付型的养老制度。

现收现付型的养老制度是国家把筹资的养老保险基金全部进入社会统筹形式，由相关部门直接在当年或一个较短的周期进行规划用于养老支出。只考虑短期内的基金平衡，最大化的发挥社会共济功能，每年养老保险基金很少有结余。其也是强制性的代际赡养模式，政府当期直接从年轻劳动人口一代收缴养老金，当期直接用于老人的养老金开支。现收现付下上缴的养老金不参与当期和下一期生产，故此模式下的资本运动方程中没有养老金这一项。考虑到中国的传统文化，每期支付老年人口的部分不仅包括国家强制下的子女赡养支出，而且还包括子女根据道德约束进行的代际支出。最终此养老制度的理论框架为方程（4－11）在 $\tau_2 = 0$ 和 $\tau_1 = \tau$ 时的情景。

$$\mathrm{MaxU}_i = (C_i^1)^\sigma + \gamma(H_i \mu w_i)^\sigma + \beta(C_i^2)^\sigma$$

$$
\text{s. t.}
\begin{cases}
C_i^1 = Y_i - S_i - H_i \mu w_i - \phi w_i O_i - \tau_1 L_i w_i \\[4pt]
C_i^2 = S_i(1 + r_{i+1}) + \phi w_i O_i \left(1 - \dfrac{RE_i}{L_i}\right) + RE_i \phi w_{i+1} + \tau_1 L_i w_i \left(1 - \dfrac{RE_i}{L_i}\right) \\[4pt]
\quad + \tau_1 L_{i+1} w_{i+1} \dfrac{RE_i}{O_{i+1}} \\[4pt]
n = \bar{n} \\[4pt]
SPP_i = \tau_1 L_i w_i \\[4pt]
w_i = A(1 - \alpha)(\bar{h_1})^{1-\alpha}(K_i)^\alpha (L_i)^{-\alpha} \\[4pt]
w_{i+1} = A(1 - \alpha)(\bar{h_1})^{1-\alpha}[(1 - \delta)K_i + S_i]^\alpha (L_{i+1})^{-\alpha} \\[4pt]
r_{i+1} = A\alpha(\bar{h_1})^{1-\alpha}[(1 - \delta)K_i + S_i]^{\alpha-1}(L_{i+1})^{1-\alpha} \\[4pt]
0 \leqslant \sigma, \ \beta, \ \tau_1, \ \phi, \ \gamma, \ \mu \leqslant 1
\end{cases}
\tag{4－15}
$$

最终，在此养老制度情景下每期代表性劳动主体面临的规划问题是，如何把当期缴纳社会统筹养老金之后的国民总收入最优地在当期消费、储蓄、抚养子女以及赡养老人之间进行分配，以实现当期国民总收入带来效用的最大化，决策变量为每期消费水平 C_i^1 和储蓄水平 S_i。

（2）统账结合型的养老制度。

统账结合型的养老制度是强制性自养和子女赡养的综合，包括基础养老金和个人账户养老金。基础账户养老金采取社会统筹，偏现收现付制模式；个人账户养老金采取个人缴费形式，偏积累制模式，所以统账结合制度是现收现付制和积累制、社会统筹和个人账户的混合。其中，个人账户当期上缴的养老金类似储蓄一样积累起来，作为资本要素参与下一期的生产活动；当期社会统筹上缴的养老金类似道德约束下家庭子女对父母的赡养支出，直接用于当期老年人口的养老金支出。每期产出用于养老开支部分包括上缴的个人账户养老金、上缴的基础账户养老金以及老年人口的赡养支出。此养老制度下的理论框架是方程（4-11）在 $\tau_1 \neq 0$ 和 $\tau_2 \neq 0$ 时的情景。

$$\mathrm{Max} U_i = (C_i^1)^\sigma + \gamma (H_i \mu w_i)^\sigma + \beta (C_i^2)^\sigma$$

$$\text{s. t.} \begin{cases} C_i^1 = Y_i - S_i - H_i \mu w_i - \phi w_i O_i - \tau_1 L_i w_i - \tau_2 L_i w_i \\ C_i^2 = (S_i + \tau_2 L_i w_i)(1 + r_{i+1}) + \phi w_i O_i \left(1 - \dfrac{RE_i}{L_i}\right) + RE_i \phi w_{i+1} \\ \quad + \tau_1 L_i w_i \left(1 - \dfrac{RE_i}{L_i}\right) + \tau_1 L_{i+1} w_{i+1} \dfrac{RE_i}{O_{i+1}} \\ n = \bar{n} \\ SPP_i = \tau_1 L_i w_i \\ w_i = A(1-\alpha)(\bar{h_1})^{1-\alpha}(K_i)^\alpha (L_i)^{-\alpha} \\ w_{i+1} = A(1-\alpha)(\bar{h_1})^{1-\alpha}[(1-\delta)K_i + S_i + \tau_2 L_i w_i]^\alpha (L_{i+1})^{-\alpha} \\ r_{i+1} = A\alpha(\bar{h_1})^{1-\alpha}[(1-\delta)K_i + S_i + \tau_2 L_i w_i]^{\alpha-1}(L_{i+1})^{1-\alpha} \\ 0 \leq \sigma,\ \beta,\ \tau_1,\ \tau_2,\ \phi,\ \gamma,\ \mu \leq 1 \end{cases} \quad (4-16)$$

最终，此养老制度情景下代表性劳动人口面临的规划是，如何把当期缴纳基础养老金和个人账户养老金之后的国民总收入最优地在当期消费、储蓄、抚养子女以及赡养老人之间进行分配，以实现当期国民总收入带来效用的最大化，决策变量同样为每期消费水平 C_i^1 和储蓄水平 S_i。

（3）个人账户型的养老制度。

个人账户型的养老制度是个人上缴的养老金最大限度地进入个人账户，当劳动人口步入老年人队列之后，再按照个人账户积累的金额，领取自己的养老金。个人账户的养老金，因为有累积效应，所以也称为积累制的养老制度。这是国家强制的自己养自己的模式，国家在每一代人年轻时连续征收若干年一定额度或者一定比例的养老金，并在每一代人变成老人时再连续返回给这代人的养老制度，养老金作为资本要素参与生产活动。同样每期产出用于养老支出部分不仅包括自己上缴的养老金，而且也包括道德约束下子女对老年人口的代际赡养支出。基于上述模型和积累制养老制度特点，方程（4－11）中 $\tau_1 = 0$ 和 $\tau_2 = \tau$ 时的情景是此种养老制度的理论框架。

$$\text{MaxU}_i = (C_i^1)^\sigma + \gamma(H_i \mu w_i)^\sigma + \beta(C_i^2)^\sigma$$

$$\text{s. t.} \begin{cases} C_i^1 = Y_i - S_i - H_i \mu w_i - \phi w_i O_i - \tau_2 L_i w_i \\ C_i^2 = (S_i + \tau_2 L_i w_i)(1 + r_{i+1}) + \phi w_i O_i \left(1 - \dfrac{RE_i}{L_i}\right) + RE_i \phi w_{i+1} \\ n = \bar{n} \\ PAP_i = \tau_2 L_i w_i \\ w_i = A(1-\alpha)(\bar{h_1})^{1-\alpha}(K_i)^\alpha(L_i)^{-\alpha} \\ w_{i+1} = A(1-\alpha)(\bar{h_1})^{1-\alpha}[(1-\delta)K_i + S_i + \tau_2 L_i w_i]^\alpha(L_{i+1})^{-\alpha} \\ r_{i+1} = A\alpha(\bar{h_1})^{1-\alpha}[(1-\delta)K_i + S_i + \tau_2 L_i w_i]^{\alpha-1}(L_{i+1})^{1-\alpha} \\ 0 \leqslant \sigma, \ \beta, \ \tau_2, \ \phi, \ \gamma, \ \mu \leqslant 1 \end{cases} \qquad (4-17)$$

　　最终，在个人账户和家庭养老的混合养老制度下，在养儿防老和传宗接代的文化情景下，成年劳动力面临的规划是，如何把当期缴纳基础养老金和个人账户养老金之后的国民总收入最优地在当期消费、储蓄、抚养子女以及赡养老人之间进行分配，以实现当期国民总收入带来效用的最大化，决策变量同样为每期消费水平 C_i^1 和储蓄水平 S_i。

　　考虑到短期代际赡养模式不会发生大的变化，同时为解决已经退出劳动市场的老年人口的养老问题，应对短期养老汛期对社会经济系统的冲击。我们也想知道，放松生育管控是否改变了未来最优的代际赡养模式。在未来代际赡养模式下，我们应该选择何种养老制度。与此同时，也进一步想知道，在代际赡养的模式，放松生育管控是否会改善未来社会的养老状况，缓解"60 后"婴儿潮退休带来的养老汛期对社会经济系统的冲击。根据养老保险缴费模式的差别，在此给出给付确定（defined benefit，DB）和缴费确定（defined contribution，DC）两种养老模式。缴费确定型的养老制度，是每期社会总赡养支出费用是每期社会总劳动收入的一个固定比例。每期劳动人口对每个老年人口的养老支出费用，不仅与当期每个劳动人口的工资水平有关，而且还与每期的老年人口数量和劳动人口数量有关。给付确定型的养老制度下每期对每个老年人口的支持水平是每期单个劳动人口工资的一个固定比例。此养老制度下对老年人口代际支持水平的增加与劳动人口工资水平同步，对老年人口的代际支持水平与劳动人口绝对数量或者老年人口绝对数量没有直接关系。

如果未来基于产出和劳动人口福利目标，放松生育管控没有改变未来最优的代际赡养模式选择。如最优的都是缴费确定型的，说明未来在孩子赡养下，应该降低对老年人口的代际支持水平，否则社会产出和劳动人口福利会遭受损失（补偿）。无论是在缴费确定的养老制度下，还是在给付确定的养老制度下，如果放松生育管控提高了未来对老年人口的代际支持水平，改善了未来老人的养老状况，则放松生育管控就具有养老效应。否则，则不具有。

2. 基于缴费模式的理论模型构建

为考察放松生育管控的养老效应，回答放松生育管控是否会从根本上改变未来最优的代际赡养养老模式选择、是否改善未来老年人口的养老状况等问题，考虑到中国当前是现收现付制占主导的统账结合的养老制度，同时无论是政府主导的基金制，还是政府主导的现收现付制，都可以简并为没有政府部门的自己养老和代际赡养模式。所以在不影响分析结果的情景下，为了模拟的方便，我们回到现收现付养老制度最本质的代际赡养特征上（养老要么孩子养，要么自己养），把国家强制性上缴的养老金支出归化到根据道德约束进行的对老年人口的赡养支出一项①。此时进行分析的模型框架就转化为不考虑政府部门的 $\tau_1 = 0$ 和 $\tau_2 = 0$ 的情景。

（1）给付确定型的养老制度。

给付确定下未来每期代表性劳动主体对每个老年人的代际支出水平是每个劳动人口工资水平的一个固定比例 ϕ_1。未来无论老年人口数量是增加，还是减少，都不直接影响未来每期劳动人口对每个老年人口的代际支持。这种养老制度下的代际支持水平与未来老年人口和劳动人口数量无直接关系，仅与未来劳动人口的平均工资水平有关。劳动人口平均工资水平上升，则每期对每个老年人口的支持水平也上升。根据前面的假定，给付确定型下的模型设定可以看作方程（4-11）在 $\tau_1 = 0$ 和 $\tau_2 = 0$ 下的情景，则有

---

① 不论是家庭养老，还是社会养老；不论是积累制的养老，还是现收现付制的养老，都归结为自己养老和孩子养老。综合中国当前城镇和乡村以代际赡养为主的养老状况（农村的家庭子女养老或者城镇的社会子女养老）。所以设定在模型时，抓住养老制度最本质的特征，忽视其他一些细节。

$$MaxU_i = (C_i^1)^\sigma + \gamma(H_i\mu w_i)^\sigma + \beta(C_i^2)^\sigma$$

$$\text{s. t.}\begin{cases} C_i^1 = Y_i - S_i - H_i\mu w_i - \phi_1 w_i O_i \\ C_i^2 = S_i(1 + r_{i+1}) + \phi_1 w_i O_i\left(1 - \dfrac{RE_i}{L_i}\right) + RE_i\phi_1 w_{i+1} \\ n = \bar{n} \\ w_i = A(1 - \alpha)(\bar{h_1})^{1-\alpha}(K_i)^\alpha(L_i)^{-\alpha} \\ w_{i+1} = A(1 - \alpha)(\bar{h_1})^{1-\alpha}[(1 - \delta)K_i + S_i]^\alpha(L_{i+1})^{-\alpha} \\ r_{i+1} = A\alpha(\bar{h_1})^{1-\alpha}[(1 - \delta)K_i + S_i]^{\alpha-1}(L_{i+1})^{1-\alpha} \\ 0 \leq \sigma,\ \beta,\ \phi,\ \gamma,\ \mu \leq 1 \end{cases} \quad (4-18)$$

最终，在给付确定型的养老制度下代表性劳动人口面临的规划是，如何把国民总收入最优地在当期消费、储蓄、抚养子女以及赡养老人之间进行分配，以实现当期国民总收入带来效用的最大化。决策变量为每期消费水平 C_i^1 和储蓄水平 S_i。根据此种养老制度的特点，未来每年劳动人口对每个老年人口的代际支持水平为

$$\phi_1 w = \phi_1(1 - a)A(h)^{1-a}(K/L)^a \quad (4-19)$$

（2）缴费确定型的养老制度。

缴费确定型的养老制度下每期对社会总老年人口的支出水平是每期总劳动收入 $w_i L_i$ 的一个固定比例 ϕ_2。此情景下未来无论多少老人，劳动人口就出那么多钱。从这个意义上看，缴费确定型的养老制度是对劳动人口友好的养老制度。在赡养系数 ϕ_2 不变的情况下，每期劳动人口对每个老年人口的支出水平（每个老年人口的人均收入水平）不仅取决于劳动人口的人均工资水平，而且还取决于劳动人口和老年人口数量。在此情景下，未来无论劳动人口多，还是老年人口少的情景；还是劳动人口少，老年人口多的情景，平均到每个劳动人口上的养老压力是不变的。对老年人口的总赡养支出随着劳动人口数量的多少而变化，进而对每个老年人口的代际支持水平也随着人口结构变化而变化。劳动人口少且老年人口多时，每个老年人口获得的代际水平就较少，相反，则较多。相比给付确定的养老制度，第一期的老年人支出是 $\phi_2 w_i L_i$。在第二期，第一期的代表性劳动主体将获得的回报 RI_i 为

$$RI_i = \phi_2 w_i L_i(1 - RE_i/L_i) + \phi_2 w_{i+1} L_{i+1} RE_i/O_{i+1} \quad (4-20)$$

除了在赡养老人支出回报上的差别外，在此情景下一般均衡的理论框架和劳动人口决策的机制同样没变。则有

$$MaxU_i = (C_i^1)^\sigma + \gamma(H_i\mu w_i)^\sigma + \beta(C_i^2)^\sigma$$

$$\text{s. t.} \begin{cases} C_i^1 = Y_i - S_i - H_i\mu w_i - \phi_2 w_i L_i \\ C_i^2 = S_i(1 + r_{i+1}) + \phi_2 w_i L_i + \phi_2 w_{i+1} L_{i+1}\dfrac{RE_i}{O_{i+1}} - \phi_2 w_i L_i \dfrac{RE_i}{L_i} \\ n = \bar{n} \\ w_i = A(1-\alpha)(\bar{h}_1)^{1-\alpha}(K_i)^\alpha(L_i)^{-\alpha} \\ w_{i+1} = A(1-\alpha)(\bar{h}_1)^{1-\alpha}[(1-\delta)K_i + S_i]^\alpha(L_{i+1})^{-\alpha} \\ r_{i+1} = A\alpha(\bar{h}_1)^{1-\alpha}[(1-\delta)K_i + S_i]^{\alpha-1}(L_{i+1})^{1-\alpha} \\ 0 \leq \sigma, \ \beta, \ \phi, \ \gamma, \ \mu \leq 1 \end{cases} \qquad (4-21)$$

最终，在缴费确定型的养老制度下代表性劳动主体每期面临的最终规划依然是如何把当期的产出最优地在当期消费、储蓄、赡养父母以及养育子女间进行分配，以达到当期产出带来效用最大化。规划求解的是每一期消费水平和储蓄水平。缴费确定型的养老制度是每期社会的总养老费用与每期社会总劳动收入的一个固定比例。则此情景下，每期对每个老年人口的代际支持水平为

$$\phi_2 Lw/O = \phi_2(1-a)A(h)^{1-a}(K)^a(L)^{1-a}/O \qquad (4-22)$$

基于上述原因，在缴费确定型的养老制度下，每期代表性劳动人口对每个老年人代际支持水平为 $\phi_2 Lw/O = \phi_2(1-a)A(h)^{1-a}(K)^a(L)^{1-a}/O$；在给付确定型的养老制度下，每期代表性劳动人口对每个老年人代际支持水平为 $\phi_1 w = \phi_1(1-a)A(h)^{1-a}(K/L)^a$。在对老年人口友好的给付确定型的养老制度下，代表性劳动主体第一期对老年人口的代际支持水平为 $\phi_1 w_i O_i$，在第二期代表劳动人口主体获得 $\phi_1 w_i O_i(1 - RE_i/L_i) + RE_i\phi_1 w_{i+1}$ 单位回报。在对劳动人口友好的缴费确定型的养老制度下，代表性劳动主体第一期对老年人口的代际支持水平为 $\phi_2 w_i L_i$，在第二期代表劳动人口主体获得 $\phi_2 w_i L_i + \phi_2 w_{i+1} L_{i+1}\dfrac{RE_i}{O_{i+1}} - \phi_2 w_i L_i \dfrac{RE_i}{L_i}$ 单位回报。

（3）模型的求解。

在给付确定型的养老制度下为求历年劳动人口对老年人口的代际支持水平，在 ϕ_1、a 以及 A 已知，人力资本和人口运动外生下，我们需要知道每年的资本存量 K_i。在已知初始资本存量的情景下，我们需要知道历年的储蓄 S_i。为求历年储蓄 S_i 的解析解，需要对方程（4-20）进行整理。首先引入拉格朗日乘子 λ，同时根据目标函数和约束条件，构建包括消费、储蓄以及拉格朗日乘子的拉格朗日方程 $\Gamma(C_i^1, S_i, \lambda)$。

对目标函数中的 C_i^2 用 $S_i(1 + r_{i+1}) + O_i\phi_1 w_i + \left(RE_i\phi_1 w_{i+1} - RE_i\dfrac{O_i\phi_1 w_i}{L_i}\right)$ 替代，最终拉格朗日方程 $\Gamma(C_i^1, S_i, \lambda)$ 表征如下

$$\Gamma(C_i^1, S_i, \lambda) = (C_i^1)^\sigma + \gamma(H_i\mu w_i)^\sigma + \beta\Big[S_i(1+r_{i+1}) + O_i\phi_1 w_i +$$

$$\Big(RE_i\phi_1 w_{i+1} - RE_i\frac{O_i\phi_1 w_i}{L_i}\Big)\Big]^\sigma$$

$$+ \lambda(Y_i - C_i^1 - H_i\mu w_i - S_i - O_i\phi_1 w_i) \qquad (4-23)$$

对方程（4-23）分别求关于消费 C_i^1、储蓄 S_i 以及拉格朗日乘子 λ 的偏导，则有

$$\begin{cases} \sigma(C_i^1)^{\sigma-1} - \lambda = 0 \\ \beta\sigma\Big[S_i(1+r_{i+1}) + O_i\phi_1 w_i + \Big(RE_i\phi_1 w_{i+1} - RE_i\frac{O_i\phi_1 w_i}{L_i}\Big)\Big]^{\sigma-1}\{1+r_{i+1} + \\ A\alpha(1-\alpha)(\bar{h}_l)^{1-\alpha}[S_i(L_{i+1})^{1-\alpha}(K_{i+1})^{\alpha-2} + RE_i\phi_1(L_{i+1})^{-\alpha}(K_{i+1})^{\alpha-1}]\} - \lambda = 0 \\ Y_i - C_i^1 - H_i\mu w_i - S_i - O_i\phi_1 w_i = 0 \end{cases}$$

$$(4-24)$$

同样在缴费确定型的养老制度下要知道每年的资本存量 K_i，在初始资本存量以及其他变量和参数已知情景下，需要知道历年的储蓄 S_i，如何求历年的储蓄呢？引入拉格朗日乘子 λ，根据目标函数和约束条件构建包括消费、储蓄以及拉格朗日乘子的拉格朗日方程 $\Gamma(C_i^1, S_i, \lambda)$。

对目标函数中的 C_i^2 用 $S_i(1+r_{i+1}) + \phi_2 w_i L_i + \phi_2 w_{i+1} L_{i+1}\dfrac{RE_i}{O_{i+1}} - RE_i\phi_2 w_i$ 替代，最终拉格朗日方程 $\Gamma(C_i^1, S_i, \lambda)$ 表征如下

$$\Gamma(C_i^1, S_i, \lambda) = (C_i^1)^\sigma + \gamma(H_i\mu w_i)^\sigma + \beta\Big[S_i(1+r_{i+1}) + \phi_2 w_i L_i + \phi_2 w_{i+1} L_{i+1}\frac{RE_i}{O_{i+1}}$$

$$- RE_i\phi_2 w_i\Big]^\sigma + \lambda(Y_i - C_i^1 - S_i - H_i\mu w_i - \phi_2 w_i L_i) \qquad (4-25)$$

对方程（4-25）分别求关于消费 C_i^1、储蓄 S_i 以及拉格朗日乘子 λ 的偏导，则有

$$\begin{cases} \sigma(C_i^1)^{\sigma-1} - \lambda = 0 \\ \beta\sigma\Big[S_i(1+r_{i+1}) + \phi_2 w_i L_i + \phi_2 w_{i+1} L_{i+1}\frac{RE_i}{O_{i+1}} - RE_i\phi_2 w_i\Big]^{\sigma-1}\{1+r_{i+1} + \\ A\alpha(1-\alpha)(\bar{h}_l)^{1-\alpha}[S_i(L_{i+1})^{1-\alpha}(K_{i+1})^{\alpha-2} + \frac{RE_i}{O_{i+1}}\phi_2(L_{i+1})^{1-\alpha}(K_{i+1})^{\alpha-1}]\} - \lambda = 0 \\ Y_i - C_i^1 - S_i - H_i\mu w_i - \phi_2 w_i L_i = 0 \end{cases}$$

$$(4-26)$$

通过对方程（4-24）和方程（4-26）的观察，把拉格朗日乘子和消费项

通约掉，理论上可以求出储蓄水平 S_i。在资本贡献份额、全要素生产率以及人口和人力资本运动方程已知的情景下，可以求出资本存量，进而计算出历年两种养老情景下对老年人口的代际支持水平。依次类推，不断进行滚动，求历年的产出序列，根据历年产出序列，求出对应的储蓄序列，根据储蓄序列求出资本存量序列。根据全要素生产率序列、资本运动方程、人力资本运动以及人口运动方程，依次求出历年对老年人口的代际支持水平。通过对上述方程（4-24）和方程（4-26）进行观察，通约之后，仅含未知数 S_i 的函数是一个非线性的隐函数。关于隐函数的求解通常较为麻烦，且隐函数的解多以数值解的形式展示。基于此，在此不再求每年代际支持水平的解析解，仅通过模拟给出模型的数值解。又由于在模拟数值解中，需要一定的参数和初始值的设定。通过查阅相关文献以及校准，给出模拟前的初值和参数设定。为了保证分析的一致性，模型中的参数完全延续第 3 章的设定，同时参照国家规定的目标替代率 60%，假设在给付确定下赡养一个老人占一个劳动人口工资的比例为 0.6。为比较不同养老情景下生育政策的养老效应，考虑到初始点上给付确定型下赡养老年人口的总支出和人均支出须与缴费确定型下对老年人口的总支出和人均支出相同。所以校准获得缴费确定型下的社会赡养系数为 0.27 左右。

通过对上述模型的构建和参数设定，在基于基金运营模型下的三种养老情景和基于缴费下的两种养老情景下，相比生育政策不变，回答放松生育管控下按照政策生育能否从根本上改变未来最优的养老模式选择，能否改变未来代际赡养下的最优养老模式选择等问题。如果不能改变，那未来最优的养老模式是什么？如果不能从根本上改变未来最优的养老模式，退一步，尝试去回答放松生育管控能否改善未来社会中老年人口的养老状况，应对未来"60后"婴儿潮退休引发的养老汛期，降低老龄化对社会经济系统的冲击等问题。

4.4.2 放松生育管控的养老模式选择效应

放松生育管控是否会改变未来最优的养老模式选择等价于放松生育管控下未来最优的养老模式，是否与维持生育政策不变下未来最优的养老制度相同。如果相同，说明放松生育管控没有改变未来最优的养老模式选择；如果不相同，说明放松生育管控改变了未来最优的养老模式选择。首先回答放松生育管控是否从根本上改变未来最优的养老模式选择等问题，在此基础上，指明未来养老制度的改革方向。其次回答在当前代际赡养占主导的养老制度下，放松生育管控是否改变了未来最优的代际赡养模式等问题，为代际赡养养老模式改革指明方向。

1. 基于基金运营模式的养老模式选择效应

从图 4-9 到图 4-11 中可看出，无论基于人均产出和总产出最大化的视角，还是基于劳动人口福利最大化视角，无论放松生育管控，还是在生育政策不变，未来总产出、人均产出以及劳动福利最高下的养老模式都是表征为自己养自己的积累制的养老模式，最差的都是表征为代际赡养的现收现付制养老模式，表征为积累制和现收现付制复合的统账结合的养老制度处在中间。这说明，放松生育管控并没有从根本上改变未来最优的养老制度选择，在老龄化的社会里，未来最优养老模式都是自己养自己的个人账户制占主导的积累制养老制度。也说明当前现收现付制占主导的统账结合的养老制度仅是一个过渡的养老制度，未来应该选择自养的偏个人账户的积累制养老制度，即增大个人账户缴费比例，降低社会统筹账户缴费比例。放松生育管控不能从根本上改变未来最优的养老制度选择，说明未来养老问题的解决还需要养老制度本身的变革，同时也指明了当前养老制度的改革方向。

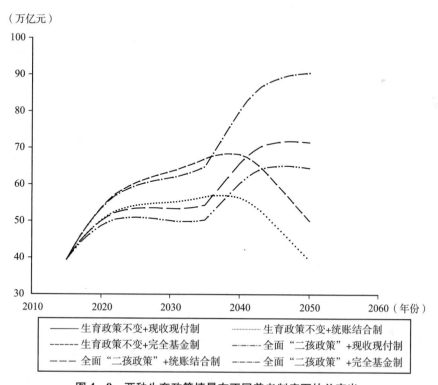

图 4-9　两种生育政策情景在不同养老制度下的总产出

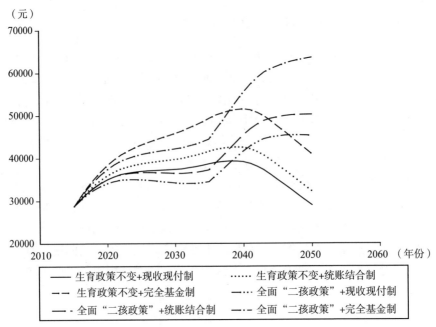

图 4－10　两种生育政策情景在不同养老制度下的人均产出

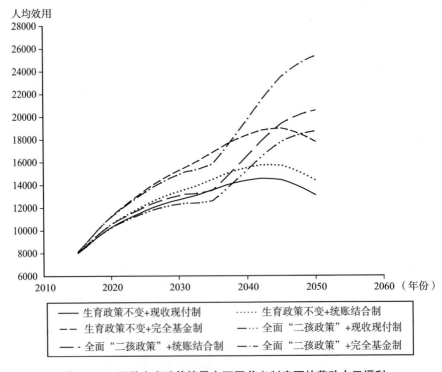

图 4－11　两种生育政策情景在不同养老制度下的劳动人口福利

为什么放松生育管控没有从根本上改变未来最优的养老模式选择？因为 2015 年之后，伴随着人口世代的更迭，"60 后"婴儿潮的退休，老龄人口逐年增多；同时"95 后"和"00 后"出生低谷陆续参与劳动，组建家庭，并进行生育。即使当前民众按照政策生育，因为育龄妇女人数的下降引致放松生育管控无法改变未来适龄劳动人口减少和老年人口增加的趋势，导致未来 35 年之内老龄化和社会总抚养比上升的趋势没变。如果还采取劳动人口赡养年老人口的现收现付占主导的统账结合的养老制度，在不考虑过重的养老负担对劳动人口创造力、劳动参与率以及劳动人口生产积极性的影响，进而放松生育管控对生产效率、产业结构升级以及其他结构性改革推进的影响下，上述养老制度将使得趋于减少的劳动人口背上重要的养老负担（杨华磊等，2015）。每年产出中有更多的份额用于非生产性消费，降低社会储蓄和资本存量，进而降低社会中的资本收益。在劳动人口数量不变的情况下，进一步降低社会的产出和人均产出，降低劳动人口福利。总之，由于放松生育管控无法改变未来老龄化的趋势，所以即使放松生育管控下民众按照政策生育，也无法从根本上改变未来最优的养老模式选择，最优的都是个人账户占主导的积累制养老制度。这间接说明了未来养老制度改革应该从现收现付占主导的统账结合的养老制度向积累制占主导的统账结合的养老制度转轨（见表 4 - 2 和表 4 - 3）。

表 4 - 2　　基金运营模式下不同养老情景和生育政策不变的产出和福利水平

年份	社会统筹			统账结合			个人账户		
	总产出（亿元，2000 年不变价）	人均产出（元，2000 年不变价）	福利水平	总产出（亿元，2000 年不变价）	人均产出（元，2000 年不变价）	福利水平	总产出（亿元，2000 年不变价）	人均产出（元，2000 年不变价）	福利水平
2015	394763	28781	8014	394763	28781	8052	394763	28781	8145
2016	418959	30396	8464	421615	30588	8545	428195	31066	8741
2017	441391	31883	8963	446781	32273	9089	460171	33240	9398
2018	459765	33085	9447	467881	33669	9625	488093	35124	10061
2019	475783	34131	9880	486591	34906	10106	513572	36842	10666
2020	489246	35010	10265	502671	35970	10541	536262	38374	11224
2021	499715	35695	10606	515636	36832	10932	555571	39684	11738
2022	508252	36263	10906	526562	37569	11277	572596	40854	12198
2023	512484	36546	11195	532954	38006	11613	584540	41685	12654
2024	515855	36791	11454	538383	38398	11919	595290	42456	13075

续表

年份	社会统筹			统账结合			个人账户		
	总产出（亿元，2000年不变价）	人均产出（元，2000年不变价）	福利水平	总产出（亿元，2000年不变价）	人均产出（元，2000年不变价）	福利水平	总产出（亿元，2000年不变价）	人均产出（元，2000年不变价）	福利水平
2025	518086	36975	11722	542550	38721	12234	604499	43143	13510
2026	518878	37077	11978	545158	38955	12535	611862	43721	13930
2027	519131	37158	12187	547143	39163	12789	618413	44264	14298
2028	519174	37240	12381	548850	39369	13027	624533	44798	14648
2029	518582	37292	12548	549830	39540	13236	629715	45284	14966
2030	518382	37386	12690	551168	39751	13418	635192	45811	15252
2031	518431	37513	12837	552709	39993	13605	640773	46365	15543
2032	520155	37774	12982	555979	40375	13788	648247	47076	15827
2033	521166	37997	13153	558419	40713	13998	654614	47726	16141
2034	523201	38308	13365	561893	41141	14252	662070	48476	16505
2035	525928	38683	13560	566069	41635	14487	670269	49299	16846
2036	527992	39021	13766	569480	42087	14733	677466	50068	17201
2037	527622	39191	13984	570219	42355	14992	681390	50613	17572
2038	526428	39310	14146	570050	42568	15192	684202	51092	17873
2039	523185	39287	14280	567621	42624	15361	684218	51379	18138
2040	518498	39164	14393	563587	42570	15508	682213	51530	18378
2041	509833	38749	14476	555191	42197	15624	674843	51291	18584
2042	497514	38062	14544	542788	41525	15724	662539	50687	18775
2043	483122	37217	14536	528124	40684	15743	647467	49877	18874
2044	465324	36108	14494	509709	39553	15728	627725	48711	18936
2045	446352	34904	14430	489991	38317	15690	606323	47414	18969
2046	428130	33753	14228	471097	37140	15502	585936	46194	18826
2047	409509	32563	13982	451695	35917	15267	564741	44907	18626
2048	390554	31336	13719	431844	34649	15012	542782	43551	18398
2049	372207	30146	13410	412587	33417	14706	521372	42228	18105
2050	354379	28985	13086	393810	32210	14381	500329	40922	17785

资料来源：笔者预测。

表 4 - 3　基金运营模式下不同养老情景和全面"二孩政策"的产出和福利水平

年份	社会统筹			统账结合			个人账户		
	总产出（亿元，2000 年不变价）	人均产出（元，2000 年不变价）	福利水平	总产出（亿元，2000 年不变价）	人均产出（元，2000 年不变价）	福利水平	总产出（亿元，2000 年不变价）	人均产出（元，2000 年不变价）	福利水平
2015	394763	28781	8014	394763	28781	8052	394763	28781	8145
2016	418959	30251	8464	421615	30443	8545	428195	30918	8741
2017	441198	31574	8959	446590	31960	9085	459984	32918	9395
2018	459179	32594	9436	467301	33171	9613	487527	34607	10051
2019	474602	33444	9856	485423	34206	10084	512433	36110	10645
2020	487280	34116	10227	500724	35058	10504	534362	37413	11190
2021	496786	34588	10549	512737	35699	10876	552739	38484	11686
2022	504197	34937	10826	522546	36208	11199	568670	39404	12125
2023	507184	35004	11089	527702	36420	11510	579402	39988	12557
2024	509173	35028	11319	531760	36581	11787	588807	40506	12951
2025	509903	34988	11554	534438	36672	12069	596550	40934	13355
2026	509083	34864	11771	535444	36670	12334	602336	41251	13740
2027	507612	34715	11941	535714	36637	12549	607195	41525	14071
2028	505817	34560	12092	535592	36594	12745	611507	41781	14381
2029	503291	34370	12214	534644	36512	12910	614781	41984	14657
2030	501038	34212	12309	533935	36459	13045	618228	42214	14899
2031	498929	34077	12406	533321	36425	13183	621666	42459	15143
2032	498854	34091	12396	534829	36550	13205	627480	42881	15250
2033	498709	34111	12424	536172	36674	13266	632914	43291	15400
2034	500223	34254	12507	539215	36924	13384	640184	43838	15612
2035	502963	34488	12601	543512	37268	13513	648814	44489	15835
2036	523265	35933	13093	566695	38916	14067	679802	46683	16552
2037	543063	37351	13636	589316	40532	14676	710130	48842	17337
2038	563743	38832	14173	612904	42218	15279	741698	51089	18115
2039	583873	40275	14725	635873	43862	15897	772508	53287	18910
2040	603511	41683	15287	658287	45466	16526	802638	55436	19719
2041	620026	42875	15852	677278	46834	17159	828596	57297	20536

年份	社会统筹			统账结合			个人账户		
	总产出（亿元，2000年不变价）	人均产出（元，2000年不变价）	福利水平	总产出（亿元，2000年不变价）	人均产出（元，2000年不变价）	福利水平	总产出（亿元，2000年不变价）	人均产出（元，2000年不变价）	福利水平
2042	632723	43804	16415	692121	47916	17793	849554	58816	21359
2043	642678	44546	16913	704043	48800	18358	867140	60105	22108
2044	647547	44942	17377	710453	49308	18889	878097	60943	22823
2045	649676	45155	17799	713950	49622	19378	885692	61558	23497
2046	651349	45346	18074	717083	49922	19709	893190	62182	23983
2047	651294	45430	18294	718333	50106	19982	898400	62667	24402
2048	649522	45407	18482	717686	50173	20219	901254	63006	24779
2049	647342	45369	18610	716593	50223	20392	903571	63327	25077
2050	644784	45317	18709	715045	50255	20531	905238	63623	25333

资料来源：笔者预测。

　　把现收现付制占主导的统账结合的养老制度转轨成个人账户占主导的积累制养老制度，在模型设定上意味着降低社会统筹的比例，增加个人账户的比例。在现实中意味着降低当前劳动人口对老年人口的代际支持水平，同时让年轻劳动人口为自己未来的养老存钱。未来我们不能马上实行完全个人账户制，因为这意味着老年人口承担了所有养老制度的转轨成本，以前在现收现付或者代际赡养的养老制度下，当前老人未被现在劳动人口赡养，过去其赡养以前老人，没有为自己养老存钱，所以我们不能完全牺牲他们的利益。未来我们也不能让当代劳动人口为自己的养老买单的同时，不降低对当前老年人口的代际支持水平，这将意味着劳动人口承担所有养老制度的转轨成本。为了更好地应对老龄化，为了民众的福祉，我们应该使养老制度的转轨成本由更多的劳动人口和老年人口分摊，降低改革的阻力，协力使得养老制度逐步转轨到个人账户占主导的积累制养老制度上。

　　通过放松生育管控的养老模式选择效应分析发现，未来养老制度的改革应朝着自养的积累制方向发展。考虑到从当前现收现付占主导的统账结合的养老制度过渡到个人账户占主导的积累制养老的转轨成本、改革时间和改革效应的滞后性以及短期代际赡养模式不会发生大的变化，为解决已经退出劳动市场的老年人口的养老问题，应对短期"60 后"婴儿潮退休引发的养老汛期对社会经济系统的冲击，我们也想知道，放松生育管控是否改变了未来最优的代际赡养模式，在未来社会中，我们应该选择何种代际赡养模式。

2. 基于养老金缴费模式的养老模式选择效应

从图 4 – 12 至图 4 – 14 可看出，其一，无论哪种生育情景下，未来都是缴费确定型下的总产出、人均产出以及劳动人口福利高于给付确定型下的总产出、人均产出以及劳动人口福利（短期轻微高于，长期远远高于）。其二，在同种养老制度下，放松生育管控短期轻微降低了产出、人均产出以及劳动人口福利，长期却远远提高了产出和劳动人口福利。其三，给付确定型下的总产出在 2040 年左右呈现下降的趋势；缴费确定型下的总产出在 2050 年前基本呈现上升的趋势；在人均产出上，无论哪种养老制度下都呈现增加的趋势。总之，基于产出和劳动人口福利的目标（补偿），放松生育管控并没有改变未来代际赡养下的最优养老制度选择，最优的都是缴费确定的养老制度，在代际的赡养模式下，未来养老制度的改革方向应朝着缴费确定的养老制度方向发展。

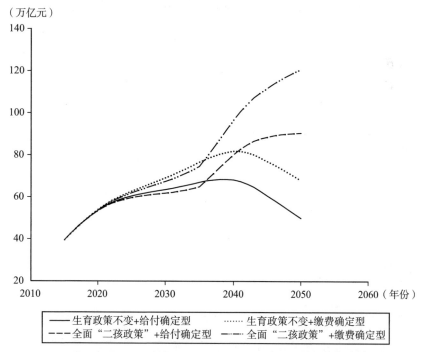

图 4 – 12　两种生育政策情景在缴费确定型与给付确定型下的总产出

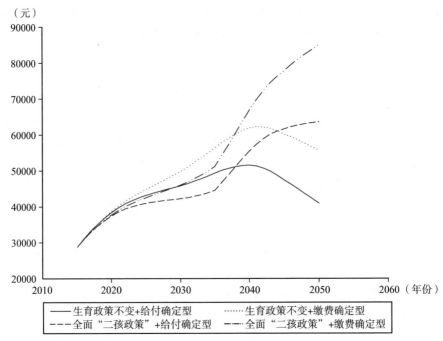

（元）

图4-13 两种生育政策情景在缴费确定型与给付确定型下的人均产出

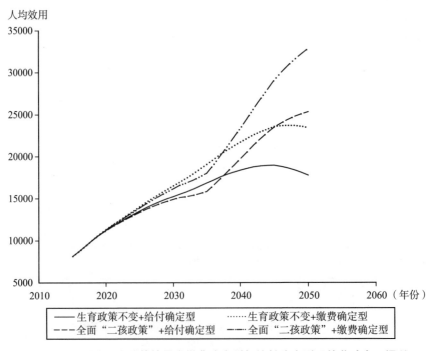

人均效用

图4-14 两种生育政策情景在缴费确定型与给付确定型下的劳动人口福利

从人均产出、社会总产出或劳动人口福利的目标上看，为什么放松生育管控无法改变未来代际赡养下未来最优的养老制度选择呢？因为在缴费确定型的养老制度下，不论未来老年人口多少，分摊到每个劳动人口上的养老压力是相对不变的。如果未来老年人口减少，则劳动人口对每个老年人口的代际支持水平就较高；如果未来老年人口增多，则劳动人口对每个老年人口的代际支持水平就较低。给付确定型的养老制度下，无论未来多少劳动人口，每个老年人口的收入必须得到保障，甚至随着工资水平的提高，对老年人口的代际支持水平也同步提高。通过第三章分析发现，放松生育管控改变不了未来老龄化的趋势，即未来老年人口增加的速度将陆续超过了劳动人口增加的速度。相比缴费确定型的养老制度，如果在老龄化的背景下采用给付确定型的养老制度，收入的增长将更多用于代际支持，增加了非生产性的养老支出，挤占了劳动人口消费，降低了储蓄和资本增速，进而产出和人均产出降低。考虑到给付确定型的养老制度下产出的下降和对劳动人口消费的挤占，使得用于劳动人口消费和储蓄的份额减少，进而降低了劳动人口的总福利和人均福利水平。

总之，只要未来老龄化和社会抚养比上升是长期存在的，无论放松生育管控，还是政策不变，如果未来依然选择代际赡养为主导的模式，最优的选择都是缴费确定型的，即要降低代际赡养支出水平，否则人均产出会出现大幅下降，劳动人口福利遭受巨大损失。从产出和劳动人口福利等目标上看，放松生育管控改变不了未来代际赡养下最优的养老模式选择，未来代际赡养下的养老制度的改革应从给付确定型向缴费确定型转轨。即在老龄化的背景下，如果我们依然选择代际赡养模式，就应该降低代际支持水平（见表 4 - 4 和表 4 - 5）。

表 4 - 4　　在给付确定型和缴费确定型下生育政策不变的产出和福利水平

年份	给付确定型（DB）			缴费确定型（DC）		
	总产出（亿元，2000年不变价）	人均产出（元，2000年不变价）	福利水平	总产出（亿元，2000年不变价）	人均产出（元，2000年不变价）	福利水平
2015	394763	28781	8145	394763	28781	8144
2016	428195	31066	8741	428195	31066	8739
2017	460171	33240	9398	460240	33245	9399
2018	488093	35124	10061	488688	35167	10083
2019	513572	36841	10666	515481	36978	10720
2020	536261	38374	11224	540119	38650	11322
2021	555571	39684	11738	562025	40145	11896

年份	给付确定型（DB）			缴费确定型（DC）		
	总产出（亿元，2000年不变价）	人均产出（元，2000年不变价）	福利水平	总产出（亿元，2000年不变价）	人均产出（元，2000年不变价）	福利水平
2022	572595	40854	12198	582274	41544	12417
2023	584539	41685	12654	597833	42633	12958
2024	595290	42456	13075	612918	43714	13472
2025	604499	43143	13510	627021	44750	14023
2026	611862	43721	13930	639945	45728	14572
2027	618413	44264	14298	652601	46711	15082
2028	624532	44798	14648	665333	47724	15587
2029	629714	45284	14966	677543	48724	16070
2030	635191	45811	15252	690457	49797	16524
2031	640772	46365	15543	703736	50921	16994
2032	648246	47076	15827	719331	52238	17455
2033	654613	47726	16141	733767	53497	17957
2034	662069	48476	16505	749547	54880	18522
2035	670269	49299	16846	766379	56368	19064
2036	677466	50068	17201	782180	57807	19628
2037	681390	50613	17572	794338	59002	20226
2038	684203	51092	17873	805566	60155	20749
2039	684219	51379	18138	813559	61092	21236
2040	682215	51530	18378	819191	61877	21701
2041	674845	51291	18584	818380	62200	22139
2042	662540	50687	18775	811713	62099	22581
2043	647468	49877	18874	801993	61781	22930
2044	627726	48711	18936	786569	61037	23258
2045	606324	47414	18969	769223	60153	23573
2046	585937	46194	18826	753448	59400	23674
2047	564741	44907	18626	736188	58540	23703
2048	542782	43551	18398	717370	57559	23693

续表

年份	给付确定型（DB）			缴费确定型（DC）		
	总产出（亿元，2000年不变价）	人均产出（元，2000年不变价）	福利水平	总产出（亿元，2000年不变价）	人均产出（元，2000年不变价）	福利水平
2049	521372	42228	18105	698718	56592	23593
2050	500329	40922	17785	679811	55602	23443

资料来源：笔者预测。

表 4-5　在给付确定型和缴费确定型下全面"二孩政策"的产出和福利水平

年份	给付确定型（DB）			缴费确定型（DC）		
	总产出（亿元，2000年不变价）	人均产出（元，2000年不变价）	福利水平	总产出（亿元，2000年不变价）	人均产出（元，2000年不变价）	福利水平
2015	394763	28781	8145	394763	28781	8144
2016	428195	30918	8741	428195	30918	8739
2017	459984	32918	9395	460053	32923	9396
2018	487527	34607	10051	488123	34649	10073
2019	512432	36110	10645	514344	36244	10699
2020	534361	37413	11190	538227	37683	11288
2021	552738	38484	11686	559206	38934	11844
2022	568669	39404	12125	578370	40076	12345
2023	579402	39988	12557	592729	40908	12863
2024	588806	40506	12951	606481	41722	13351
2025	596550	40934	13355	619135	42484	13872
2026	602336	41251	13740	630500	43179	14388
2027	607195	41525	14071	641486	43870	14862
2028	611506	41781	14381	652434	44577	15329
2029	614779	41984	14657	662759	45261	15772
2030	618226	42214	14899	673666	46000	16185
2031	621664	42459	15143	684826	46773	16611
2032	627479	42881	15250	698858	47759	16884
2033	632913	43291	15400	712467	48732	17205

续表

年份	给付确定型（DB）			缴费确定型（DC）		
	总产出（亿元，2000年不变价）	人均产出（元，2000年不变价）	福利水平	总产出（亿元，2000年不变价）	人均产出（元，2000年不变价）	福利水平
2034	640183	43838	15612	728237	49867	17599
2035	648813	44489	15835	745644	51128	18005
2036	679801	46683	16552	788872	54173	18977
2037	710129	48842	17337	831936	57219	20049
2038	741697	51089	18115	877314	60431	21120
2039	772508	53287	18910	922300	63619	22222
2040	802638	55436	19719	966938	66783	23348
2041	828595	57297	20536	1006969	69632	24502
2042	849554	58816	21359	1041607	72112	25697
2043	867140	60105	22108	1073214	74388	26825
2044	878098	60943	22823	1097471	76168	27949
2045	885693	61558	23497	1118651	77750	29067
2046	893191	62183	23983	1141141	79444	29964
2047	898401	62667	24402	1160855	80974	30783
2048	901255	63006	24779	1177691	82331	31559
2049	903572	63327	25077	1193883	83674	32233
2050	905238	63623	25333	1208877	84964	32846

资料来源：笔者预测。

　　基于上述分析，我们发现，在代际赡养的模式下，放松生育管控不能从根本上改变未来最优的代际赡养模式（缴费确定的养老制度）。即在老龄化的社会下，根据人口结构的变化，我们必须降低对老年人口的代际支持水平。但是现在，我们想知道，既然不能从根本上改变老龄化的趋势和未来的养老模式选择，那放松生育管控是否会改善未来社会中老年人口的养老状况，应对短期"60后"婴儿潮引发的养老汛期，具有一定程度上的养老效应呢？基于此问题，下文将在给付确定型和缴费确定型下探讨放松生育管控的代际支持效应。放松生育管控如果提高了对老年人口的代际支持水平，说明放松生育管控具有一定程度上的养老效应，改善了未来老年人口的养老状况；反之亦然。

4.4.3　放松生育管控的代际支持效应

1. 缴费确定型下放松生育管控的代际支持效应

从图 4-15 发现，其一，相比生育政策不变，放松生育管控下按照政策生育会改变未来对老年人口代际支持水平的趋势性特征，使得对未来老年人口的代际支持水平呈现波动式上升的趋势，而非生育政策不变下波动式下降的特征。其二，如果民众按照政策生育，放松生育管控短期会轻微降低对当前老年人口的代际支持水平，恶化当前的养老状况，不利于应对"60 后"婴儿潮退休引发的养老汛期；长期会较大幅度地提高对未来老年人口的代际支持水平，改善未来老年人口或者当前劳动人口未来的养老状况。综上所述，放松生育管控短期不利于当前老人的养老，但是长期较利于未来老人或者当前劳动人口未来的养老，综合长短期效应，放松生育管控在改善未来社会的养老状况上利大于弊。

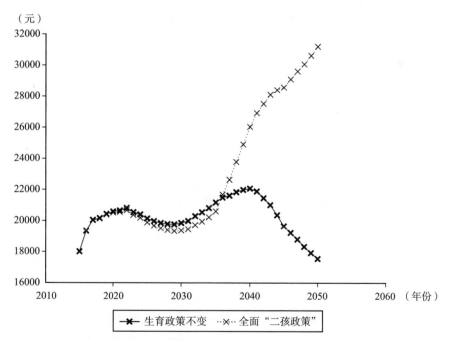

图 4-15　在缴费确定型下生育政策不变与全面"二孩政策"的代际支持水平

为什么在缴费确定型的养老制度下，长期放松生育管控下对老年人口的代际支持水平呈现上升趋势，而生育政策不变下代际支持水平呈现下降的趋势。根据代际支持水平的计算公式 $(1-a)A(h)^{1-a}(K)^a(L)^{1-a}/O$。随着放松生育管控下的婴儿潮进入劳动力市场，资本贡献份额、赡养系数以及老年人口不变，放松生育管控下全要素生产率和人力资本继续增加，劳动人口减速放缓，资本存量开始增加，进而全要素生产率、人力资本以及资本存量等养老的经济负担能力开始超过纯人口负担能力，使得对老年人口的代际支持水平呈现上升趋势。相反，生育政策不变下的全要素生产率呈现下降趋势，人力资本缓慢增加，资本存量和劳动人口继续下降，不仅养老的纯人口负担能力下降，表征为技术和资本的经济负担能力也出现大幅下降。虽然人力资本出现轻微的提高，但上述的负面影响大于人力资本的正面影响，最终使得生育政策不变下对未来老年人口的代际支持水平下降。

为什么放松生育管控短期降低了对老年人口的代际支持水平，恶化了养老状况，长期却较大地改善了未来社会的养老状况，提高了未来劳动人口对未来老年人口的代际支持呢？从对每个老年人口的代际支持水平可看出，$\phi_2 Lw/O = \phi_2(1-a)A(h)^{1-a}(K)^a(L)^{1-a}/O$。在放松生育管控下的婴儿潮还没进入劳动市场之前，相比生育政策不变，两者具有相同的全要素生产率、资本贡献份额以及社会赡养系数，两者具有相同的劳动人口数量以及人力资本水平，在保证孩子质量不下降的前提条件下，放松生育管控增加了社会抚养子女支出，挤占了储蓄份额，降低了资本存量，导致对老年人口的代际支持水平下降。长期随着放松生育管控下的婴儿潮进入劳动力市场，同样赡养系数、资本贡献份额以及老年人口不变，但相比生育政策不变，放松生育管控下的全要素生产率、人力资本以及劳动人口数量得到提高，资本存量也在 2035~2040 年开始超过生育政策不变下的情景，所以放松生育管控可以改善未来社会的养老状况。

2. 给付确定型下放松生育管控的代际支持效应

从图 4-16 可以看出，其一，在给付确定型的养老制度下，放松生育管控改变了未来劳动人口对老年人口代际支持水平的趋势性特征，使得对未来老年人口的代际支持水平呈现一直增加的趋势。其二，放松生育管控短期轻微降低了对老年人口的代际支持水平，伤害了当前老年人的利益，不利于应对"60后"婴儿潮退出劳动力市场引发的养老汛期；从长期来看，放松生育管控提高了对老年人口的代际支持水平，改善了未来社会中老年人口的养老状况，非常有利于未来社会的养老。

总的来说，放松生育管控短期轻微不利于应对养老汛期，长期却较大幅度地改善了未来社会的养老状况，综合放松生育管控在代际支持上的长短期效应，如果民众按照政策生育，对于社会整体上利大于弊。

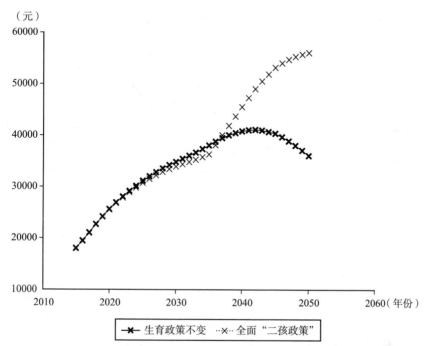

图 4 - 16　在给付确定型下生育政策不变与全面"二孩政策"的代际支持水平

　　为什么放松生育管控短期会降低对老年人口的代际支持，长期却提高了对老年人口的代际支持呢？根据给付确定型下对老年人的代际支持水平的计算公式 $\phi_1 w = \phi_1 (1 - a) A(h)^{1-a} (K/L)^a$。短期两种生育情景下全要素生产率和资本贡献份额不变，工资水平取决于人力资本和资本劳动比。相比生育政策不变，短期放松生育管控和生育政策不变的劳动人口数量和人力资本水平相同，在保证孩子质量不发生改变的条件下，放松生育管控挤占了储蓄，降低了资本存量和资本劳动比，进而降低劳动人口的工资水平，最终降低了对老年人口的代际支持水平。从长期来看，随着放松生育管控下的婴儿潮进入劳动力市场，相比维持生育政策不变，在赡养系数和资本贡献份额不变的条件下，放松生育管控大大地增加了全要素生产率，提高了人力资本水平，也在 2040～2045 年提高了资本劳动比，进而放松生育管控提高了对未来老年人口的代际支持水平。为什么放松生育管控使得对未来老年人口的代际支持水平呈现一直增加的趋势？因为 2035 年以后，随着放松生育管控下的婴儿潮进入劳动力市场，全要素生产率和人力资本继续呈现一直增加的趋势。根据第三章也可以看出，资本劳动比也继续呈现增加的趋势，进而放松生育管控使得未来劳动人口对老年人口的代际支持水平也呈现上升的趋势。相反，通过第三章可以看出，未来全要素生产率呈现下降的趋势，人力资本轻微的提高，资本劳动比也于 2040～2045 年呈现出下降的趋势，所以维持生育政策不变条件下对老年人口的代际支持水平呈现下降的趋势。

3. 缴费确定型和给付确定型下放松生育管控的代际支持效应比较

从图 4－17 可以发现，其一，在缴费确定和给付确定两种养老制度下，放松生育管控都短期降低对老年人口的代际支持水平，恶化了短期的养老状况；从长期来看，放松生育管控提高对老年人口的代际支持水平，改善未来老年人口的养老状况。在给付确定型的养老制度下，放松生育管控下对老年人口的代际支持水平开始高于维持生育政策不变下对老年人口的代际支持水平的时点晚于缴费确定型下的时点。其二，在相同的生育情景下，给付确定型的养老制度下对老年人口的代际支持水平一直高于缴费确定型下对老年人口的代际支持水平。从大到小，短期依次为生育政策不变且给付确定型的养老情景，放松生育管控且给付确定型的养老情景，生育政策不变且缴费确定型情景以及放松生育管控且缴费确定型情景。长期从大到小依次为，放开生育管制且给付确定型情景，生育政策不变且给付确定型情景，放松生育管控且缴费确定型情景以及生育政策不变且缴费确定型的情景。

从对老年人口代际支付水平最大化的角度看，如果基于短期目标，应该选择给付确定型的养老制度和生育政策不变的情景；如果基于长期目标，应选给付确定型且放松生育管控的情景。从以前研究可以看出，无论是基于产出最大化，还是人均产出和劳动人口福利最大化，给付确定都劣于缴费确定。更甚的是，在老龄化的社会里，给付确定不是代际赡养下最优的养老模式选择，如果我们选择给付确定型的养老制度，代际不公平性凸显，社会产出和劳动人口福利将遭受巨大损失（损失的产出和效率，通过社会再分配，进一步改善老年人口状况）。因为给付确定型下对老年人口代际支持水平的增加是靠社会分配、靠对产出和劳动人口福利（劳动人口的积极性）的挤占实现的。总之，在代际赡养的模式，面对不断加深的老龄化社会，为了使得养老制度的负面外部性变动更小，如果基于产出及劳动人口福利（生产效率）的目标，从整体和长期考虑，我们应选择偏缴费确定型的养老制度，对老年人口的代际支持水平随着人口结构的变化而调整。养老问题的解决，社会分配是权宜之计，还是要依靠技术和养老生产效率的提高，养老制度变革和全面"二孩政策"（见表 4－6）。

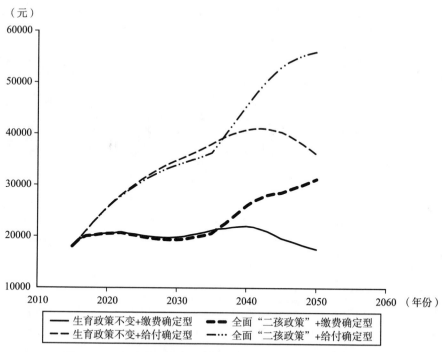

图 4 - 17 在缴费确定型和给付确定型下的代际支持水平比较

表 4 - 6 在给付确定型和缴费确定型下的代际支持水平

年份	给付确定型		缴费确定型	
	生育政策不变	全面"二孩政策"	生育政策不变	全面"二孩政策"
2015	18008	18008	18008	18008
2016	19470	19470	19338	19338
2017	21078	21069	20041	20033
2018	22716	22690	20157	20134
2019	24210	24156	20426	20381
2020	25634	25543	20583	20511
2021	26934	26797	20649	20545
2022	28069	27876	20811	20671
2023	29158	28902	20540	20364
2024	30139	29811	20392	20178
2025	31147	30737	20133	19880
2026	32007	31509	19969	19674

续表

年份	给付确定型		缴费确定型	
	生育政策不变	全面"二孩政策"	生育政策不变	全面"二孩政策"
2027	32810	32215	19845	19507
2028	33573	32873	19778	19395
2029	34243	33431	19761	19330
2030	34851	33921	19849	19367
2031	35450	34393	19983	19446
2032	36054	34841	20294	19716
2033	36659	35282	20535	19939
2034	37355	35797	20813	20221
2035	38069	36322	21171	20598
2036	38793	38128	21488	21672
2037	39509	40044	21609	22632
2038	40046	41887	21835	23779
2039	40476	43714	21979	24917
2040	40834	45541	22066	26046
2041	41036	47317	21887	26931
2042	41131	49049	21454	27530
2043	41002	50573	21011	28116
2044	40704	51908	20367	28417
2045	40375	53201	19651	28577
2046	39702	54061	19219	29108
2047	38912	54757	18786	29623
2048	38050	55339	18321	30078
2049	37082	55754	17928	30633
2050	36074	56085	17553	31213

资料来源：笔者预测。

4.5 本 章 小 结

放松生育管控的产出效应表现为：其一，放松生育管控改变了未来产出和人均产出的趋势性特征,使得未来总产出和人均产出呈现一个增加的趋势;放松生育管控没有改变未来产出增速断崖式下降的特征,但是使得未来产出增速产生一个跳跃式的提高。其二,放松生育管控短期增大了社会抚养比,降低了储蓄和储蓄率,进而降低了资本存量,考虑到短期人力资本、劳动人口数量以及全要素生产率不发生大的变化,所以放松生育管控短期降低了产出以及产出增速;放松生育管控短期增加了总人口数量,所以短期也降低了人均产出。其三,随着放松生育管控下的婴儿潮进入劳动力市场之后,增加了劳动和资本要素,提高要素配置效率和人力资本水平,所以相比生育政策不变,放松生育管控长期大大提高了产出、人均产出以及产出增速。其四,放松生育管控下人均产出开始高于生育政策不变下的人均产出的时间点,晚于放松生育管控下总产出和产出增速开始高于生育政策不变下总产出和产出增速的时间点。这源于总产出的效应虽转正之后,产出增速只有高于人口增速之后,人均产出效应才开始转变。

放松生育管控的劳动人口福利效应表现为:其一,放松生育管控改变了生育政策不变下劳动人口福利水平的倒 U 形趋势,使得未来劳动人口的福利水平呈现一直增加的趋势。其二,若民众按照政策生育且缺乏配套政策,在当前的生育文化下,因为短期过多的生育增加了生育的成本,降低了劳动人口的消费和储蓄,进而放松生育管控短期降低了劳动人口的福利水平,这意味着在生育堆积力量释放以后,民众很可能不会有效地响应全面"二孩政策"。随着放松生育管控下的婴儿潮进入劳动市场,带来人口、资本以及要素配套红利,提高了未来劳动人口的人均收入,弥补了生育对消费和储蓄造成的挤占,进而改善了未来劳动人口,即当前孩子未来的福利水平。

从纯人口学意义上看,表征为放松生育管控的全面"二孩政策"的采取,在全面"二孩政策"下的婴儿潮进入劳动市场之后,会降低老年抚养比,具有人口学意义上的养老效应。从经济学意义上看,放松生育管控的养老效应表现为:其一,无论基于产出和人均产出最大化目标,还是基于劳动人口福利最大化目标,放松生育管控都没有从根本上改变未来最优的养老模式选择,最优的都是积累制,最差的都是现收现付制,统账结合的居中;考虑到养老制度的转轨成本和新养老制度效应发挥的滞后性,在代际赡养的模式下,放松生育管控依然没有从根本上改变未来最优的代际赡养模式选择,最好是缴费确定型,最差是给付确定型。这源于放松生育管控,即使按照政策生育,也无法改变未来老龄化和社会抚养比上升的趋势。其二,无论在哪种代际赡养的养老模式下,放松生育管控短期都轻微降低对当前老年人口的代际支持水平,恶化当前的养老状况,不利于应对"60 后"婴儿潮引致的养老汛期;从长期来看,放松生育管控却大大提高了对未来老年人口的代际支持水平,改善了未来老年人口或者当前劳动人口未来的养老状况。短期因为生育成本的存在，挤占了产出和老年人口消费；长期随着放松生育管控下的婴儿潮进入劳动力市场，增加了劳动和资本要素，提高要素配置效率和人力资本水平，进而提高产出和对老年人口的代际支持水平。

综合放松生育管在产出、劳动人口福利、养老模式选择和代际支持上的长短期效应，则在表征为放松生育管控的全面"二孩政策"背景下，民众按照政策生育，整体上对于民众和国家是利大于弊的（通过代际的补偿或者长期收益对短期损失的补偿）。

第5章 放松生育管控与配套性政策组合效应模拟与优化

通过第4章的产出、福利以及代际支持水平效应研究发现，其一，在不存在其他配套性政策的情景，让当前每个家庭平均生育两个孩子会挤占劳动人口的福利水平。即短期民众很可能不会有效地响应"二孩政策"，按照政策生育，进而无法迎来生育长期带来的好处，影响人口结构失衡引发的社会经济问题的解决，影响社会经济的可持续发展。其二，若民众短期按照政策生育，放松生育管控短期又会降低产出，降低对老年人口的代际支持以挤占劳动人口福利。在实施全面"二孩政策"中，如何选择配套性政策，使得民众短期按照政策生育，获得生育长期带来的人口、资本以及要素配置红利，同时又规避按照政策生育短期在产出、劳动人口福利以及代际支持水平上的负面影响呢？本书给出养老制度改革、延迟退休、提高劳动参与率、提高人力资本回报以及变更生育文化等配套性政策情景，把配套性政策和放松生育管控放在一个分析框架内，分别从产出、劳动人口福利以及代际支持水平三个目标上进行模拟和优化，甄选合适的配套性政策。配套性政策对产出、福利及代际支持的作用机理表现为：养老制度改革通过影响产出的分配，影响未来资本要素；延迟退休通过影响每年退出劳动力市场的人数，影响未来劳动和资本要素；提高劳动参与率直接影响未来劳动要素；提高人力资本回报直接影响未来人力资本水平；变更生育文化，通过影响生育的主观感受，影响劳动人口的福利水平（见图 5 − 1）。

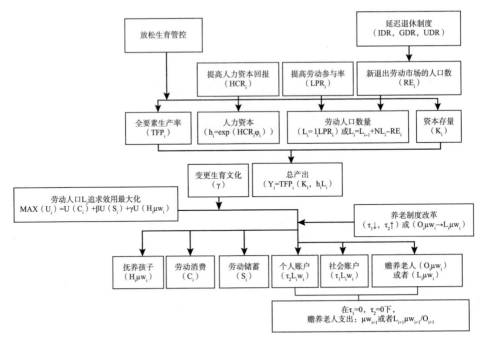

图 5 – 1   配套性政策对产出、福利以及养老的作用机制

5.1   配套性政策的情景设计

5.1.1   养老制度改革

在实行全面"二孩政策"的过程中，养老制度改革主要通过影响产出分配方案中用于两种养老金的分配比例 τ_2 和 τ_1，进而影响产出和福利水平。其一，在实施全面"二孩政策"的过程中，配合养老制度的改革，把当前现收现付制或者社会统筹占主导的统账结合的养老制度改成个人账户制占主导的统账结合的养老制度。在模型设定上表现为，降低社会统筹缴费比例 τ_1，扩大个人账户缴费比例 τ_2，在现实中意味着劳动人口要为将来自己的养老存钱，同时不断降低劳动人口对老年人口的代际支持水平，也意味着当前老年人口和劳动人口承担养老制度的转轨成本。年轻人口在增加为自己养老存钱的同时，不降低对老年人口的代际支持水平，则养老制度的转轨成本由劳动人口承担所有。无论是劳动人口承担养老制度转轨的所有成本，还是老年人口承担养老制度转轨的所有成本，这种改革都不易推行。为了在理论上或宏观层面上回答未来养老制度改革应该朝着哪个方向

改革，先不考虑养老制度的转轨成本。在此给出完全现收现付制、统账结合以及完全积累制三种养老制度情景，根据第 4 章的理论框架

$$MaxU_i = (C_i^1)^{\sigma} + \gamma(H_i\mu w_i)^{\sigma} + \beta(C_i^2)^{\sigma}$$

$$s.t. \begin{cases} C_i^1 = Y_i - S_i - H_i\mu w_i - \phi w_i O_i - \tau_1 L_i w_i - \tau_2 L_i w_i \\ C_i^2 = (S_i + \tau_2 L_i w_i)(1 + r_{i+1}) + \phi w_i O_i \left(1 - \dfrac{RE_i}{L_i}\right) + RE_i \phi w_{i+1} \\ \quad + \tau_1 L_i w_i \left(1 - \dfrac{RE_i}{L_i}\right) + \tau_1 L_{i+1} w_{i+1} \dfrac{RE_i}{O_{i+1}} \\ n = \bar{n} \\ SPP_i = \tau_1 L_i w_i \\ w_i = A(1-\alpha)(\bar{h_l})^{1-\alpha}(K_i)^{\alpha}(L_i)^{-\alpha} \\ w_{i+1} = A(1-\alpha)(\bar{h_l})^{1-\alpha}[(1-\delta)K_i + S_i + \tau_2 L_i w_i]^{\alpha}(L_{i+1})^{-\alpha} \\ r_{i+1} = A\alpha(\bar{h_l})^{1-\alpha}[(1-\delta)K_i + S_i + \tau_2 L_i w_i]^{\alpha-1}(L_{i+1})^{1-\alpha} \\ 0 \leqslant \sigma, \ \beta, \ \tau_1, \ \tau_2, \ \phi, \ \gamma, \ \mu \leqslant 1 \end{cases} \qquad (5-1)$$

当 $\tau_1 = \tau$，$\tau_2 = 0$ 时，是完全现收现付制情景；当 $\tau_2 = \tau$，$\tau_1 = 0$ 时，是完全个人账户的积累制情景；当 $\tau_1 \neq 0$，$\tau_2 \neq 0$ 时，是统账结合情景。在实行放松生育管控中，如果在产出和劳动人口福利上，完全个人账户的积累制最高，说明未来养老制度的改革方向应该是逐步增加个人缴费比例，降低社会统筹账户缴费比例，即 $\tau_1 \downarrow$，$\tau_2 \uparrow$。为规避放松生育管控短期在产出和劳动人口福利上的负面影响，当前应从现收现付制占主导的养老制度过渡到个人账户制占主导的积累制养老制度。相反，如果在产出和福利上，完全现收现付制的高，说明未来养老制度的改革方向是逐步增加社会缴费比例，降低个人账户缴费比例，即 $\tau_1 \uparrow$，$\tau_2 \downarrow$，使得养老制度从现收现付制占主导的养老制度过渡到现收现付制占更大主导的养老制度。

5.1.2 推迟退出劳动力市场

在实施全面"二孩政策"的过程中，配合实施延迟退休或者推迟退出劳动力市场的方案主要通过影响未来历年退出劳动力市场的劳动人口数量 RE_i，进而影响中间变量劳动人口数量 L_i 和资本存量 K_i，最终影响社会产出、劳动人口福利以及代际支持水平。考虑到本书更关注宏观层面及模型无法做两部门的模拟和预测，在此不对劳动人口进行划分，即不区分机关人员、事业单位人员、普通职工和农民的退出劳动力市场的差别。根据中国当前劳动人口平均退出劳动力市场的年龄、养老制度并轨以及农民也将要上缴和领取养老金的情况，在不影响模拟结

果的趋势性和定性特征判断的前提下，作者把推迟退出劳动力市场方案近似看作延迟退休方案。在实行放松生育管控中，给出三种退休方案：

第一种是不延迟退休（undelay retirement，UDR）；根据当前退休制度，假设当前平均退出劳动力市场的年龄为 54 岁，则有

$$RE_i = P_i(54) \tag{5-2}$$

第二种是小步慢走的逐步延迟退休方案（gradually delay retirement，GDR），即每隔一年有一波人退出劳动力市场，如 2015 年为 1961 年出生的队列退出劳动力市场，2017 年为 1962 年出生的队列退出，2019 年为 1963 年出生的队列退出，依次类推，直到 2035 年左右，平均退出劳动力市场的年龄为 64 岁，然后固定下来。这种改革方案通过把养老潮引致的退休高峰削平，减少短期适龄劳动人口过度减少和养老金开支过大给人口和资本要素带来负面影响，最终降低"60 后"婴儿潮退出劳动力市场对社会经济系统的冲击，则有

$$\begin{cases} RE_i = P_i(54) \\ RE_{i+1} = 0 \\ RE_{i+2} = P_i(55) \\ \cdots\cdots \\ RE_{i+18} = 0 \\ RE_{i+19} = P_i(64) \end{cases} \tag{5-3}$$

第三种是即时退休制度（immediately delay retirement，IDR），也称为分水岭式的延迟退休。从 2015 年以后，退出劳动力市场的年龄一下子从 54 岁延长到 64 岁，相比逐步延迟削平退休高峰，使得养老潮来的水位更低。即时延迟退休是推迟养老潮的到来，使得养老汛期在未来到来。这种退休制度封闭了劳动人口的出口，未来 10 年内不再有劳动人口退出。所以短期适龄劳动人口还会呈现增加趋势，老年人口甚至会呈现减少的趋势，在这种情景，则有

$$\begin{cases} RE_i = 0 \\ RE_{i+1} = 0 \\ \cdots\cdots \\ RE_{i+9} = P_i(63) \\ RE_{i+10} = P_i(64) \end{cases} \tag{5-4}$$

如果在实行放松生育管控中，延迟退休方案下的产出、劳动人口福利以及代际支持水平更高，说明未来我们可以选择延迟退休方案作为放松生育管控的配套性政策，协助"二孩政策"释放生育力量，规避放松生育管控短期的负面影响。否则，则相反。

5.1.3　提高劳动参与率

在实行全面"二孩政策"的过程中，通过劳动市场改革和其他制度改革，降低非自愿失业人口数量，提高劳动参与率。如对失业人口进行职业和技术培训，创造就业平台以避免劳动力市场因为时空因素导致的信息不对称，进而提高适龄劳动人口的劳动参与率；或者加大宣传劳动光荣和劳动幸福的思想等，增加自愿失业人口参与劳动，最终增加生产活动中的劳动人口数量。在放松生育管控的过程中，提高劳动参与率措施主要通过分年龄的劳动参与率 $LPR_i(j)$，进而影响每个年龄段上的就业人口数量 $P_i(j)$，最终影响要素变量劳动人口数量 L_i。基于此，笔者给出两种生育情景：

第一种情景，在现有的劳动参与率上提高 5 个百分点（LPR5%），此时劳动人口数量为

$$L_i = \sum_{j=16}^{54} P_i(j) 5\% LPR_{2010}(j) \qquad (5-5)$$

第二种情景，在现有劳动参与率上提高 10 个百分点（LPR10%）。此情景下的劳动人口数量为

$$L_i = \sum_{j=16}^{54} P_i(j) 10\% LPR_{2010}(j) \qquad (5-6)$$

如果在实行放松生育管控中，从产出、劳动人口福利以及代际支持水平上看，提高劳动参与率与放松生育管控短期的组合效应大于生育政策不变的效应，则提高劳动参与率的配套性措施可以规避放松生育管控短期在产出、劳动人口福利以及代际支持上的负面影响，进而这是一个可以与放松生育管控配套实行的措施。否则，则相反。

5.1.4　提高人力资本回报

人力资本回报率的不同，意味着在同样的受教育年限或者学习时间上，因为学习者本身的效率和个人禀赋，教育者或社会环境传授的知识和方式，以及将来到就业岗位上岗位与个人知识、禀赋的匹配性，使得在同样的受教育年限上获得的回报不同。提高人力资本回报，就是在同样的受教育年限或者学习时间上，将获得更多的回报。从模型设定上看，提高人力资本回报措施主要通过影响受教育年限回报率影响受教育年限的回报 $\varphi(s_i)$，进而通过 $h_i = e^{\varphi(s_i)}$ 影响人力资本水平 h_i 的大小，最终影响社会产出、劳动人口福利以及代际支持水平，受教育年限的回报值 $\varphi(s_i)$ 为

$$\varphi(s_i) = \begin{cases} 0.134 \times (4 - s_i), \ s_i \leqslant 4 \\ 0.134 \times 4 + 0.101 \times (s_i - 4), \ 4 < s_i \leqslant 8 \\ 0.134 \times 4 + 0.101 \times 4 + 0.068 \times (s_i - 8), \ 8 < s_i \end{cases} \quad (5-7)$$

在实行全面"二孩政策"的过程中，提高人力资本回报意味着必须进行结构性改革，提高劳动市场的配置效率，避免就业岗位和专业技能的不匹配性。如果劳动者缺乏就业技能，就应在劳动力培养阶段，进行一定程度上教育改革，配合一定的职业教育和从业前培训，加大职业教育和培养应用型人才的培养，降低所学和所用的不匹配性，最终提高劳动力人口的专业技能和适合市场需求的技能；如果因为信息不对称造成劳动力市场的误配，就应创造就业平台，在劳动力入口上，初始实现劳动人口和用人单位的精准匹配；如果劳动力不适合此岗位，或者此岗位不适合劳动人口，就应建立和健全劳动人口的流动机制，特别是退出机制，如社保的可携带性，等等，促进劳动力的流动，提高配置效率。基于此，给出两种提高人力资本回报的情景：

第一种，在原先人力资本回报率的基础上提高 5 个百分点（HCR5%），此情景下的人力资本值为

$$h_i = e^{5\% \varphi(s_i)} \quad (5-8)$$

第二种，在原有人力资本回报率的基础上提高 10 个百分点（HCR10%）。此情景下的人力资本值为

$$h_i = e^{10\% \varphi(s_i)} \quad (5-9)$$

在社会产出、代际支持以及劳动人口福利上，如果短期放松生育管控和提高人力资本回报措施的组合效应大于生育政策不变下的组合效应，说明提高人力资本回报率的措施在规避放松生育管控短期在产出、劳动人口福利以及代际支持上的负面影响是有效的。否则，则无效。

5.1.5　促使义务性和享受性生育文化形成的措施

在实行全面"二孩政策"过程中，如果通过宣传，在精神层面上促成生育文化的转变，如把生育看作一种责任或者义务，而非一种自由和权利；或者把生育看作一种消费和享受，而非一种劳动和负担；或者通过构建制度，确保生育收益不外溢或者生育成本公共化（此情景，在此将不再考虑），在同样的收入水平下，此时父母对孩子的消费将赋予更高的权重，即 γ 值更大。如果采取促使生育文化转变的措施，通过影响参数 γ，进而影响劳动人口的福利水平，表征为劳动人口福利的效用函数为

$$U_i = (C_i^1)^\sigma + \gamma(H_i \mu w_i)^\sigma + \beta(C_i^2)^\sigma \quad (5-10)$$

在此根据父母对孩子消费的看重程度，设计两种生育文化情景。如果父母对 γ 赋予较大的值，如 γ = 2，则说明父母对孩子的消费看得比对自己的消费重，在

生育上父母非常利他，看得更长远，在很大程度上把生育看作一种义务或者一种享受①，此情景下劳动人口的福利为

$$U_i = (C_i^1)^\sigma + 2(H_i \mu w_i)^\sigma + \beta(C_i^2)^\sigma \qquad (5-11)$$

相反，如果父母对 γ 赋予较小的值，如 $\gamma = 0.5$，则说明父母对自己的消费看得比对孩子的消费重，父母在生育上更利己，更看重短期，在此情景下劳动人口的福利为

$$U_i = (C_i^1)^\sigma + 0.5(H_i \mu w_i)^\sigma + \beta(C_i^2)^\sigma \qquad (5-12)$$

在劳动人口福利上，如果放松生育管控与促进消费性或者义务性生育文化形成的措施的组合效应高于生育政策不变下的效应，则说明促进消费性生育文化形成的措施可以规避放松生育管控下平均使得大家生育两个孩子对劳动人口福利的损失，进而达到释放政策生育力量的目的。否则，则相反。

需要说明的是，在不影响分析实质情况下，基于模型限制和模拟方便需要，本书在模型设定上考虑主要特征，简化处理细节，不再区分劳动人口在性别、职业以及区域上的差别。如在养老情景设计上，不区分事业机关单位、企业单位及农村居民的差异（随着城镇化推进及养老制度改革，未来养老制度将朝着统一的方向收敛，从平均意义和养老制度收敛的角度上看，这样假设也有其合理之处）。在退休制度上，不再区分机关事业单位与企业职工、城镇居民和农村居民的差别，统一称为推迟退出劳动力市场（在城镇化不断推进的背景下，不断有更多的农民变成企业工人，在城镇化背景和平均意义上，这样假设也有合理之处的）。这样假定可能会高估养老制度和退休制度改革的效应，在定性和趋势上的判断不会出现大的偏差，配套性政策情景设计如图 5-2 所示。

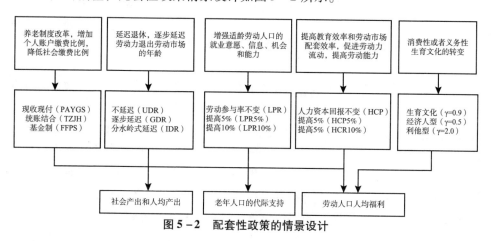

图 5-2　配套性政策的情景设计

---

①　对孩子的消费赋予较大的权重还有一种可能，就是把孩子看作一种投资品。作为投资品，孩子的未来收益较高，当前生育成本又很低，但在此不再考虑此情景。

5.2 提高社会产出的配套性政策效应模拟与优化

通过第 4 章分析发现，放松生育管控对未来社会产出和人均产出有较大的提升作用，的确可以达到为未来储备人力资源和人口红利，给中国经济带来又一次的腾飞机会。通过模拟还发现，相比维持生育政策不变，2015～2035 年，因为生育成本的存在，放松生育管控会造成非生产性消费增加，引致社会产出、人均产出以及产出增速出现不同程度的下降。2015～2035 年是中国释放生育力量的战略机遇期，又是中国实现百年目标的关键期，更是 "60 后" 婴儿潮退休引发的养老汛期。更为重要的是，当前很多社会经济问题又必须依靠一定的经济速度加以保证。如果因为放松生育管制，经济增速下降的幅度过大，社会产出和人均产出也因此降低的较多，这将直接影响上述目标的实现，引发当前和未来社会很多矛盾，进而影响放松生育管控长期效力的发挥。在放松生育管控已成为既定事实且放松生育管控长期是好的基础上，如何避免放松生育管控对短期产出和人均产出的负面影响，从哪里获得生育的成本，对这些问题的研究就显得尤为重要。这就需要在实施全面 "二孩政策" 的基础之上，打出政策组合拳，通过配套性措施，获得生育的成本，在释放生育力量的同时，避免短期全面 "二孩政策" 对产出造成的负面影响，最终未来迎来生育带来的人口、资本、全要素生产率、产出、福利以及养老红利。在短期，规避放松生育管控对社会产出的负面影响的配套性政策中，作者将考察变更养老制度、延迟退休、提高劳动参与率以及提高人力资本回报等措施。

5.2.1 养老制度改革对社会产出的影响和养老制度选择

从图 5 - 3 和图 5 - 4 中可以看出，在实行全面 "二孩政策" 时，如果同时进行养老制度改革，把当前现收现付制占主导的养老制度改成个人账户制占主导的积累制养老制度，相比单纯 "二孩政策" 下的产出，不仅可以规避放松生育管控短期对社会产出和人均产出带来的负面影响，而且还可以提高未来社会产出和人均产出，进而避免放松生育管制或者当前经济下行给社会和经济带来的负面影响，协助中国按时实现两个百年目标，迎来下一次的人口、技术以及资本红利。养老制度改革意味着有所牺牲，这是以牺牲部分劳动人口和老年人口的利益换来的。

为什么把现收现付制占主导的养老制度改成个人账户占主导的统账结合的养老制度，可提高社会产出和人均产出呢？其一，相对积累制占主导的统账结合的养老制度，2015 年以后，伴随着人口世代的更迭，劳动人口减少，老年人口增加，社会抚养比急剧上升，年轻人养育年老人的现收现付制占主导的养老制度会使得适龄劳动人口减少的中国经济的养老支出较大，非生产性消费增加，储蓄减少，投资减少，进而资本存量减少。在劳动人口数量不变的前提下，社会总产出下降；在总人口不变的前提下，人均产出下降。其二，相对个人账户占主导的养老制度，现收现付制下的养老金不参与下一期生产，不增加资本存量，不带来资本收益。相反，个人账户占主导的积累制养老制度，能增加资本存量，提高资本收益，进而提高社会产出和人均产出。

　　上述养老制度改革，在模型设定上意味社会统筹缴费比例的下降，个人账户缴费比例的上升。即劳动人口多为自己养老存钱，降低当期赡养老人的支出，这意味着转轨成本由老年人口承担（以前赡养老人，但当自己老的时候，没有得到相应赡养）。考虑到实行完全积累制的养老制度意味着当前劳动人口不再上缴社会统筹养老金，对当代部分老人支付的终止，完全牺牲当代部分老人利益的改革，所以改革难度较大。若劳动人口上缴个人账户养老金的同时，不减少统筹账户养老金的缴纳，劳动人口承担所有养老制度的转轨成本，转轨难度依然很大。基于此，应把当前现收现付或者社会统筹占主导的养老制度逐步过渡到个人账户制占主导的积累制养老制度，让更多的人口分摊养老制度的转轨成本，顺利实现养老制度转轨。

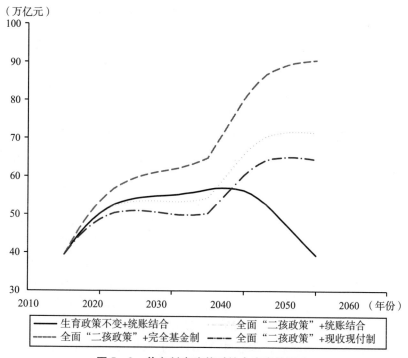

图 5-3　养老制度改革对社会产出的影响

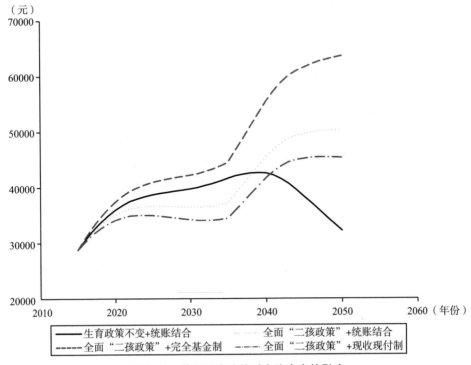

图 5-4　养老制度改革对人均产出的影响

5.2.2　退休制度改革对社会产出的影响和退休制度选择

从图 5-5 和图 5-6 可以看出，其一，全面"二孩政策"短期通过挤占产出和人均产出获得生育资源，但是长期却大大地提高社会产出和人均产出。其二，在实施全面"二孩政策"的同时实行逐步延迟退休和即时延迟退休方案，相比全面"二孩政策"且不延迟退休的政策组合，可以大大提高社会产出和人均产出，规避放松生育管控短期对产出和人均产出的挤占。特别是即时延迟退休方案，效果更加明显。

为什么通过延迟退休可以提高未来社会产出和人均产出？因为延迟退休增加了劳动人口数量，减少了老年人口数量，降低总代际支持水平和减少非生产性消费的支出，进而增加了储蓄和提高了资本存量，使得社会总产出得以提高。由于总人口数量不变，所以全面"二孩政策"也提升了人均产出。延迟退休使得原本不参与生产活动又消耗社会产出的人口，变成不仅从事生产活动和还赡养别人的人口。为什么即时延迟退休方案下的产出和人均产出高于逐步延迟退休下的产出和人均产出呢？2015 年以后，面临中国最大的"60 后"婴儿潮世代逐步退休，未来历年新增的老年人口数量急剧增加，劳动力数量迅速锐减。根据即时延迟退休的属性，未来 10 年内（在 20 世纪 60 年代婴儿潮峰部进入退休的时期），不会再有劳动人口退出劳动力市场。由于死亡率的存在，老年人口逐年减少，这样大大保存了劳动人口数量，减少了劳动人口的养老负担，减缓了劳动力大量减少和老龄人口大量增加对社会储蓄的挤占，进而减轻由于劳动力数量和资本存量减少社会经济系统的冲击。根据逐步延迟退休属性，每隔一年才有一波人退休，虽然会减轻婴儿潮世代退休给经济系统带来的冲击，相对即时退休方案，还是存在退休和劳动力减少的状况，冲击存在且持久。无论在短期还是长期，基于总产出和人均产出的目标，逐步退出劳动力市场方案不如即时退出劳动力市场方案。

　　基于改革的难度和两种退休制度在社会产出和人均产出的差别较小，相比即时退休制度会造成已经退休的人口和还没有退休的人口之间的代际不公平性更加凸显，激化社会矛盾。例如，凭什么你比我大一岁，你 54 岁退休，我们要等到 64 岁才能退休。逐步延迟退休，使得延迟退休的成本和不公平性被更多世代的人口分摊，所以逐步延迟退休更容易实现。综上所述，在实行全面"二孩政策"的过程中，我们可以配套实行逐步延迟退休方案，通过牺牲将要退休的部分劳动人

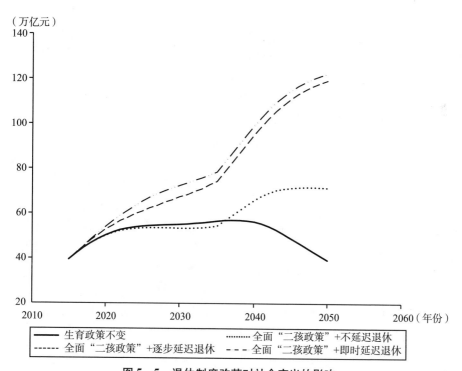

图 5-5　退休制度改革对社会产出的影响

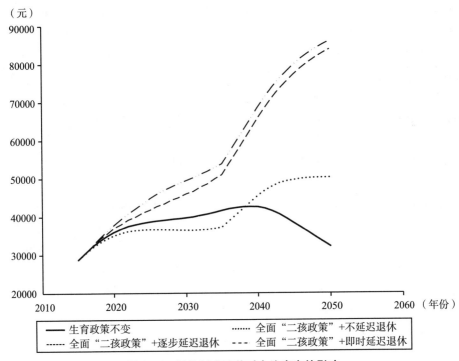

图 5 - 6　退休制度改革对人均产出的影响

口的利益，减少对他们的养老支出水平和让他们继续参与劳动，获得生育资源，相比生育政策不变，达到降低全面"二孩政策"短期对产出和人均产出的负面影响的效果。当然上述结论是在劳动市场不存在扭曲的情况下得出。

5.2.3　配套实行提高劳动参与率措施对社会产出的影响

从图 5 - 7 和图 5 - 8 可看出，其一，在实施"二孩政策"过程中，配套采用降低非自愿失业率的措施（如努力创造就业岗位和平台，加大失业和下岗人员培训，增加从业人口数量），相比单纯的"二孩政策"，不仅可弥补生育成本，规避"二孩政策"短期对产出的负面影响，而且长期还可以提高社会产出和人均产出。其二，配套性措施力度越大，效果就越好。为什么提高劳动参与率，可以提高社会产出和人均产出呢？在不考虑生育的时间成本（对劳动参与率的影响），产出和人均产出的下降量是生育的经济成本。在全面"二孩政策"的背景下，对于国家，多生孩子不降低社会总产出和人均产出；对于家庭，多生育子女不降低家庭收入；可以通过让部分劳动人口参与就业或者牺牲家庭的闲暇，增加劳动要素供给，进而增加产出，理论上可弥补生育的成本。

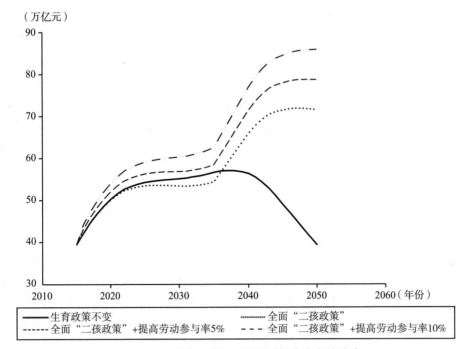

图5-7　提高劳动参与率措施对社会产出的影响

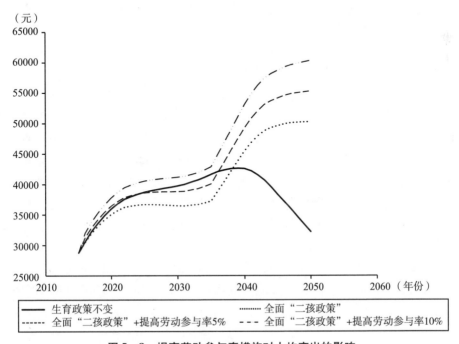

图5-8　提高劳动参与率措施对人均产出的影响

虽然提高劳动参与率可规避"二孩政策"对产出和人均产出的负面影响，但实施起来也并非容易。其一，劳动人口多生意味着过度牺牲闲暇，如果闲暇进入效用函数，多参与劳动也会降低劳动人口福利，劳动人口会选择不生且不劳动。如果劳动人口想生，劳动人口即使没有政策激励，通常也会努力挣钱，提高劳动参与率，增加劳动回报，进而提高社会的总产出，支付生育的成本。其二，提高劳动参与率能否发挥效力还依赖社会创造就业岗位的能力，培训缺乏技能劳动人口措施的落实，就业平台的构建以及就业岗位与劳动人口技能的匹配程度。

5.2.4　配套实行提高人力资本回报措施对社会产出的影响

提高劳动人口的人力资本回报内涵包括：就业之前，专业技能水平的提高；就业之后，劳动人口技能与就业岗位匹配程度的提高。后者是劳动力市场的配置效率，通过提高市场效率，让劳动力充分流动可以实现；前者是劳动者本身的知识，通过提高教育和培训效率可以实现。在同等的受教育年限上，通过提高劳动人口技能和就业岗位的匹配程度是否可以规避"二孩政策"短期对产出和人均产出的负面影响，支付生育的经济成本呢？从图 5-9 和图 5-10 可看出，在实行全面"二孩政策"的过程中，如果配套实施提高人力资本回报的措施，对劳动力市场进行结构性改革，创造就业岗位，扩大就业的培训，提高劳动人口的专业技能、生产率水平以及劳动力市场的流动性，最终增加要素报酬，提高家庭收入和社会产出，支付生育的成本，相比单纯的"二孩政策"，最终可以规避"二孩政策"短期在产出上的负面影响。

综上所述，在实行全面"二孩政策"中，短期由于必须支付非生产性消费的生育成本，所以会降低社会产出和人均产出。为了迎来全面"二孩政策"带来的人口、资本以及技术红利，为解决当前所面临由于经济增速下滑带来社会和经济问题，在实施全面"二孩政策"的过程中，需要实施一些配套性措施。通过模拟发现，在实行全面"二孩政策"中，如果我们配套进行养老制度和退休制度改革，把现收现付制占主导的统账结合的养老制度逐步改成个人账户制占主导的积累制养老制度，逐步延迟当前的劳动人口退出劳动力市场的临界年龄，或者通过劳动市场改革，如提高劳动参与率和提高劳动配置效率，相比单纯的"二孩政策"，可以弥补全面"二孩政策"带来的经济成本，提高社会产出和人均产出。

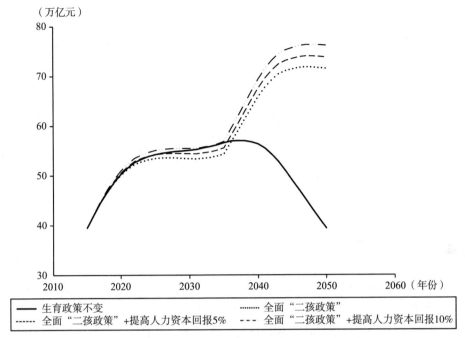

图 5-9 提高人力资本回报措施对社会产出的影响

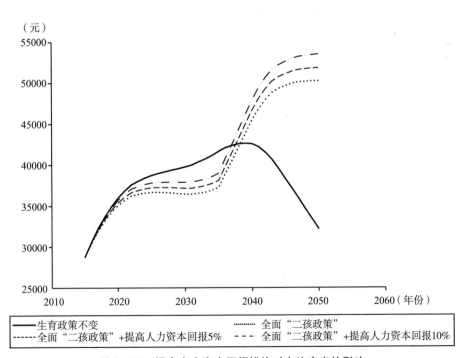

图 5-10 提高人力资本回报措施对人均产出的影响

5.3 改善家庭福利的配套性政策效应模拟与优化

一般来说，如果保障孩子的质量不下降，全面"二孩政策"下的不生育权属于家庭，那放松生育管制下让民众按照政策生育，短期因为过高的生育成本会挤占了劳动人口消费和储蓄，进而降低了劳动人口的福利水平，劳动人口很可能不去响应全面"二孩政策"，按照政策生育，全面"二孩政策"很可能面临无法落实的问题，进而长期也不会迎来"二孩政策"带来的好处以及达到通过人口政策实现的长期政策目标。如果不采用相应补贴政策，国家强制执行"二孩政策"，短期劳动人口将面临福利的损失。在全面建设小康社会的攻坚期（2015～2021年），也是释放生育力量的关键期，如果因为生育使得劳动人口背负过重的主观或者客观压力，这将有悖于小康社会的要求。为了从战略和全局上保障社会福利和追求长期可持续发展，我们积极促进民众按照政策生育，同时也不能过分牺牲劳动人口的利益。如何在释放生育力量的同时，我们既做到保障社会福利，又不降低劳动人口的福利呢？此时就需要在实行"二孩政策"过程中，配套采取一些措施来规避全面"二孩政策"短期对劳动人口福利的挤占，提高劳动人口的生育水平。

学者会问，为什么不能是政府提供生育的资源，降低生育的家庭成本，确保劳动人口的福利。政府的支持还是来自对劳动人口征收的税和费，最终还是由劳动人口承担。通过模型还发现，在没有考虑改革、劳动参与率以及闲暇不进入效用函数的情景下，生育成本或者生育资源的释放来自蛋糕的分配，要么来自劳动人口消费和储蓄，要么来自老年人口消费。要想生育短期不降低劳动人口福利，要么劳动人口享受生育；要么享受劳动，牺牲闲暇①，让劳动人口更加努力和有效地参与工作；要么挤占老年人口消费。基于此，给出五种配套性政策：第一，挤占老年人口消费的养老制度改革方案；第二，牺牲劳动人口闲暇和增加非自愿失业人口就业的提高劳动参与率措施；第三，更有效率地学习和到更合适的岗位工作的提高人力资本回报措施；第四，劳动人口享受生育和把生育看作一种责任的改变生育文化措施；第五，让更多的人参与劳动和减少养老金开支的延迟退休措施。

5.3.1 养老制度改革对劳动人口福利的影响和养老制度选择

从图 5-11 可看出，其一，相比生育政策不变，如果民众按照政策生育，那

---

① 在现有政策情景不变的前提下，过多生育势必会降低劳动人口消费和老年人口消费。需要说明的是，闲暇不进入效用函数，仅消费带来效用。

"二孩政策"会降低劳动人口的福利水平。其二，在实施全面"二孩政策"的过程的同时，把现收现付制或者社会统筹占主导的统账结合的养老制度改成个人账户制占主导的积累制养老制度，相比单纯的全面"二孩政策"，可以规避放松生育管控对劳动人口消费以及福利的挤占。最终达到民众按照政策生育，保障社会福利，同时又不降低劳动人口福利的目的。这其中的逻辑表现为：其一，养老制度改革降低了非生产性的养老支出，增加了养老金的积累效应，进而增加了储蓄和资本存量，提高社会产出和人均产出，这些增加的产出和人均产出可以用于补偿生育的成本，增加劳动人口的消费和储蓄水平。其二，通过挤占老年人口消费，避免生育对劳动人口消费和储蓄的挤占。综合上两种渠道，在实施全面"二孩政策"中，如果我们配套实行养老制度改革，可以使民众按照政策生育，保障福利，同时不挤占劳动人口福利。同样养老制度转轨必须是逐步的、渐进的，使得转轨成本由更多劳动人口和老年人口去分摊，这样才能容易转轨成功。

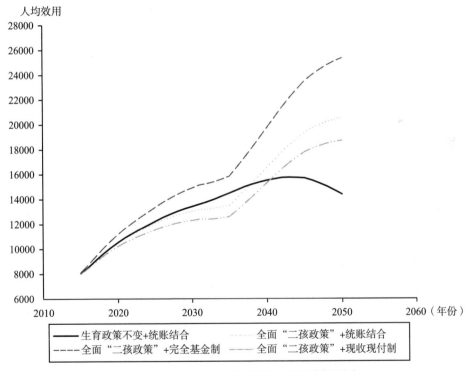

图 5 - 11 养老制度改革对劳动人口福利的影响

5.3.2 配套实行提高劳动参与率措施对劳动人口福利的影响

通过图 5 - 12 可看出，其一，实行全面"二孩政策"短期的确会降低劳动人口的福利。其二，在实行全面"二孩政策"的过程中，配合提高劳动参与率和降低失业率的措施，相比单纯的全面"二孩政策"，可以提高劳动人口的福利。这其中的逻辑是，通过创造就业岗位，提高专业技能，加大劳动市场的匹配性，让更多的本来闲暇的劳动人口参与劳动。在其他不变的前提下，劳动要素的增加提高了人均产出，增加的产出用于补偿生育的成本，确保生育不对原劳动人口消费和老年人口消费造成挤占，进而确保劳动人口福利不出现下降，甚至提高劳动人口的原福利水平①。

　　这项配套政策能否落实，依赖于当前对失业类型的判断，失业是属于自愿失业还是非自愿失业，针对不同失业类型制订不同方案。如果是非自愿失业，说明当前没有合适的就业岗位需要这部分劳动人口，就需要创造就业岗位，加大非自愿失业的就业技能培训。如果是劳动配置引致的失业，可以增加劳动力市场的透明度，扩大就业信息，创造更多的就业平台，加大用人单位和劳动者匹配性，进而提高劳动参与率。如果是自愿失业，可以通过提高要素报酬，创造更好的就业环境，以及营造"劳动光荣，不劳动可耻"的文化氛围，等等。

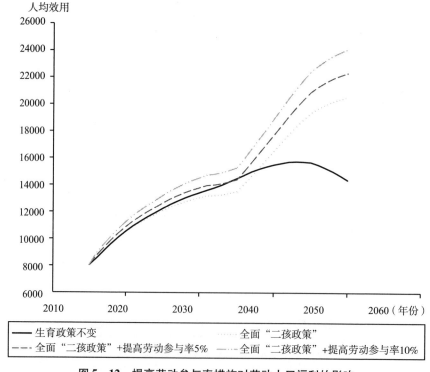

图 5-12　提高劳动参与率措施对劳动人口福利的影响

① 适龄劳动人口数量不变，提高劳动参与率使得社会总产出和社会总福利更高，进而适龄劳动人口的人均福利增加。

5.3.3　配套实行提高人力资本回报措施对劳动人口福利的影响

通过图5-13可以看出，在实行全面"二孩政策"的过程中，如果同时推行提高人力资本回报的配套性措施，相比单纯的"二孩政策"，可以规避"二孩政策"对劳动人口福利的挤占。这其中的逻辑是，通过对劳动力市场进行结构性改革，如加大劳动力的职业技能培训，提高劳动力市场的流动性，使得就业岗位和劳动人口技能更匹配。最终，通过提高劳动市场的配置效率，提高劳动力人口的生产率水平、社会产出以及家庭收入。在不影响劳动人口消费和储蓄的情景下，通过获得更多的收入，弥补了生育的成本，避免放松生育管控下过多生育给劳动人口消费以及福利带来的挤占。

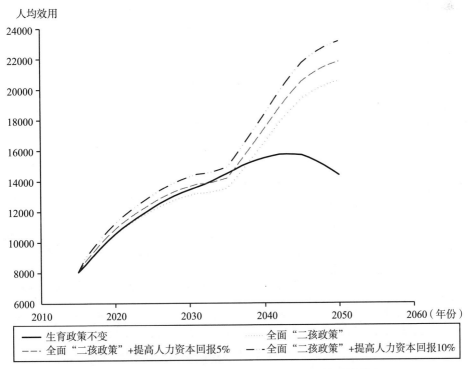

图 5-13　提高人力资本回报措施对劳动人口福利的影响

5.3.4　变更生育文化措施对劳动人口福利的影响

劳动人口福利的大小不仅取决于自己消费和孩子消费给其带来的效用，而且还取决于分别对自己消费和孩子消费赋予的权重。如果民众按照政策生育，同时短期不降低劳动人口的福利水平，在不通过结构性改革让劳动人口更努力和更有效工作，挤占老年人口消费以及牺牲将要退休的劳动人口利益，依然可以使得民众按照政策生育，同时不挤占劳动人口的福利。通过图 5 – 14 可以看出，如果我们改变了生育观念和当前的生育文化，在同样的收入水平、生育成本和生育收益下，如果劳动人口变得更无私点，把生育看作一种社会担当和义务（如俄罗斯对多生育的母亲授予"祖国母亲"的称号），而非一种自由和权利；把生育看作一种消费和享受，而非一种劳动和负担（或者构建制度，确保生育的未来收益，让人们看到未来生育的回报大于生育的收益）。最终即使在生育成本很高、生育回报很远的情景下，由于民众享受生育，所以依然会选择按照政策生育，同时不挤占其福利水平，最终达到落实全面"二孩政策"的目的。

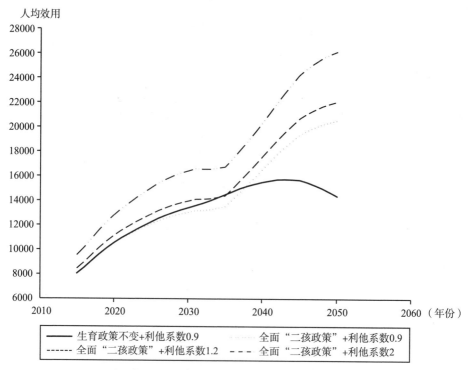

图 5 – 14　变更生育文化措施对劳动人口福利的影响

　　这其中的逻辑是，如果父母把生育看作消费和享受，或者对孩子未来寄予美好和希望，使得父母对孩子的消费赋予较大的权重。此情景下孩子单位消费给父母带来的效用大于父母单位消费给自己带来的效用，对自己消费挤占的孩子消费以更大比例给父母带来效用，这就避免了在当前生育文化和国情下按照政策生育对劳动人口福利的挤占，进而落实"二孩政策"。所以，在当前生育成本很高的情况下，塑造生育文化保障民众生育；在没有生育文化转变下，构建制度降低生育成本，确保生育的确在未来存在丰厚的收益，同时通过宣传让劳动人口看到生育的未来收益，提高劳动人口的决策理性。最终使得劳动人口对孩子消费赋予更大的权重，对孩子寄予希望，把生育当作消费和享受。当然，生育文化是个大尺度变量，内生于当前的制度和文化之中。转变生育文化虽好，但短期不易。

5.3.5　退休制度改革对劳动人口福利的影响和退休制度选择

通过图 5 - 15 可以看出，在实行全面"二孩政策"的过程中，如果我们配套实行延迟退休方案，相比单纯的"二孩政策"，不仅规避了短期放开"二孩政策"对适龄劳动人口福利的挤占，而且还可以提高未来劳动人口的福利水平，同时即时延迟退休效果更好。延迟退休使得将要退休领取养老金的劳动人口，从社会层面上，不仅不被别人赡养，还继续参与劳动，赡养老人和抚养孩子，增加劳动和资本要素变量，最终提高了社会总产出和人均产出。在不降低原有劳动人口消费的同时，相比基准情景，提高了劳动人口消费和储蓄，进而提高每个劳动人口的福利水平，规避"二孩政策"短期在劳动人口福利上的负面影响。

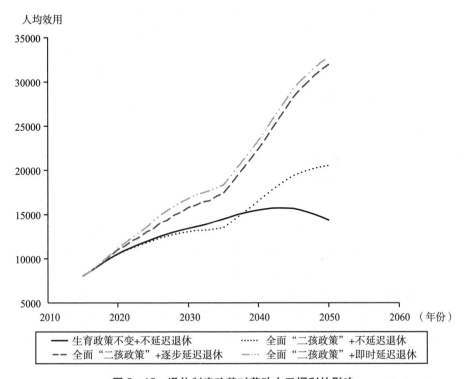

图 5 - 15　退休制度改革对劳动人口福利的影响

总之，在实行全面"二孩政策"的过程中，由于放松生育管制初期会对劳动人口的福利发生挤占，使得民众不能按照政策生育。为了避免放松生育管控短期对劳动人口福利的挤占，使得"二孩政策"生育力量精准释放，通过模拟发现，在实行全面"二孩政策"的过程中，如果我们配套实施养老制度改革、延迟退休、提高劳动参与率和人力资本回报以及变更生育文化等措施，相比单纯的"二孩政策"，可以有效地降低生育主体按照政策生育给生育主体带来的福利损失。最终在确保社会福利和未来生育带来的红利同时，不过分降低劳动人口的福利水平，确保在全面"二孩政策"下，出现社会福利和劳动人口福利、长期福利和短期福利双赢的局面。

5.4 提高代际支持的配套性政策效应模拟与优化

通过第4章分析发现，在现有国情下，放松生育管控下民众按照政策生育短期不仅会降低产出，挤占劳动人口福利，而且还会降低对老年人口的代际支持，挤压老年人口消费，恶化当前养老状况。在全面建设小康社会的攻坚期，要避免全面"二孩政策"在老年人口消费或者福利的负面影响，因为养老问题归根结底是一个给老年人养老送终的问题。在中国构建社会主义和谐社会的形势下，养老问题不仅是老年人口的福利问题，而且是一个关系国家长治久安的大问题。那如何在落实全面"二孩政策"中，同时实行一些配套性措施，规避放松生育管控短期对老年人消费的挤占，改善短期的养老状况，应对未来"60后"婴儿潮退休引发的养老汛期呢？在此作者考察了变更养老制度，提高劳动参与率、人力资本回报以及进行延迟退休等配套性政策对老年人口代际支持水平的影响。

5.4.1 养老制度改革对代际支持水平的影响和养老制度选择

从图5-16中可以看出，其一，无论是在给付确定型的养老制度下，还是在缴费确定型的养老制度下，未来放松生育管控下对老年人口的代际支持都高于生育政策不变下的代际支持，所以未来提高对老年人口的代际支持，更多需要放松生育管控政策。其二，无论在放松生育管控的情景下，还是在生育政策不变的情景下，给付确定型的养老制度下的代际支持都高于缴费确定型的养老制度下的代际支持水平。通过第4章分析发现，给付确定型的养老制度下的社会产出和人均产出低于缴费确定型的养老制度下的产出和人均产出，此情景下对老年人口代际支持的提高建立在挤占社会产出和劳动人口福利的基础之上。

随着"60后"婴儿潮退休引致养老汛期的到来，适龄劳动人口急剧减少，老年人口急剧增加，给付确定型的养老制度会使得社会产出和人均产出以及社会福利遭受巨大损失，损失的产出和福利可以用来提高对老年人口的代际支持水平，同时增加了产出中资本积累的份额，提高了下一期的产出和对老年人口的代际支持水平。所以提高对未来老年人口的代际支持水平，依靠代际赡养模式下养老制度改革并非有效，还须靠放松生育管控和其他手段。

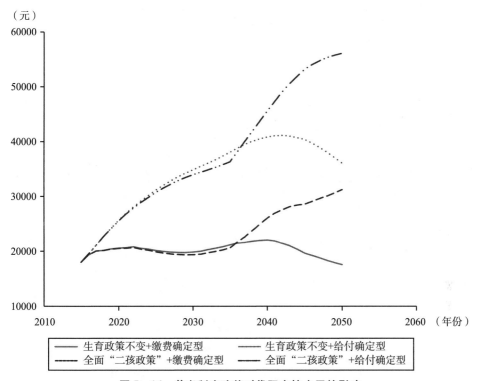

图 5 - 16　养老制度改革对代际支持水平的影响

5.4.2　退休制度改革对代际支持水平的影响和退休制度选择

通过图 5 - 17 和图 5 - 18 可以看出，无论是在给付确定型的养老制度下，还是在缴费确定型的养老制度下，未来在实行全面"二孩政策"的过程中，如果我们配套进行延迟退休制度调整，相比单纯的全面"二孩政策"，我们可以规避放开"二孩政策"短期对老年人口消费的挤压，长期还可以提高对老年人口的代际支持水平，且即时延迟退休方案好于逐步延迟退休方案。在其他变量和参数不变，为什么延迟退休方案短期可以提高对老年人口的代际支持，应对养老汛期，改善养老状况呢？在缴费确定型的养老制度下，延迟退休短期意味着劳动人口数

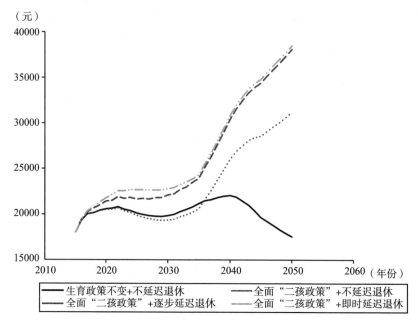

图 5 – 17　缴费确定型下退休制度改革对代际支持水平的影响

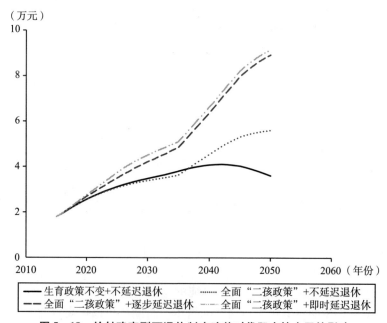

图 5 – 18　给付确定型下退休制度改革对代际支持水平的影响

量增加，老年人口数量的减少，进而对老年人口的总支持水平增加，使得对每个老年人口的支持水平增加。在给付确定型的养老制度下，延迟退休虽然增加了劳动人口数量，但更大幅度地降低了非生产性消费，增加了储蓄和资本存量，提高了资本劳动比，最终提高了对老年人口的代际支持。延迟退休通过牺牲将要退休的那部分劳动人口的利益，来提高当前已退出劳动力市场的那部分老年人口的利益。虽然在理论上，即时延迟退休方案稍微好于逐步延迟退休方案，但是在实践中，考虑到即时延迟退休方案实施的难度，逐步延迟退休方案应优先。

5.4.3　配套实行提高劳动参与率的措施对代际支持水平的影响

通过图 5－19 和图 5－20 可以看出，无论是在给付确定型下，还是在缴费确定型下，在实行全面"二孩政策"中，如果我们配套实施有助于提高劳动参与率的措施，不仅可以规避全面"二孩政策"对当前老年人口消费资源的挤压，而且还可以提高未来劳动人口对老年人口的代际支持水平。并且强度越大，补偿效应的发挥就越明显。这其中的逻辑是，劳动参与率的提高使得更多的适龄劳动人口

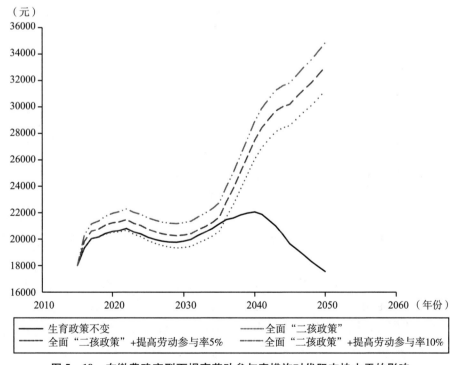

图 5－19　在缴费确定型下提高劳动参与率措施对代际支持水平的影响

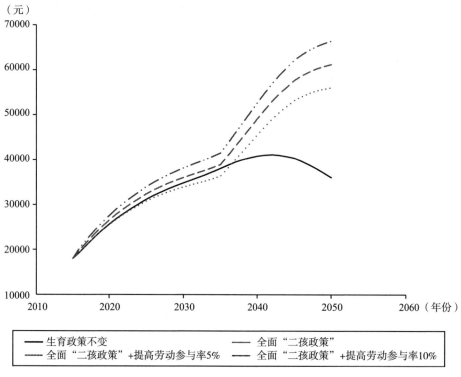

（元）

图 5-20　在给付确定型下提高劳动参与率措施对代际支持水平的影响

参与劳动，增加了劳动要素。在缴费确定型的养老制度下，提高劳动人口对老年人口的总支持水平，老年人口不变，所以提高了对每个老年人口的代际支持水平。在给付确定型的养老制度下，劳动参与率的提高意味着劳动人口数量的增加，使得社会中生产人口多于消费人口，产出中用于储蓄的份额就越多，资本要素以更大的幅度增加，进而资本劳动力比增加，最终改善了养老状况，提高了对老年人口的代际支持水平[①]，理论上可以有效应对短期的养老汛期。

5.4.4　配套实行提高人力资本回报的措施对代际支持水平的影响

从图 5-21 和图 5-22 中可以看到，在实施全面"二孩政策"的过程中，无论是在给付确定型的养老制度下，还是在缴费确定型的养老制度下，如果我们同时采取一些配套性措施，进而提高人力资本回报，这样不仅短期可以规避放松生

[①]　提高劳动参与率通常是牺牲部分劳动人口的闲暇、增加要素供给和产出来提高对老年人口的代际支持，因为闲暇不进入效用函数，所以提高劳动参与率不挤占劳动人口福利。

育管控对养老状况的恶化，而且还可以提高劳动人口对老年人口的代际支持水平，改善未来的养老状况。这其中的逻辑是，无论在缴费确定型还是在给付确定型的养老制度下，提高人力资本回报意味着劳动人口有更高的生产率水平，在相同的劳动人口和老年人口数量下，社会将要更高的产出，家庭将获得更多的收入，多增加的产出和收入不仅可以支付生育的成本，而且还可以改善老年人口的养老状况，进而提高对老年人口的代际支持水平。

综上所述，通过第4章的模拟发现，放松生育管控虽然未来可以大大改善当前劳动人口未来的养老状况，提高对未来老年人口的代际支持，但是短期会恶化养老状况，降低对老年人口的支持水平，无法应对短期的养老汛期，影响两个百年目标实现。为避免全面"二孩政策"短期对老年人口消费的挤占和恶化养老状况，顺利实现两个百年目标。该选择何种配套性政策呢？通过模拟发现，在实行全面"二孩政策"中，如果采取一些提高人力资本、劳动参与率以及进行一定程度的延迟退休，在某种程度上可以提高对老年人口的支持水平，规避放松生育管控短期对老年人口利益的伤害，应对养老汛期。当然，未来对老年人口代际支持水平的提高、改变代际支持的趋势性特征还要靠全面"二孩政策"及全面"二孩政策"带来的人口、资本及技术红利。

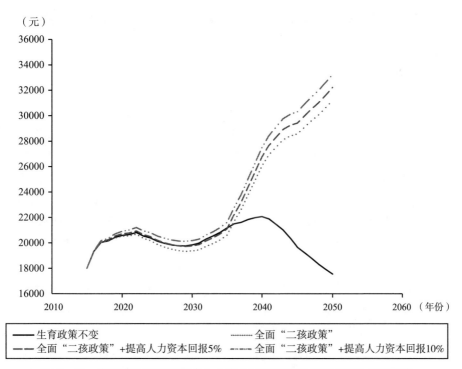

图 5 – 21　在缴费确定型下提高人力资本回报措施对代际支持水平的影响

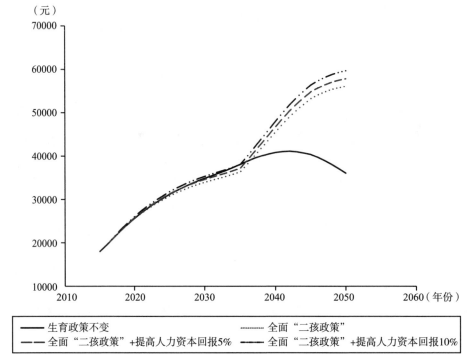

图 5 − 22　在给付确定型下提高人力资本回报措施对代际支持水平的影响

5.5　本章小结

为了规避放松生育管控短期对劳动人口福利的挤占，使得民众按照政策生育，进而迎来生育长期带来的好处。在实行全面"二孩政策"的过程中，如果配套实施养老制度改革、延迟退休、提高劳动参与率以及变更生育文化等措施，相比单纯的"二孩政策"，可以有效地降低生育主体按照政策生育给生育主体带来的福利损失，最终在确保民众按照政策生育的同时，不过分挤占当前劳动人口的福利水平。为了规避放松生育管控短期对产出的挤占，模拟发现，相比单纯的全面"二孩政策"，在实行全面"二孩政策"的过程中，如果配套进行养老制度和退休制度改革，把现收现付制占主导的统账结合的养老制度逐步改成基金制占主导的养老制度，逐步延迟当前劳动人口退出劳动力市场的临界年龄，或者通过劳动市场改革，提高劳动参与率和提高劳动配置效率，可以弥补全面"二孩政策"额外带来的生育成本，提高社会产出和人均产出。为了规避全面"二孩政策"短期对老年人口消费的挤占，有效应对短期"60 后"婴儿潮退休引发的养老汛期。

模拟发现，在实行全面"二孩政策"的过程中，配套实施延迟退休以及提高劳动参与率等措施，在某种程度上可以提高对老年人口的支持水平，规避放松生育管控短期对老年人口消费的挤占，有效应对"60 后"婴儿潮引发的养老汛期。当然，未来对老年人口代际支持水平的提高、改变对老年人口代际支持水平的趋势性特征还要靠全面"二孩政策"及全面"二孩政策"带来的人口、资本及要素配置红利。

第6章 对当前生育政策的优化：生育权安排的视角

通过第 5 章分析发现，在实现全面"二孩政策"的过程中，若同时实施一些配套性政策，理论上可以弥补劳动人口的福利损失，使得民众按照政策生育，同时规避全面"二孩政策"短期在产出和代际支持上的负面影响；长期，使得社会迎来生育带来的红利，解决有人口结构失衡引发的各种社会经济问题，促进经济社会长期均衡发展。但是配套性措施改革具有非生育目标，存在改革阻力以及政策效应发挥具有滞后性。其一，改革不是一蹴而就的，政策效应发挥更是一个循序渐进的过程；其二，在微观操作层面和异质的家庭中，配套性政策下资金如何分配和分配给谁，将影响生育力量的释放；其三，配套性措施多是非生育层面上的制度，改革动机大多不是用来释放生育力量，所以效果并不一定如理论预测的那么好；其四，只要改革，就会有人牺牲，特别是和人民切身利益相关的改革，所以改革是有阻力的。当然把生育问题的解决寄托于其他问题的解决，其他问题的解决又派生出一大堆问题，也是存在一定争议的。总之，在配套性政策不能有效规避或者不能马上规避放松生育管控短期的负面影响的时候，伴随着时代语境的变迁，全面"二孩政策"越来越无法解决后工业化时代我们所面临的生育外部性问题，民众很可能越来越不能按照政策进行生育，生育水平不断下降，进而无法使得未来社会迎来生育带来的各种红利，无法有效解决未来人口结构失衡引发的各种社会经济问题。在全面"二孩政策"之后，未来生育政策该如何安排，全面"二孩政策"该如何优化呢？①

对当前生育政策优化的逻辑表现为：首先，从城镇化与生育行为转变开始，把外部性理论引入到对生育行为的分析中，分别分析农业社会和工业社会下生育外部性的表现形式，及转型期社会下我国的全面"二孩政策"选择。其次，基于面板向量自回归模型（PVAR）和世代交叠模型（OLG），分析未来生育行为的演变和全面"二孩政策"的不足。如伴随着城镇化水平的提升（生育成本的上

---

① 在此仅探讨选择何种生育政策来解决生育的外部性，不探讨选择何种生育政策规避短期在代际支持和产出上的负面影响。

升，生育收益的下降，自我和权利意识的不断突起，利他和社会义务意识的淡化，人们变得越来越注重短期、物质以及投资回报），全面"二孩政策"越来越无法解决后工业化时代生育行为的外部性问题，越来越在释放生育力量上表现出乏力或者理性的滞后性，越来越无法解决人口结构问题，那未来生育政策该如何选择呢？再次，从生育权安排的视角，设计家庭自由生育、计划生育政策以及全面"二孩政策"三种生育政策情景，基于剔除最差的决策准则，建立一个双目标决策模型（DODM），评估这三种不同生育权安排的生育政策，甄选适合未来社会语境的生育制度安排。最后，介绍了一些国际上解决生育外部性的政策实践及国内学者的理论探索，具体逻辑分析图如图6-1所示。

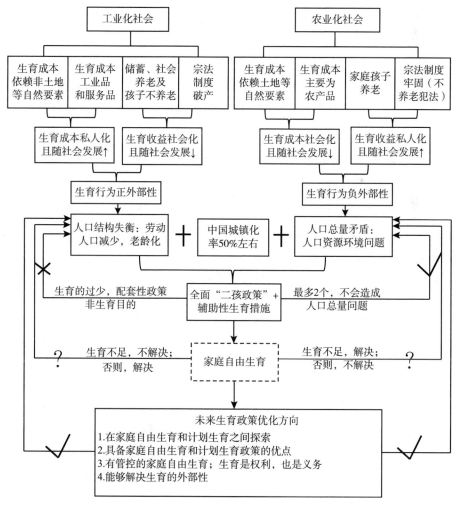

图6-1 生育行为的外部性与生育政策优化方向

6.1 生育行为的外部性与当前生育政策的不足

首先把外部性理论引入到对生育行为的分析中，分别分析了在农业社会和工业社会中外部性的表现形式，以及对应的马尔萨斯陷阱和低生育陷阱，进而回答为什么在农业社会中社会最优生育低于实际生育水平、在工业社会中社会最优生育水平高于实际生育水平等问题。在此基础上，陈述了转型社会中中国选择全面"二孩政策"的逻辑。进而为解决农业社会中马尔萨斯陷阱、工业社会中的低生育陷阱、转型社会中生育政策选择的彷徨提供理论基础。然后加入城镇化因素，考察城镇化下家庭生育行为的演变。如伴随着城镇化水平的提升，生育水平会呈现下降的趋势；家庭决策下生育水平要么下降，要么呈现出理性滞后的波动。最后，在新的时代语境下，本书给出全面"二孩政策"的不足。

6.1.1 生育行为的外部性与转型期全面"二孩政策"的选择

1. 在农业社会中生育的负外部性与马尔萨斯陷阱

在自给自足的农业社会或者工业社会前期，由于生产和生育活动的家庭化，使得生育行为的收益不存在外溢性，谁生育，谁受益；同时此社会中建立一套宗法制度（家庭子女养老、子女遵从父母，孩子过早参与劳动等），确保了生育收益不外溢且较高。在农业社会里，生育的成本主要表征农业产品，农产品依赖土地，而土地具有公共性，引致生育的成本具有社会性，促使生育收益大于生育成本，生育有利可图。大家是否选择多生还取决于是否存在更加有利可图的活动。在进行生育活动之外，可以进行资本再生产，但是相对资本再生产活动，从事人口再生产活动更加有利可图。如果个体从事资本再生产活动，并且采取储蓄养老的方式。由于表征为货币的储蓄具有严格的私人品属性，储蓄的成本有家庭负担，不存在社会化；储蓄的收益也有家庭获得，不存在外溢性。在一个均衡的市场，储蓄行为的边际收益等于储蓄行为的边际成本，储蓄无利可图。对于人口再生产，社会制度确保了生育的边际收益大于生育的边际成本，确保财产从孩子流向父母；同时通过义务性生育文化（如不孝有三，无后为大），影响人们的生育决策；加上在崇尚武力的社会里，人比货币更有价值，使得农业社会下过度生育。

总之，在农业社会，由于生育成本的社会化、生育收益的私人化，生育具有负外部性。相对于物质再生产活动，人们更倾向选择收益较多的、更有意义人口再生产行为。最终造成社会生育水平不断高涨，物质生产滞后人口生产，社会最优生育水平 TFR* 低于实际社会生育水平 TFR，农业社会进入马尔萨斯陷阱之中，如图 6-2 所示。

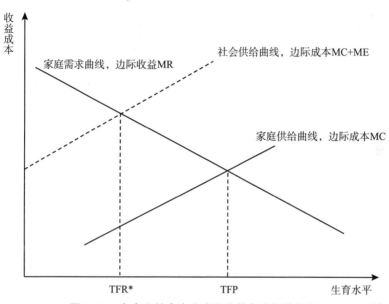

图6-2　在农业社会中生育行为的负外部性机制

注：生育有家庭做出决策，MC 是生育一个孩子短期给代表性家庭带来的成本，ME 是生育一个孩子对代表性家庭之外（环境）造成的损失或者长期给代表性家庭带来的成本。MR 代表生育一个孩子的家庭收益。社会最优生育水平 TFR*，实际生育水平 TFR。农业社会下社会最优的生育水平 TFR* 低于实际生育水平 TFR。如生育的私人家庭收益和成本分别为 V_P 和 C_P，生育的社会收益和社会成本分别记为 V_S 和 C_S，此行为下 $C_P < V_P < C_S$。一般减少这种行为供给，通常会改善社会福利。

2. 在工业社会中生育的负外部性与低生育陷阱

随着社会养老、储蓄养老以及孩子不养老文化的形成，使得抚养孩子的收益逐步社会化；伴随着城镇化、工业化及人民消费水平的提升，生育的成本逐年攀升，但是生育还是以家庭为单位，生育的成本还有家庭负担。生育收益的社会化和生育成本由家庭承担，使得生育变成了公共品，生育存在正外部性。这种生育的正外部性，使得家庭在生育收益，如养老上搭便车，进而选择更低的生育水平，以致家庭生育水平不断下降，不断低于人口更替水平和社会最优的生育水平 TFR*。生育收益的社会化必然把生育推向社会，使得生育成本也社会化，但是国家还没有达到在培养皿中标准化和规模化供给孩子，孩子的供给还是分散化到以家庭为单位进行，实际社会生育依然等于家庭生育。但是社会养老的开展或者生育收益的社会化，掩盖了生育和养老之间的天然联系，实际上社会养老依然依赖生育、依赖于家庭生育。

总之，面对生育收益、养老的社会化，如今生育依然在家庭进行，成本由家庭承担，使得生育行为成一个公共品（格劳岑等，2003；舍恩布罗德和泰雷特，2014）。生育行为在生育收益养老上具有正外部性，使得相对人口再生产，人们倾向选择物质再生产，人口再生产滞后物质再生产，社会实际生育水平不断下降，社会最优生育水平 TFR* 高于社会实际生育水平 TFR，工业社会进入低生育陷阱之中（见图6-3）。

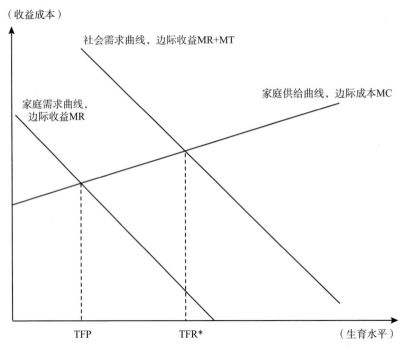

图6-3　在工业社会中生育行为的正外部性机制

注：生育有家庭决策，MC 是生育一个孩子短期给代表性家庭带来的成本。MR 代表生育一个孩子的家庭收益，MT 是生育一个孩子给代表性家庭之外（环境）带来的好处或者长期给代表性家庭带来的好处。社会最优生育水平 TFR*，实际生育水平 TFR。工业社会中社会最优的生育水平 TFR* 高于实际生育水平 TFR。如果生育的私人家庭收益和成本分别为 V_P 和 C_P，生育的社会收益和社会成本记为 V_S 和 C_S，此行为下 $V_P < C_P < V_S$。一般增加这种行为供给，会改善社会福利。

3. 转型期生育政策选择的困境与中国的全面"二孩政策"

如果中国当前处在类似西方的后工业时代，收入水平较高，城镇化率在70%～80%。根据上述分析，实际生育水平低于社会最优生育水平，人口结构问题严重，那我们应该实施家庭自由生育或者解决外部性的政策（如庇古税：惩罚少生，鼓励生育）来提高社会实际生育水平。如果当前处在类似非洲的农业社会，收入水平较低，城镇化率在30%～40%。根据上述分析，实际生育水平高于社会最优生育水平，人口总量下的资源环境问题突出，那我们还是应该以限制生育为主，降低社会实际生育水平。

如今中国处在实现两个百年目标和进入发达国家的攻坚期，常住城镇化率刚过50%，户籍城镇化率刚过40%①，人均GDP（8000美元②）还处在中等偏高的收入阶段。面对历史上农业占主导的社会里，生育的负外部性引致人口总量问题。面对工业化进程中③，生育的正外部性引致的人口结构问题。在城镇化率50%左右的临界点上，收入还处在中等收入阶段，生育行为到底是处在马尔萨斯阶段还是处在低生育阶段，是一个很难判断的问题。如继续采取"一孩政策"，甚至限制生育，我们很可能进入低生育陷阱。虽然解决了人口总量问题，但是人口结构问题悬而未决。如果从单独"一孩政策"过渡到家庭自由生育或者鼓励生育，考虑到转型期的特点，向后一步可能掉入马尔萨斯悬崖。虽然解决了人口结构问题，但人口总量问题将极其突出。

基于转型期的国情（人口总量和人口结构双重矛盾），2016年中国推出了全面"二孩政策"的举措。此举措既没有把生育权完全给国家，避免生育正外部引致的人口结构问题；也没有把生育权完全交给家庭，避免转型期过度生育引致的人口总量矛盾。总之，当前的全面"二孩政策"是转型期中国，考虑到人口总量和人口结构都很突出的国情，综合选择的较优的生育政策，既不加剧人口总量矛盾，又在某种程度上缓解了人口结构问题。但是伴随着城镇化的推进，中国将不断从转型期向工业化或者工业化后期迈进，生育行为不断的变迁，全面"二孩政策"越来越无法释放出保障社会福利的政策生育力量或者家庭决策行为表现出理性滞后的特征。

6.1.2 城镇化与家庭生育行为的演变

为了考察城镇化与生育行为转变的关系以及验证上述关于不同社会里生育行为外部性的理论推断：随着城镇化水平的提高，家庭决策下的生育水平会出现下

---

① 2016年中国户籍人口城镇化率为41.2%［EB/OL］.（2017－02－28）［2019－02－15］. http：//money. 163. com/17/0228/12/CEC5JC63002580S6. html.

② 2016年中国户籍人口城镇化率为41.2%［EB/OL］.（2017－02－28）［2019－02－15］. http：//mt. sohu. com/20160120/n435165526. shtml.

③ 考虑到中国特殊的计划生育政策的作用。

降或者理性滞后的特征。基于此，首先采用面板向量自回归模型（PVAR）考察城镇化与生育行为转变的关系；然后构建一个全面"二孩政策"约束下的生育内生的世代交叠模型（OLG），模拟全面"二孩政策"下家庭生育行为的演变，综合给出全面"二孩政策"的不足。基于全面"二孩政策"的不足，提出本书最后一个要解决的问题：在城镇水平不断提升的未来，全面"二孩政策"是否依然是一个符合时代语境的生育政策？如果不是，未来生育政策应该朝着哪个方向优化？

1. 面板向量自回归模型（PVAR）下城镇化与生育行为的转变

（1）面板向量自回归（PVAR）模型的构建。

在此我们选取面板的向量自回归模型（panel vector autoregression，PVAR）来考察城镇化与生育行为转变的关系。一般来说，为了表述变量之间的动态或者反馈的联系，可以选取通过非结构方法表述各变量动态关系的向量自回归模型（吴舒和穆月英，2016）。此模型中任何一个内生变量都作为所有内生变量滞后值的函数。考虑到统计口径和数据长度的限制，以空间反映时间，作者采用 Eakin 的 PVAR 模型。为描述城镇化对生育行为转变的影响，在此选用常住城镇化率 $ur_{i,t}$ 变量反映城镇化或者工业化进程，各省份常住城镇化率 ur 等于常住城镇人口除以各省份常住总人口。考虑到各省份 2000～2015 年生育水平 TFR 数据的不完整和收集的困难，采用各省份历年出生率 $br_{i,t}$ 近似表征各省份的生育水平，进而去表征生育水平的转变。各省份历年的 $br_{i,t}$ 等于新出生的人口比对应各省份历年的总人口。进而 $br_{i,t}$ 和 $ur_{i,t}$ 作为因变量，城镇化率和出生率滞后值 $ur_{i,t-j}$ 和 $br_{i,t-k}$ 作为自变量，具体模型设定如下

$$\Gamma_{i,t} = \sum_{j=1}^{P} \omega_j \Gamma_{i,t-j} + \epsilon_t + \rho_i + \vartheta_{i,t} \qquad (6-1)$$

PVAR 模型是一个自反馈的动态系统，出生率受到自身滞后值和城镇化率滞后值的影响 $\Gamma_{i,t-j} = (br_{i,t-j}, ur_{i,t-j})$ 是 $\Gamma_{i,t} = (br_{i,t}, ur_{i,t})$ 的 j 阶滞后项；i 代表各省份，t 代表年份，p 滞后的阶数，ω_j 和 ε_k 分别代表系数矩阵。ϵ_t 代表时间效应，表征变量之间的冲击效应；ρ_i 代表个体效应，表征个体之间的差异性；$\vartheta_{i,t}$ 代表随机扰动效应。下文主要关注两个问题，其一，为回答城镇化率是不是导致生育行为转变的变量，我们将做城镇化率与出生率之间的面板格兰杰因果性检验。其二，如果其间存在因果性关系，继续想知道，是正向的因果关系，还是反向的因果关系？某一时点上给城镇化率的一个冲击对出生率的影响方向是什么，这种影响是否持久，等等。

各省份 2000～2015 年城镇化数据和出生率数据主要来自国家统计局网站以及各省份的统计年鉴。历年城镇化率是常住城镇化率，而非户籍城镇化率。部分异常点数据，如统计口径的不一致，再如年份的缺失，要么把其剔除，要么采取

趋势外推把其补全。作者采用 Stata 求解上述模型。在求解 PVAR 模型过程中，首先需要估计上述模型滞后节数选取多少比较合适。根据 BIC 和 AIC 准则，对阶数选取进行检验，BIC 发现选取两阶是最优的，AIC 发现最优阶数是三阶。考虑到当 AIC 准则和 BIC 准则冲突时，通常选择 BIC 准则，所以在此选取两阶。我们进行蒙特卡洛 1000 次模拟实验，保证模拟结果的可靠性。同样需对数据进行单位根检验，验证数据的平稳性。考虑到根据 LLC 检验、HT 检验与 Breatung 检验的局限型，要求每位个体的自回归系数相等，本书采用索尔姆等（2003）的面板单位根检验方法（ISP）。原假设有单位根。通过 IPS 检验，ur 的检验值 -1.8427 和检验的 P 值 0.0327，在 5% 的显著性上拒绝原假设，不存在面板单位根，ur 数据平稳。br 的检验值 -3.016 和 P 值为 0.0013，在 1% 的显著性上拒绝原假设，不存在面板单位根，br 数据平稳。进一步考虑扰动项的自相关，引入扰动项自相关并引入差分滞后项，ur 检验值为 -8.8364，P 值为 0.0000，在 1% 的显著性上拒绝原假设，不存在面板单位根，ur 数据平稳。br 检验值为 -1.4515，P 值为 0.0733，在 10% 的显著性上拒绝原假设，不存在面板单位根，数据平稳。

（2）城镇化与出生率间的格兰杰因果性检验。

首先需要回答的第一个问题，伴随着城镇化的推进，逐步从农业社会过渡到工业社会，城镇化是引致生育行为变化的原因吗？在此我们对 PVAR 模型进行格兰杰因果性检验，包括城镇化率与出生率、出生率与城镇化率、城镇化率与城镇化率以及出生率与出生率的格兰杰因果检验，具体结果见表 6-1。

表 6-1　　　　　　　　城镇化率与出生率的格兰杰因果性检验

原因变量	结果变量	卡方值	滞后期	P 值
城镇化率	出生率	17.255	2	0
城镇化率	所有变量	17.255	2	0
出生率	城镇化率	2.5997	2	0.273
出生率	所有变量	2.5997	2	0.273

通过表 6-1 内容中第一行我们可以看出，检验值 CHI2 = 17.255，P 值等于 0.000 < 1%，在 1% 的显著性水平上通过检验。这说明城镇化率是出生率的格兰杰原因，城镇化进程影响生育行为的转变。从第三行格兰杰统计检验上看出，P 值等于 0.273 > 10%，说明出生率不是城镇化的格兰杰原因，进而城镇化率与出生率之间是单向的因果关系。

（3）城镇化对出生率的脉冲响应。

通过上述面板的格兰杰因果性检验，我们发现城镇化率变化是出生率变化的单向的格兰杰原因。现在回答第二个问题，如果城镇率的提高，那对出生率是一个正向的影响，还是一个反向的影响，并且城镇化率的冲击对生育行为转变的影响是否持久。在此对 PVAR 模型做脉冲响应图，结果见图 6 - 4。

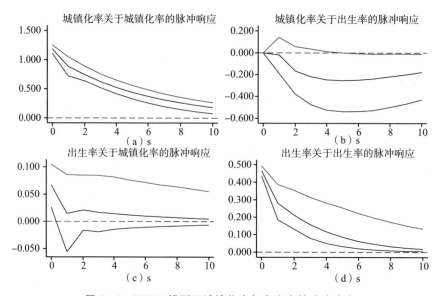

图 6 - 4　PVAR 模型下城镇化率与出生率的脉冲响应

在图 6 - 4 中，每一个子图中的上下两条线，分别代表 95% 的上下置信区间线，中间那条线是脉冲响应线，方向反映各变量之间的正向和反向因果关系，趋势和强度反映一个变量对另一个变量影响的持久性。从图 6 - 4 中的（b）图形我们可以看出，如果我们给城镇化一个正冲击，如提高城镇化率，则出生率会产生一个下降的趋势，且在第 4 期时候达到最大，之后慢慢呈现衰减趋势。这说明，城镇化率是出生率下降的负向原因，并且城镇化率对出生率的影响较大。

（4）城镇化率与出生率的散点图。

为了进一步说明城镇化率与出生率之间的关系，在此把 2000 ~ 2015 年全国 31 个省份的城镇化率和出生率的散点图画出，进一步直观地说明城镇化对生育行为的影响。从图 6 - 5 可以看出，其一，随着城镇化水平的提高，表征为生育行为的出生率逐步从高的阶段，下降到低的阶段。源于伴随城镇化率水平的提高，生育成本上升（生育在家庭内部进行，成本家庭承担；同时生育成本更多依赖于工业品和服务品，城镇化下对工业品和服务品的需求逐年增加），生育收益的下降（社会养老、储蓄养老以及孩子不养老，使得养老收益外溢），引致出生率呈现一个下降的趋势。其二，在城镇化率低于 50% 时，伴随着城镇化水平的提高，出生率会呈现一个较快的下降趋势，即工业化早期，生育水平下降是很快的；但是城镇率水平高于 50% 以后，随着城镇化的推进，生育水平下降的速度降低。总之，伴随着城镇化的推进，生育水平会从一个高的阶段向着一个低的阶段过渡，但是下降速度会越来越慢。

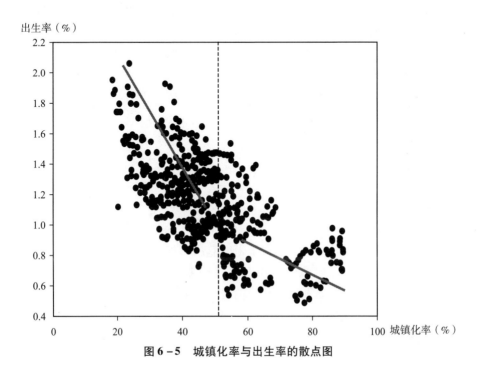

图 6-5 城镇化率与出生率的散点图

2. 世代更迭模型（OLG）下家庭生育行为的演变

为了进一步说明随着社会的发展，全面"二孩政策"会变得越来越不符合时代语境，即如果缺乏配套性措施，按照当前的生育文化和生育政策演进，全面"二孩政策"下的生育水平会呈现出下降的趋势或者家庭决策会呈现出理性滞后。相比前面生育外生的模型，此处构建一个生育内生的世代更迭模型（OLG），在考虑到民众对生育政策的反作用力下，模拟全面"二孩政策"下家庭生育行为的演变。相比上述模型，为了模拟方便，假设每一期是 30 年，总模拟 5 期，共 150年。同样青少年和老年人口不参与劳动，青少年的消费完全来自劳动人口义务的抚养。在不影响分析结果下，不考虑政府部门，所以下文在家庭养老的情景下进行分析。此时老年人口的消费仅来自劳动年龄阶段自己的储蓄和子女根据道德对其的赡养。不同于上述模型中每期有部分青少年人口和劳动人口变成劳动人口和老年人口，此处青少年下一期全部变成劳动人口，劳动人口全部变成老年人口，老年人口退出模型。同样劳动人口参与劳动，诸如生育等社会决策行为有每期劳动人口做出。不同于上述模型劳动人口追求当期产出效应最大化，此处劳动人口追求一生效用（劳动时和老年时）的最大化。劳动人口面临的决策是如何把每期的收入在消费、储蓄、养育子女以及赡养老人之间分配，实现自己一生效用水平的最大化，决策变量是每期的消费、储蓄和生育水平，而非上述模型的消费和储蓄。

（1）世代更迭模型的构建和初始参数的设定。

跨期替代弹性为 σ，老年时消费带来的效用折现到劳动年龄时消费带来的效用的折现系数为 β，劳动人口对孩子消费赋予的权重系数为 γ。抚养一个老年人口占一个劳动人口工资的比例系数为 ϕ，抚养一个孩子占劳动人口工资的比例为 μ_i。劳动年龄时的消费、储蓄以及老年时的消费分别为 C_i^1、S_i 以及 C_i^2。每一期的青少年、劳动人口、老年人口以及生育水平分别为 H_i、L_i、O_i 以及 n_i，其中 $H_i = L_i n_i$。当期的工资、下一期的工资和利率分别为 w_i、w_{i+1} 以及 r_{i+1}，政策生育水平记为 1[①]。

效用函数设定参照巴罗和贝克尔（1988，1989，1990）、廖珮如（2011，2013）以及杨华磊等（2015，2017），其包括劳动年龄时消费带来的效用、抚养孩子消费带来的效用以及老年时消费带来的效用三项，则有

$$U_i = (C_i^1)^\sigma + \beta(C_i^2)^\sigma + \gamma(L_i n_i \mu_i w_i)^\sigma \qquad (6-2)$$

在劳动年龄阶段，劳动人口面临的消费约束方程为

$$C_i^1 = L_i w_i + r_i K_i - S_i - L_i n_i \mu_i w_i - O_i \phi w_i \qquad (6-3)$$

到老年时候，其面临的消费约束方程为

$$C_i^2 = S_i(1 + r_{i+1}) + O_{i+1} \phi w_{i+1} \qquad (6-4)$$

最终在家庭养老的情景下，每一期劳动人口面临的规划是，如果把劳动年龄时的收入在消费、储蓄、抚养孩子和赡养老人之间进行分配，以达到自己一生效用（劳动期间和老年时期效用之和）的最大化，需要决策变量是当期的消费 C_i^1、当期储蓄 S_i 和当期生育水平 n_i。目标函数和其一生的消费约束方程为

$$MaxU_i = (C_i^1)^\sigma + \beta(C_i^2)^\sigma + \gamma(L_i n_i \mu_i w_i)^\sigma$$

$$s.t. \begin{cases} C_i^1 = L_i w_i + r_i K_i - S_i - L_i n_i \mu_i w_i - O_i \phi w_i \\ C_i^2 = S_i(1 + r_{i+1}) + O_{i+1} \phi w_{i+1} \\ 0 \leqslant n_i \leqslant 1 \\ 0 \leqslant \sigma, \ \beta, \ \gamma, \ \phi, \ \mu_i \leqslant 1 \end{cases} \qquad (6-5)$$

[①] 一个家庭两个劳动人口，全面"二孩政策"下，一个家庭两个孩子，所以一个劳动人口对应一个孩子。

μ_i 表示抚养一个孩子占一个劳动人口工资的比例，$\mu_i w_i$ 表示抚养一个子女的费用，$n_i \mu_i$ 代表抚养所有子女占收入的比例。一般来说，在不存在借贷的条件下，假设抚养一个孩子的费用不能超过劳动人口的工资水平，抚养所有孩子的费用不能超过总工资水平。考虑到规模效应，抚养孩子趋于增多，抚养一个孩子占工资的比例就越低，但是抚养孩子的总费用占总工资的比例趋于增高。当抚养孩子无穷多的时候，抚养一个孩子占工资的比例趋于零；当抚养孩子趋于减少的时候，抚养一个孩子占工资的比例趋于增高。随着收入水平的提高，抚养一个子女的费用在增加，但是占家庭收入的比例在下降。根据上述分析，μ_i 满足下面 7 个条件：

$$\begin{cases} 0 < \mu_i < 1 \\ 0 < \mu_i n_i < 1 \\ d\mu_i / dn_i \leqslant 0 \\ dn_i \mu_i / dn_i \geqslant 0 \\ \lim_{n_i \to 0} \mu_i = 1, \ \lim_{n_i \to \infty} \mu_i = 0 \\ d\mu_i / dw_i \leqslant 0 \\ d\mu_i w_i / dw_i \geqslant 0 \end{cases} \qquad (6-6)$$

根据上述假定，不妨令 μ_i 为

$$\mu_i = 1 - \exp(-\psi / (w_i^\theta n_i^\epsilon)), \ 0 \leqslant \mu_i \leqslant 1, \ \psi > 0, \ \theta > 0, \ \epsilon > 0 \qquad (6-7)$$

因 OLG 模型是一般均衡模型，上述是针对家庭部门中劳动人口决策的分析，所以需要加入生产者部门中厂商的决策。引入包含人力资本的 C - D 生产函数，人力资本水平用上一期父母对子女的抚养费用衡量。每期人力资本水平记为 h_i，资本贡献份额记为 α。为分析主要关系，控制其他变化，假设资本贡献份额 α 和全要素生产率 A 不变。则含人力资本的当期和下一期的 C - D 生产函数为

$$\begin{cases} Y_i = A(K_i)^\alpha (h_i L_i)^{1-\alpha} \\ Y_{i+1} = A(K_{i+1})^\alpha (h_{i+1} L_{i+1})^{1-\alpha} \end{cases} \qquad (6-8)$$

当期青少年人口幸存下来变成下一期的劳动人口，则有 $L_{i+1} = L_i n_i \pi(i, H)$。当期的劳动人口幸存下来变成下一期的老年人口，则有 $O_{i+1} = L_i \pi(i, L)$。老年人口在下一期退出模型。一般来说，当期对子女的抚养费用越高，下一期劳动人口的人力资本水平越高，不妨设其间呈正比幂函数关系 $h_{i+1} = p(\mu_i w_i)^\omega$。在不影响分析结果的条件下为计算方便，设幂数 $\omega = 1$，同时不考虑资本折旧。则第 $i+1$ 期的资本量 K_{i+1} 等于第 i 期的资本 K_i 加上第 i 期的储蓄 S_i。综上所述，人口运动方程、人力资本运动方程以及资本运动方程为

$$\begin{cases} H_i = L_i n_i \\ L_{i+1} = H_i \pi(i, \ H) \\ O_{i+1} = L_i \pi(i, \ L) \\ h_{i+1} = \rho \mu_i w_i \\ K_{i+1} = K_i + S_i \end{cases} \tag{6-9}$$

其中，ρ 是人力资本回报率。为具有可比性，把基期 h_i 校准为 1 个单位，则最终 $\rho = 1/(\mu_{i-1} w_{i-1})$。根据生产者利润最大化条件，则有

$$\begin{cases} w_i = A(1-\alpha) e_i (K_i)^\alpha (h_i L_i)^{-\alpha} \\ r_i = A\alpha (K_i)^{\alpha-1} (h_i L_i)^{1-\alpha} \\ w_{i+1} = A(1-\alpha) h_{i+1} (K_i)^\alpha (h_{i+1} L_{i+1})^{-\alpha} \\ r_{i+1} = A\alpha (K_{i+1})^{\alpha-1} (h_{i+1} L_{i+1})^{1-\alpha} \end{cases} \tag{6-10}$$

综合考虑劳动人口的最优决策和厂商的最优决策，把人力运动方程、资本运动方程以及人力资本运动方程带入劳动人口决策函数中。最终，在家庭养老的情景下，考虑到全面"二孩政策"的约束，每期劳动人口面临的规划是如何把劳动期间的收入在当期消费、储蓄、赡养父母以及养育子女间进行分配，以达到一生效用的最大化。求解变量是每期消费水平、储蓄水平及生育水平，则有

$$\text{Max} U_i = (C_i^1)^\sigma + \beta (C_i^2)^\sigma + \gamma \left\{ L_i n_i \left[1 - \exp\left(-\frac{\psi}{(w_i^\theta n_i^\epsilon)} \right) \right] w_i \right\}^\sigma$$

$$\text{s. t.} \begin{cases} C_i^1 = L_i w_i + r_i K_i - S_i - L_i n_i \left[1 - \exp\left(-\frac{\psi}{(w_i^\theta n_i^\epsilon)} \right) \right] w_i - \phi w_i O_i \\ C_i^2 = S_i (1 + r_{i+1}) + \phi w_{i+1} O_{i+1} \\ 0 \leqslant n_i \leqslant 2 \\ w_i = A(1-\alpha) h_i (K_i)^\alpha (h_i L_i)^{-\alpha} \\ w_{i+1} = A(1-\alpha) h_{i+1} (K_i + S_i)^\alpha (h_{i+1} L_{i+1})^{-\alpha} \\ r_{i+1} = A\alpha (K_i + S_i)^{\alpha-1} (h_{i+1} L_{i+1})^{1-\alpha} \\ L_{i+1} = L_i n_i \pi(i, \ H) \\ O_{i+1} = L_i \pi(i, \ L) \\ h_{i+1} = \rho \left[1 - \exp\left(-\frac{\psi}{(w_i^\theta n_i^\epsilon)} \right) \right] w_i \end{cases} \tag{6-11}$$

考虑到 OLG 模型是以代进行划分，同时为使 OLG 容易做模拟分析。假设一代大约为 30 年。0～29 岁为青少年，30～59 岁为劳动人口，60 以上为老年人口。

当期是 2015 年，下一期是 2045 年，第三期是 2080 年，依次类推。初始人力资本 $h_i = 1$，初始资本存量依然为 1038802.535 亿元。新人口划分以后，第一期劳动人口数量和老年人口数量分别为 617961761 人和 224984572 人。再根据 2015 年的名义 GDP，校准获得全要素生产率 A 为 0.0156。根据 0～29 岁和 30～59 岁的幸存率，分别计算出 $\pi(i, H) = 0.97126$ 和 $\pi(i, L) = 0.9113$。因为 OLG 模型直接参考廖珊如（2013）研究成果，设定跨期替代弹性 $\sigma = 0.5$，折现系数 $\beta = 0.95$。考察朱喜等（2013），资本贡献份额 $\alpha = 0.5$。根据具备的性质，令 $\theta = 1$，$\epsilon = 2$。考虑到抚养孩子的时间成本、总教育成本和其他开销后，结合廖珊如（2013）的研究成果和此处的年龄划分（劳动人口偏少，青少年人口数量偏多），相比前面设定，设定初始 $\mu_i = 0.5$ 左右。按照全面"二孩政策"生育水平，$n_i = 1$，则可以计算出 $\psi = 0.000162038$。再根据基期人力资本 $h_i = 1$，近似计算出人力资本回报率 $\rho = 6261.6031$。考虑到模拟结果对生育文化的敏感性，给出 γ 等于 0.5、0.9 或者 2 三种情景，取值越大，说明劳动人口在生育上越利他，或者生育的收益也越高。相比官方的统计，考虑此处人口划分中劳动人口少 40% 左右，相比前面的设定，在此设定 $\phi = 0.25$。最终通过对上述参数的设定，在生育内生和存在生育政策上限约束的情况下，在家庭养老的情景下，模拟家庭决策下未来生育水平的演变，具体模拟代码见附录。需要说明的是，此处 OLG 模型是进行的长期分析，同时假设要素市场是有效，并且不考虑技术进步、赡养老人和抚养孩子对劳动参与率的影响。

（2）生育内生下家庭生育行为的演变。

从图 6-6 和图 6-7 可以看出，在当前的生育文化和参数下，在仅制定生育上限的生育政策下，如果没有配套政策，让家庭决策生育，未来生育水平很可能在政策生育水平以下呈现出波动式下降的趋势。如果劳动人口对孩子的消费赋予较小的权重，或者劳动人口在生育上表现出更少的利他性，则生育水平会表现出波动性，如在第三期劳动人口的生育水平出现急剧的下降。在第四期后知后觉的劳动人口意识人口结构的严重性，开始提高生育水平，但由于第三期生育水平的下降导致第四期劳动人口极少，进而导致即使第四期的生育水平很高，出生人口数量也将极少，劳动人口日趋减少，人口问题日趋严重，不仅未来的养老无法保证，社会福利也将遭受巨大损失。如果当前劳动人口在生育上表现出更强的利他性，依然改变不了生育水平下降的趋势，但是仍会减少人口萎缩的速度，降低社会福利的损失。总之，在全面"二孩政策"之下，让家庭去选择生育，则生育水平会在政策生育水平以下呈现下降的趋势，劳动人口数量日趋萎缩，虽然未来生育水平会出现反弹，但是那是理性的滞后（后来发现当初做错了，虽然现在进行弥补，但已晚矣）。

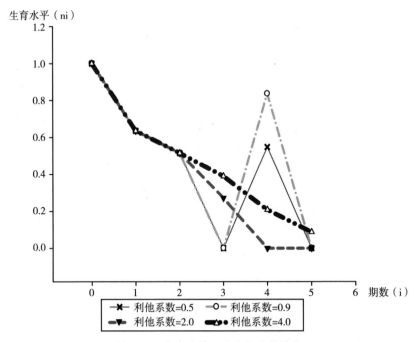

图6-6　家庭决策下生育行为的演变

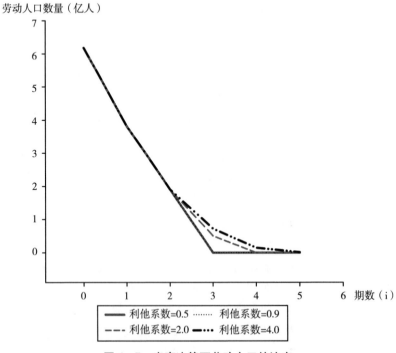

图6-7　家庭决策下劳动人口的演变

6.1.3 当前全面"二孩政策"的不足

考虑到配套政策作用的滞后性和改革阻力①，随着未来城镇化水平的提高，生育成本不断上升和生育收益逐步社会化，中国不断从一个低收入阶段国家过渡到一个中高收入阶段的后工业化国家。与此同时，生育行为也将从一个负外部性或者转型期相对中性的生育行为，过渡到一个正外部性的生育行为，中国面临的困境也将从马尔萨斯陷阱过渡到低生育陷阱。如果继续执行全面"二孩政策"，而配套政策不能有效发挥作用，此时面临的问题是社会实际生育水平低于社会最优生育水平，人口再生产活动滞后于物质再生产活动，出现低生育陷阱，进而无法迎来人口再生产带来的人口、资本以及技术红利。虽然在若干期后可能会出现生育水平反弹现象，但那也是理性的滞后。总之，考虑到配套性政策实施的阻力和效应发挥的滞后性，未来城镇化状态下家庭生育行为的变迁，全面"二孩政策"越来越无法解决后工业化时代生育行为的外部性，无法释放保障社会福利的政策生育力量，进而长期无法迎来生育带来的红利，最终影响人口结构问题的解决和社会经济的可持续发展。那在全面"二孩政策"之后，加上城镇水平不断提升的影响，生育文化的转变和生育水平的不断下降，我们应该选择什么样的生育政策来规避全面"二孩政策"的不足，特别是不能足额释放政策生育力量的问题？②

6.2 双目标决策下对当前放松生育管控政策的优化

6.2.1 不同生育权和不生育权安排下的生育政策情景设计

在中国城镇化水平继续提高的前提下，为了对全面"二孩政策"进行优化，从生育权和不生育权安排的视角，基于社会福利和家庭福利两个目标，评价几种生育政策情景在社会福利和家庭福利上的差异，甄选未来可能选择的生育政策情景。这几种生育政策情景表现为：其一，家庭自由生育政策情景。此情景下生育权和不生育权都属于家庭，对于家庭，生育是一种权利和自由，这种情景存在欧美各国。其二，全面"二孩政策"情景。政策上允许每个家庭生育两个子女，且生育

① 暂且不考虑全面"二孩政策"，在政策生育力量完全释放的基础上，短期对产出以及代际支持水平的负面影响。

② 在此不考虑选择何种生育政策来规避放松生育管控短期在产出以及代际支持上的负面影响。

权不能进行交易，少生是允许的，超生是不允许的。此情景下不生育权属于家庭，生育权属于国家，这是中国当前所采取的生育政策。其三，计划生育政策情景。生育权和不生育权都属于国家。对于家庭来说，生育是一种义务和责任，国家计划每个家庭平均生育两个子女，多生和少生都是不允许的，同样生育权和不生育权不能转让和交易。需要说明的是，为什么选择计划生育情景和家庭自由生育情景。因为这两种生育情景是两种极端的生育情景，要么把生育权完全给国家，要么完全给家庭。未来生育政策情景，即使不属于这两种，也基本上在这两种生育政策之间寻找，糅合了这两种生育政策情景的特点。三种生育政策情景见图6-8。在城镇化率不断提高和生育水平不断下降的背景下，未来我们应该选择何种生育政策呢？

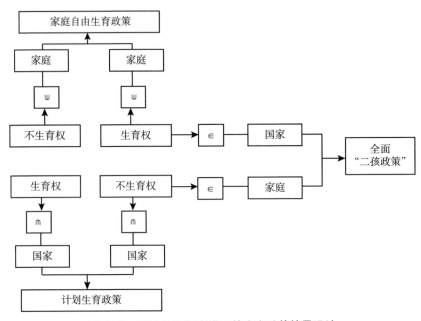

图6-8　不同生育权安排下的生育政策情景设计

6.2.2　基于家庭福利和社会福利最大化下的双重目标决策模型的构建

为了评估未来不同生育权安排下的生育政策情景的效率，甄选出未来较优的生育政策，在此基于家庭福利和社会福利最大化，构建一个双重决策模型，其中国家的目标是实现每个家庭生育两个子女，使得社会福利最大化；家庭的目标是选择合适的生育水平，使得家庭福利最大化。具体模型的假设和设定如下。假设计划生育政策是刚性的，民众只能接受，无法反抗。同时假设当前社会中存在 3 类家庭，最优的生育决策是 1 个子女的家庭，最优的生育决策是 2 个子女的家庭以及最优的生育决策是 3 个子女的家庭。同时假定，基于效用最大化，家庭中不存在最优的生育决策是 4 个子女的家庭或者零个子女的家庭。这样假定是为了分析的方便，当然也不会影响分析结果。同时我们也假定，当前从社会福利最大化上看，最优的生育决策是平均每个家庭生育 2 个子女，此生育水平是保持人口正常更替和演进的水平，是社会、经济、环境以及生态协调以及可持续发展的最优生育水平，是解决中国特有的人口结构和人口总量矛盾的生育水平。还继续假定，未来伴随社会养老、储蓄养老以及子女不养老的开展，社会生育水平将进一步下降，生育水平将不断低于更替水平，生育 1 个孩子的家庭将占据社会的主流，1 个孩子的家庭数将多于 3 个孩子的家庭数，甚至多于 2 个孩子的家庭数，当然这在现实中也是成立的。上述这 3 类家庭中，每一类的所有家庭具有相同的效用函数。每个家庭的效用函数包括两项：子女消费带来的效用，非子女的物质消费带来的效用。家庭的总效用是这两项之和，家庭的总福利函数是这 3 类家庭的效用函数之和。与此同时社会总福利也包括两项，一个是子女消费带来的效用，一个是非子女物质消费带来的效用。

无论是家庭福利，还是社会福利，跟随意大利早期心理学家贝努利的工作，在效用函数上，我们都采取对数函数的形式，决策主体追求效用最大化。每个家庭拥有相同的生育资源 N，抚养一个孩子所花费的成本是 c。同时进一步假定家庭最高的生育数量为 3 个。上述 3 类家庭中，每一类家庭中平均生育水平分别记为 m_1、m_2 以及 m_3，社会生育水平记为 m；当然这 3 类家庭中每一类的家庭户数分别记为 n_1、n_2 以及 n_3，其中社会总户数 $n_1 + n_2 + n_3 = n$。如果对抚养孩子带来的效用赋予 1 的权重，每类家庭对非物质性消费赋予的权重分别是 a_1、a_2 以及 a_3。社会总福利函数中对物质性消费的权重就为 α。其中根据每类家庭最优的生育水平，越高的最优生育水平的家庭，说明此类家庭越看重孩子消费；越低的生育水平，说明这些家庭越看重物质消费，则有 $a_1 > a_2 > a_3$。最终每类家庭中的每一个家庭的福利函数和社会总福利函数为

$$\begin{cases} u_i = \ln(m_i c) + a_i \ln(N - m_i c) \\ U(m) = \ln(nmc) + \alpha \ln(nN - nmc) \end{cases}, \text{其中 i = 1，2，3} \qquad (6-12)$$

当然在这 3 类家庭中，最优的生育水平为 $m_1 = 1$，$m_2 = 2$ 以及 $m_3 = 3$。根据这个假定，我们可以推断出参数 a_1、a_2 以及 a_3 满足下述条件 $a_i = \left\{ \dfrac{du_i}{dm_i} \Big/ m_{i=1} = 0 \right\}$，其中 i = 1，2，3。根据这个条件，可以计算参数 a_1、a_2 以及 a_3。最终家庭福利函数中的参数分别为

$$a_i = \frac{N}{ic} - 1, \ 其中 \ i = 1, \ 2, \ 3 \tag{6-13}$$

通过上述对参数的计算，计算出每类家庭的福利函数。又因为家庭的总福利函数等于 3 类家庭福利函数之和，每类家庭的福利函数等于每个家庭的福利函数乘以每类家庭的户数。把参数 a_1、a_2，以及 a_3 代入每类中每个家庭的福利函数之中，把每类家庭的户数 n_1、n_2 以及 n_3 代入福利函数之中。最终家庭的总福利函数为

$$U(m_1, \ m_2, \ m_3) = \sum_{i=1}^{3} n_i \left[\ln(m_i c) + \left(\frac{N}{ic} - 1 \right) \ln(N - m_i c) \right] \tag{6-14}$$

仿照上述，根据社会决策下，代表性主体决策下的最优生育水平是每个家庭生育 2 个子女数量，我们可以计算出社会福利函数中的参数 $a = \frac{N}{nc} - 1$，进而计算出社会总福利函数 $U(m)$。

同样社会福利函数包括两项：一个是所有子女消费带来的效用。一个是所有物质消费带来的效用。效用函数形式同样是对数的，差别的仅是，社会福利函数中效用最大化的追求主体是政府，即存在一个代表性主体。同时因为社会福利函数是从社会的福利角度来看是最优，但从社会和整体的角度上看，平均每个家庭生育 2 个子女是最优的生育水平。最终社会总福利函数就表征为

$$U(m) = \ln(nmc) + \left(\frac{N}{2c} - 1 \right) \ln(nN - nmc) \tag{6-15}$$

需要说明的是，社会总福利函数在 $m = 2$ 的时候取最大值，同时在 $(0, 2]$ 区间内，$U(m)$ 关于 m 是单调递增的函数。所以生育水平越高，社会总福利水平就会越高，并且在社会生育水平为 2 的时候是最高的。此时，在评估生育制度时候，说社会福利实质在说社会的生育水平。综上所述，家庭福利函数和社会福利函数就表现为

$$\begin{cases} U(m_1, \ m_2, \ m_3) = \sum_{i=1}^{3} n_i \left[\ln(m_i c) + \left(\frac{N}{ic} - 1 \right) \ln(N - m_i c) \right] \\ U(m) = \ln(nmc) + \left(\frac{N}{2c} - 1 \right) \ln(nN - nmc) \end{cases} \tag{6-16}$$

双目标决策准则是，在每一种目标下，我们不选择此目标值最差的生育政策情景。

6.2.3 对当前放松生育管控政策的优化

1. 生育权和不生育权都归家庭的自由生育政策情景

何为家庭自由生育政策，即生育权和不生育权都归属于家庭，政府不参与家

庭的生育决策。在模型设定上，上述每类家庭在现实中选择的生育水平都是使得自身家庭效用最大化的生育水平。为简化分析，当然我们不考虑，想生而生不出来的情景。如第一类家庭，相对孩子的消费，更看重物质消费，所以最优的生育水平是 1 个孩子；第二类家庭，最优选择的生育水平是 2 个孩子；相对于物质消费；第三类家庭更看重孩子消费，所以选择多生，最优的生育水平 3 个子女。综合上述的分析，第三类情景下每类家庭选择的生育水平都是从自身家庭福利来看最优的，即 $m_1 = 1$，$m_2 = 2$ 以及 $m_3 = 3$。同时把 $m_1 = 1$，$m_2 = 2$ 以及 $m_3 = 3$ 下的福利水平记为最优的家庭总福利水平 U^*。家庭自由生育政策情景下总家庭福利表征为 3 类家庭的效用函数之和，记为 $U_1(m_1 = 1, m_2 = 2, m_3 = 3)$，把每类家庭户数、每类家庭的效用函数以及每类家庭生育水平代入。最终家庭自由生育下的家庭总福利为

$$U_1(m_1 = 1, m_2 = 2, m_3 = 3) = U^* = n_1\left[\ln(c) + \left(\frac{N}{c} - 1\right)\ln(N - c)\right]$$

$$+ n_2\left[\ln(2c) + \left(\frac{N}{2c} - 1\right)\ln(N - 2c)\right]$$

$$+ n_3\left[\ln(3c) + \left(\frac{N}{3c} - 1\right)\ln(N - 3c)\right] \quad (6-17)$$

此类情景下家庭福利损失 $\Delta U_1^* = U^* - U_1 = 0$。在家庭自由生育的情景下，每类家庭的效用水平都达到最大化，进而家庭总福利是最高的。但此类情景下，随着孩子在养老上的公共化，即储蓄养老、社会养老的开展，加上自我意识的崛起，导致在生育收益上的公共化和社会化，生育水平持续下降。第一类家庭将越来越多，使得 $n_1 \gg n_3$ 同时 $n_1 > n_2$。最终会导致社会整体的生育水平，平均每个家庭生育 2 个子女的目标落空，使得社会平均的生育水平不断接近 1。

如当前的西欧和东欧各国，此情景总生育数量为 $n_1 + 2n_2 + 3n_3$，平均每个家庭生育的子女数量为 $TFR_1 = \dfrac{n_1}{n_1 + n_2 + n_3} + 2\dfrac{n_2}{n_1 + n_2 + n_3} + 3\dfrac{n_3}{n_1 + n_2 + n_3} < 2$，则此时社会总福利

$$U(TFR_1) = \ln(nTFR_1c) + \left(\frac{N}{2c} - 1\right)\ln(nN - nTFR_1c) \quad (6-18)$$

如果我们把每个家庭平均生育 2 个子女数量时候的社会总福利看作最优的社会总福利 $U(TFR_1)^*$，则此情景下的社会福利损失为 $\Delta U(TFR_1)^*$

$$\Delta U(TFR_1)^* = \ln\left(\frac{2}{TFR_1}\right) + \left(\frac{N}{2c} - 1\right)\ln\left(\frac{nN - 2nc}{nN - nTFR_1c}\right) \quad (6-19)$$

可以看出，家庭自由生育下的家庭福利是最高的，但是社会福利会存在损失。并且生育水平 TFR_1 越低，社会的福利损失就越大。

2. 生育权归国家和不生育权归家庭的全面"二孩政策"情景

全面"二孩政策"是当前中国所采取的人口政策，允许每个家庭生育 2 个孩子，每个居民可以自由的选择少生，但是不能超生。此情景下生育权是属于国家的，不生育权是属于家庭的。当然生育权和不生育权是不能进行交易的。整体家庭的福利水平同样有 3 类家庭构成，第一类家庭的效用函数之和加上第二类家庭的效用函数之和，再加上第三类家庭的效用函数之和

$$U_2 = n_1 u_1 + n_2 u_2 + n_3 u_3 \qquad (6-20)$$

把每一类家庭的效用函数，每一类家庭的户数带入家庭总福利函数之中。此情景下第一类家庭中每个家庭生育 1 个子女，第二类家庭每个家庭生育 2 个子女。由于不能超生，现在第三类家庭生育的子女数量是 2 个，最终把每类家庭中生育水平 $m_1 = 1$，$m_2 = 2$ 以及 $m_3 = 2$ 代入家庭福利函数中，通过整理得

$$U_2 = n_1 \left[\ln(c) + \left(\frac{N}{c} - 1 \right) \ln(N - c) \right] + n_2 \left[\ln(2c) + \left(\frac{N}{2c} - 1 \right) \ln(N - 2c) \right]$$

$$+ n_3 \left[\ln(2c) + \left(\frac{N}{3c} - 1 \right) \ln(N - 2c) \right] \qquad (6-21)$$

据此可以发现，第一类家庭在政策允许的条件下，通过自由选择生育，实现自身福利的最大化；第二类家庭生育水平刚好达到效用水平最大化下的生育水平；但是第三类家庭，最优的生育水平是 3 个，由于政策的刚性，使其只能生育 2 个，所以家庭福利会有所损失，进而家庭总福利遭受损失。那相对最优的生育组合 $m_1 = 1$，$m_2 = 2$ 以及 $m_3 = 3$，实际的生育会造成多少家庭福利损失呢？同时把 $m_1 = 1$，$m_2 = 2$ 以及 $m_3 = 3$ 下的福利水平记为最优的家庭福利水平 U^*，实际福利水平与此值的差距记为福利的损失 ΔU_2^*，则家庭福利损失为

$$\Delta U_2^* = U^* - U_2 = n_3 \left[\ln\left(\frac{3}{2} \right) + \left(\frac{N}{3c} - 1 \right) \ln\left(\frac{N - 3c}{N - 2c} \right) \right] \qquad (6-22)$$

如果社会中每个家庭最多的生育资源为 N，并且这些资源最多允许抚养 3 个孩子，则 ΔU_1^* 在当 N 趋近于 3c 时候的极限是 $n_3(\ln 3 - \ln 2)$。全面放开二孩的政策情景下，国家允许每个家庭生育 2 个孩子，实际上不一定会达到每个家庭平均生育 2 个孩子的目标。国家宏观上的生育目标根本就无法落实，社会福利遭受到损失，同时家庭福利也存在损失。因为国家生育目标与第一类家庭的效用最大化下的生育数量存在出入，高于第一类家庭的生育目标，同时国家不允许超生，所以又无法通过第三类家庭的超生来补偿第一类家庭的少生，同时低于第三类家庭的最优的生育目标。

在此类情景下，所有家庭总生育数量为 $n_1 + 2n_2 + 2n_3$，那平均每个家庭生育

的子女数量 $\text{TFR}_2 = \dfrac{n_1}{n_1 + n_2 + n_3} + 2\,\dfrac{n_2}{n_1 + n_2 + n_3} + 2\,\dfrac{n_3}{n_1 + n_2 + n_3} < 2$，则此时的社会总福利

$$U(\text{TFR}_2) = \ln\left(n\text{TFR}_2 c\right) + \left(\frac{N}{2c} - 1\right)\ln(nN - n\text{TFR}_2 c) \qquad (6-23)$$

同样，如果我们把每个家庭平均生育 2 个子女数量时的社会总福利看作最优的社会总福利 $U(\text{TFR}_2)^*$，则此情景下的社会福利损失为 $\Delta U(\text{TFR}_2)^*$

$$\Delta U(\text{TFR}_2)^* = \ln\left(\frac{2}{\text{TFR}_2}\right) + \left(\frac{N}{2c} - 1\right)\ln\left(\frac{nN - 2nc}{nN - n\text{TFR}_2 c}\right) \qquad (6-24)$$

全面放开"二孩政策"下的社会福利相比家庭自由生育是差的。因为全面"二孩政策"下的生育水平低于家庭自由生育下的生育水平。当然在家庭福利上，全面放开"二孩政策"同样低于家庭自由生育政策，因为全面"二孩政策"会抑制第三类家庭的生育，降低其家庭福利水平。所以在家庭福利和社会福利方面，全面"二孩政策"都不如家庭自由生育。

3. 生育权和不生育权都归国家的计划生育政策情景

国家计划的生育政策是生育是每个家庭的担当和义务。国家计划每个家庭的生育，生育权和不生育权都归属与国家，少生不行，超生也不行，生育权和不生育权是不能用于交易的，这是完全计划下的生育。在此生育政策情景下，国家计划每个家庭生育 2 个孩子，生育 2 个孩子是每个家庭义不容辞的国家义务和对社会应该承担的社会责任。此类型下的家庭福利也包括三部分：第一类所有家庭的效用函数之和，加上第二类家庭的效用函数之和，再加上第三类家庭的效用函数之和。把每类家庭的效用函数和家庭户数代入，则有

$$U_3 = n_1 u_1 + n_2 u_2 + n_3 u_3 \qquad (6-25)$$

因为是国家计划每个家庭生育 2 个子女，且生育权和不生育权不能转让。则实际每类家庭的生育水平如下：第一类家庭最优的生育水平是 1 个，但实际上生育了 2 个子女，多生了；第二类家庭的最优生育水平是 2 个，实际生育水平也是 2 个，刚好；第三类家庭的最优生育数量是 3 个，而实际的生育数量是 2 个，少生了。最终实际生育组合 $m_1 = 2$，$m_2 = 2$ 以及 $m_3 = 2$ 带入家庭总福利函数，则有

$$U_3 = n_1\left[\ln(2c) + \left(\frac{N}{c} - 1\right)\ln(N - 2c)\right] + n_2\left[\ln(2c) + \left(\frac{N}{2c} - 1\right)\ln(N - 2c)\right]$$

$$+ n_3\left[\ln(2c) + \left(\frac{N}{3c} - 1\right)\ln(N - 2c)\right] \qquad (6-26)$$

在国家计划家庭生育 2 个子女的政策情景下，除第二类家庭生育数量是家庭

效用最大化的生育水平，其他类家庭实际的生育水平都不是家庭效用最大化的最优生育水平。第一类的家庭多生育了，进而降低了家庭福利；第三类家庭少生育了，进而也降低了家庭福利。同样我们把每一类家庭的生育组合 $m_1=1$，$m_2=2$ 以及 $m_3=3$ 下的总家庭福利记为最优的家庭福利水平 U^*。最终国家计划生育下的家庭福利发生损失，这不仅第一类家庭的效用产生损失，第三类家庭的效用也产生损失，前者因为多生，后者因为少生。此类情景下家庭福利损失为 ΔU_3^*，则有

$$\Delta U_3^* = U^* - U_3 = n_1\left[\ln\left(\frac{1}{2}\right) + \left(\frac{N}{c}-1\right)\ln\left(\frac{N-c}{N-2c}\right)\right]$$
$$+ n_3\left[\ln\left(\frac{3}{2}\right) + \left(\frac{N}{3c}-1\right)\ln\left(\frac{N-3c}{N-2c}\right)\right] \tag{6-27}$$

需要说明的，国家计划使每个家庭生育 2 个子女，虽然能够刚好达到国家生育目标，进而落实政策生育目标。但是这种生育政策造成的结果是家庭福利产生较大的损失。使得第一类家庭多生，由于其更看重孩子之外的物质消费，故福利水平发生降低；第三类家庭少生，由于其更看重孩子的消费，故其福利也发生了损失。唯有第二类家庭最优生育水平刚好是政策要求的生育水平。此情景下的总生育数量为 $2n_1+2n_2+2n_3$。那平均每个家庭生育的子女数量为 $TFR_3=2$，则此时的社会总福利

$$U(TFR_2) = \ln(2nc) + \left(\frac{N}{2c}-1\right)\ln(nN-2nc) \tag{6-28}$$

通过此公式可以看出，计划生育下的社会福利就是最优的社会福利，此情景下的社会福利损失为 $\Delta U(TFR_3)^*=0$。需要说明的，虽然计划生育下的社会福利最高，但与此同时，家庭福利是最低的。从这种意义上看，此情景下社会福利的提高是建立在完全对家庭福利产生挤占的基础之上。这种政策过于刚性和极端，在当前强调权利、义务缺失的社会里，推行民众会很难接受。

4. 三种生育政策情景在家庭福利和社会福利上的比较

在社会福利方面，国家计划生育政策情景下的社会福利水平最高，使得每个家庭平均生育 2 个子女；当前我国采取的全面"二孩政策"下的社会福利水平是最差的，每个家庭生育的子女数量远远低于 2 个孩子；家庭自由生育下的社会福利水平处在中间，并且家庭自由生育和全面"二孩政策"下未来平均每个家庭生育的子女数量都低于社会最优的水平。

$$U(TFR_3) = U(TFR^*) > U(TFR_1) > U(TFR_2) \tag{6-29}$$
计划生育政策 > 家庭自由生育 > 全面"二孩政策"

在家庭福利水平方面，家庭自由生育下的福利最高，计划生育政策下家庭福

利水平最低，全面"二孩政策"情景下的家庭福利水平处在中间。

$$U_1 > U_2 > U_3 \qquad\qquad (6-30)$$

家庭自由生育 ＞ 全面"二孩政策" ＞ 计划生育政策

　　通过上述分析发现，社会福利最大化下的生育目标和家庭福利最大化下的生育目标存在冲突，家庭最优的生育决策并非是国家最优的生育决策。根据决策准则，不选择每一种目标下最坏的方案。从社会福利最大化的角度上看，未来不能选择全面"二孩政策"，同时也说明全面"二孩政策"是一个过渡性政策；从家庭福利最大化角度上看，未来不能选择计划生育政策情景。综合上述分析，在城镇化率不断提升和生育水平不断下降的中国，在全面"二孩政策"之后，在给出的三种生育政策集合中，未来中国很可能选择家庭自由生育政策情景。

6.3　未来生育政策选择的国际经验和理论探索

6.3.1　家庭自由生育政策的不足

　　暂且不论，在未来家庭自由生育政策下的生育水平达到政策生育水平，进而短期对产出和代际支持水平的负面影响。在经济层面上，未来随着城镇化水平的提升，社会养老、储蓄养老及子女不养老文化的形成，生育收益逐年下降，对工业品和服务品需求日益增大，生育成本逐年上升，个人变得越来越经济理性，生育的经济动机越来越弱。在精神层面，随着活出自我文化的兴起，权利和自由意识的崛起，社会义务和责任意识的缺失，人们越来越注重眼前，生育文化也逐渐演变成一种劳动和负担性的生育文化。虽然家庭自由生育会最大化提高家庭福利，但会与国家生育目标越来越背离，自由环境下集体选择的困境和理性滞后，生育水平逐年走低，社会福利遭受巨大的损失。所以就不能选择把生育权完全赋予家庭的自由生育政策。此时就须对家庭赋予一定的生育义务和责任，需要对家庭自由生育政策上再画些线，再配以计划，把生育权和不生育权部分收回国家。考虑到计划生育政策情景下家庭福利是最差的，这要求我们必须在保证未来生育水平不能过低下又不能过高的牺牲家庭福利的前提下，对国家和家庭都应该有限制的生育权。

　　综上所述，在家庭自由生育政策之后，未来生育政策的优化方向，可能是在把生育权和不生育权完全给家庭的家庭自由生育政策，与把生育权和不生育权完全给国家的计划生育政策之间的中间地带搜索。这种生育制度应该类似全面"二孩政策"，在生育权上，是对家庭和国家都有限制的制度，此制度下生育不仅是家庭的自由和权利，同时也是家庭的义务和责任。当然这种生育制度应该具备计划生育和自由生育的优点，且规避了各自的缺点。最为重要的是，未来这种生育政策将能够解决工业社会中生育行为的正外部性问题。

6.3.2　解决生育外部性的国际实践和国内一些学者的理论探索

面对未来生育的外部性导致的家庭自由生育政策的不足，在理论上解决生育的外部性通常有三种手段：其一，政府补贴的政策，从物质和精神上奖励多生；其二，国家通过庇古税，惩罚少生或者对多生优惠；其三，通过科斯的产权安排手段，对产权进行交易。依据这三种方案，在解决生育外部性引致的生育水平下降方面，国内外有一些探索。其一，采取鼓励生育的手段，直接降低生育成本，增加生育意愿；其二，通过庇古税的手段，间接增加不生育的成本，抑制少生的意愿；其三，通过科斯的产权制度安排，实现社会的帕累托改进。

1. 国外解决生育外部性的一些政策实践

（1）日本。

在鼓励生育方面，譬如邻国的日本。从 20 世纪 90 年代以后，日本陆续出台一系列鼓励生育的方案，1991 年制定了《育儿休业法》，女职员可以获得产前 6 周、产后 8 周的休假，重返工作岗位可累计工龄，丈夫也可以休产假；若职员提出休假 1 年养育婴儿，雇主不得拒绝。1994 年、1998 年及 1999 年分别又推出《天使计划》《家庭友善奖》《新天使计划》，创建托儿体系，支持企业为员工生育创造条件。进入 21 世纪以后，老龄化日趋严重。2003 年分别又颁布了《少子化社会对策基本法》和《次世代育成支援对策推进法》，从劳工、教育以及社会福利等上提高生育水平；2004 年又出台《少子化社会对策大纲》，增加带薪产假的时间，从以前没有的薪水产假到半薪水产假，产假时间延长为 1 年；从受孕、孕检、分娩、育托以及教育，国家全方位给予补助。如两岁之内的孩子每月领取 5000 日元，第三胎将领取更多。同时发动社会力量，为多子女家庭在购买商品时提供折扣。2008 年，日本卫生部又出台一系列生孩子免费和孕妇大优惠活动，如免费体检，发放一次性分娩补助费。

（2）俄罗斯。

在鼓励生育方面，譬如邻国的俄罗斯。第二次世界大战以后，俄罗斯的人口政策主要鼓励生育。如降低多子女家庭的个人所得税，多子女家庭的母亲可提前退休，给多子女家庭按月发放补助，等等。同时，对无子女家庭采取惩罚的措施，并出台相关的法律法规，使得鼓励生育和惩罚不生的政策逐步制度化，进而提高生育水平。但结果不是很理想，总和生育率依然从 1950 年的 2.80 下降到 1991 年的 1.50。苏联解体后。俄罗斯政府成立社会人口问题委员会，同时在 2001 年和 2007 年先后出台了《2015 年前俄联邦人口政策构想》和《2025 年前俄联邦人口政策构想》，此政策理念是注重家庭，回归家庭，养育子女光荣，强调个人对家庭、社会以及国家的责任。与此同时制定落实人口政策的措施。在精神上，给予多生育的父母颁发光荣父母奖章。在物质上，增加对多子女家庭的补足，如每生育一个婴儿的补助从 500 卢布增加到 800 卢布左右，建立随着孩子的增加，补助也随之增加的累进机制；在产假、教育、医疗以及住房等社会福利方面也给予多子女家庭大力支持。

（3）英国、澳大利亚和法国等国。

在鼓励生育方面，譬如英国、澳大利亚以及法国等国。在英国，刚分娩后的妇女可享有 39 周的带薪产假及额外没有工资的 13 周产假，产假结束后还可以回到原工作岗位或者同等重要的工作岗位。澳大利亚由于特殊的历史环境，是较早鼓励生育的国家之一。1912 年出台了奖励新生婴儿的制度。2008 年每个新生婴儿奖励高达到 5000 美元。法国是欧洲生育水平比较高的国家，母亲不仅有带薪产假，父亲也有将近 2 周的带薪产假。不论是领养一个孩子，还是自己生一个孩子，都可以一次性领取 4000 多法郎的生育津贴；孩子 3 岁之前，还可以每月领取 1000 法郎左右的津贴。如果母亲专业带小孩，单位留职 3 年。当然随着生育孩子的增加，上缴的税也将会更少，同时优先和打折享用社会公共服务。西班牙由于历史和观念原因，虽然政府每月给将近 300 欧元的生育补贴（当然生育越多，补贴也越大），但是由于西班牙人更多为自己活着，不为他人，不为子女，所以效果不是很好。在新加坡，国家采取强制性的带全薪产假和非强制的产假半薪。另外每生育一个孩子，家庭每月可以领取 1000 多元的生活补助，生的更多补助将更高，税减免也越多。同时在住房和婴儿潮托管方面，政府也给予大力支持（沈可等，2012；郑亚楠，2014；兰海艳，2014；原新，2016）。

（4）通过庇古税或者惩罚不生育的政策实践。

在历史上，存在一些通过庇古税来解决生育水平下降的政策实践。生育的庇古税，即单身或者丁克税，不是直接对单身和丁克征收，更多是相对结婚或者有孩子的家庭，这些群体不能享受某些税费的减免，要缴纳更多的个体所得税。如古希腊和古罗马超过 30 岁还没有结婚的男性是不具有选举权的。在英、美等国家，单身在信用卡申请、购房、买车以及买保险方面中通常受到歧视，甚至诸如医疗、养老以及其他社会福利方面，对单身也是极为不利的。意大利某市长针对当地流行的钻石王老五，就提出推行单身税的建议。美国密苏里州规定，如果

21～50 岁还未结婚的人要比结婚的人缴纳更多的个人所得税。在亚洲，如中国的台湾地区，2002 年由于生育水平的下降，相关部门针对年满 40 岁，但还未结婚的男女要征收单身税，结果因为违反人权被叫停。在韩国，对是否征收单身税，也有赞同的声音。他们认为，特别是 32～49 岁的单身男女应该对低生育率负道义上的责任。当然，制度总是有利有弊，一个好的制度应该在实践中不断完善，同时对社会和家庭福利都应有所保障。在 2017 年中国的税制改革中，经过各项扣除后发现，有孩子的比没孩子要少缴纳很多税，随后被很多人士解读成中国版的单身税。

当然，无论是奖励多生，提高生育收益，还是征收所谓的单身税，降低生育成本，强调社会责任，增加生育水平。生育水平不断下降，社会实际生育水平不断远离社会最优的生育水平。相比同一收入水平和阶层的人来说，主观单身、不生以及少生这些群体在低生育方面，至少负道义上的责任。[①] 在权利意识不断膨胀和义务不断缺失的今天，我们不断地追求着自我实现和个人发展，生育水平不断下降。在国家出台相应鼓励和配套性政策的前提下，此时我们是否应该更强调自己的社会责任和义务，是否应该在自己主观单身和不生的情景下，相比其他群体，更应该支持国家的鼓励生育方案（上缴更多的税，用来奖励多生。因为国家用于奖励多生的税来自所有民众），是否更应该努力营造一种利他的社会责任文化。

2. 国内一些学者在理论上的探索

面对中国特有的国情：人口总量巨大，人口与资源环境矛盾突出；人口结构失衡，老龄化逐年加速，适龄劳动人口减少；生育长期受到政府管控，中国学者从来就没有停止过对合理生育政策的探讨。中国学者李小平（1992，1994）、李静（2001）、李丽辉（2005）、陈智崧（2005）、刘芳（2012）、钟瑞庆（2013）、王春业和聂佳龙（2015），以及杨华磊等（2016），基于中国的国情，在解决中国特有的人口结构和人口总量问题都突出的双重问题下，参照科斯（1960）的理论，依据解决外部性的科斯产权交易理论，大胆地提出，在国家层面，即一级市场上，国家制定总的生育指标，通过一定的规则，如每个正常家庭允许拥有生育两个孩子的权利或者义务，把总量生育指标分配下去。在家庭的微观层面，即二级市场，建立一定的交易场所，发展一定的交易平台，每个微观家庭通过交易平台，来实现生育权（或者将来的不生育权）在不同家庭、不同的时点以及不同区域之间流动，使得生育行为在有生育意愿、有抚养能力的家庭中进行。微观达到

---

① 王岩. 一些奇葩税收 [J]. 时事（时事报告初中生版），2014（5）：57.

改善每个家庭福利，宏观层面上实现国家总的人口控制目标，达到增加社会福利。这样可以使人口总量得到控制，总量问题得以解决，人口结构得到优化，人口素质得到提高，实现优生优育。同时又能避免全面"二孩政策"和家庭自由生育，生育力量过少或者过多导致的传统单纯计划生育政策的被动和缺乏刚性的缺点。他们认为，此制度适用于无论是在西方的发达国家，还是东方的落后国家。而且不仅在中国当前阶段适合，在未来生育水平很低的情景下，通过不生育指标的交易，同样有其存在和应用的价值。① 最终实现宏观上控制、微观上搞活，实现无论是国家还是家庭都是有限制的生育权。在生育上发挥计划和市场两个机制的优点，在一级市场计划，二级市场上市场。

　　暂且不论上述国内学者从学术和理论上给出的生育权交易手段是否在实践上可行，是否违背伦理和道德，但是的确说明中国，甚至世界，在生育政策选择上的确面临着困境。在未来生育水平普遍下降的情景，靠什么解决生育的外部性，短期家庭自由生育暂且可行，长期不限制的生育，生育水平下降，劳动人口减少，社会福利会遭受损失，我们拿什么去释放生育力量，来保障我们的未来。在未来的中国，甚至世界各国，如果普遍意识到人口再生产的重要性，突然有那么一天，生育技术得到突飞猛进，如果人口战争在世界打响，又拿什么限制人口，拿什么解决人口资源以及环境问题，拿什么来承载我们百亿，甚至千亿的人口。这些都是令人深思的问题。在人口结构失衡和人口总量矛盾双重突出背景下，中国，甚至世界，依然面临着生育选择的政策彷徨。未来我们该如何选择，依然是一个未解的谜。

6.4　本 章 小 结

　　基于放松生育管控和配套性政策的不足，特别是伴随城镇化水平的提高和家庭生育行为的演变，后工业化时代全面"二孩政策"越来越无法解决生育的外部性，越来越无法释放出保障社会福利的政策生育力量，进而无法迎来"二孩政策"长期带来的人口、资本以及技术红利。因此在新的时代必须对全面"二孩政策"进行优化，回答未来该选择何种生育政策的问题。首先把外部性理论引入对

---

　　① 储蓄养老不行吗？如果 A 仅生育孩子，进行人口再生产；B 仅物质再生产，进行储蓄。假设孩子完全不进行养老。结果，等 A 不能人口再生产，B 不能物质再生产时。将来 A 的孩子进行物质再生产，B 通过货币获得物质，A 的孩子获得储蓄，A 什么也获得不到。结果 A 和 B 的后代们将不选择人口再生产，大家最终都选择物质再生产，进行储蓄，等大家都老的时候，全是储蓄，没有了物质。解决这个悖论，就是在生育收益社会化的时候，生育的成本也社会化，也就是在 A 不能进行人口再生产时候，B 不能进行物质再生产时候，把 B 的储蓄分给 A 点，也就是对 B 征收了税。

生育行为的分析中，分别分析在农业社会、工业社会以及转型期社会中马尔萨斯陷阱、低生育陷阱以及转型期生育政策选择彷徨的逻辑，回答为什么农业社会里社会最优生育低于实际生育水平，工业社会里社会最优生育水平高于实际生育水平，转型期社会中为什么中国选择全面"二孩政策"等问题。进而为解决农业社会里马尔斯陷阱，工业社会里低生育陷阱，转型期社会中生育政策选择提供理论基础。然后采用面板向量自回归模型和生育内生的世代更迭模型验证了上述推断：伴随着城镇化水平的提高，全面"二孩政策"下生育水平会从一个高的阶段向着一个低的阶段演进，或者家庭决策下的生育行为会呈现出理性滞后的特征，给出全面"二孩政策"的不足。基于全面"二孩政策"的不足，从生育权安排的视角，基于双目标决策模型，分别评估了未来把生育权和不生育都归家庭的自由生育政策情景，把生育权和不生育权都归于国家的计划生育政策情景，以及生育权属于国家，不生育权属于家庭的全面"二孩政策"情景。发现在城镇化率不断提升、生育水平不断下降或者生育决策存在理性滞后的情景下，为解决生育的外部性和迎接生育带来的人口、资本以及技术红利，全面"二孩政策"之后，中国很可能选择家庭自由生育的政策情景。最后基于家庭自由生育政策不足，在解决生育水平下降方面，简要介绍下国外和国内一些政策的实践和理论的探索。

第7章 主要结论和政策建议

在中国实现两个百年目标的关键期，伴随着人口世代的更迭，中国表现出人口结构持续失衡，人口红利逐渐消失以及未富先老的症候。为了应对人口结构失衡可能引发的各种社会经济问题，避免掉入中等收入陷阱的风险。2016年年初中国正式实施了全面"二孩政策"。针对放松生育管控之后学者和政府所关心的问题：其一，放松生育管控是否可以提高产出，帮助中国按时实现两个百年目标；是否可以改善劳动人口福利，落实全面"二孩政策"；是否从根本上改变了未来养老模式选择，改善了未来社会养老状况？其二，放松生育管控是否存在不足，若存在不足，应该采取何种配套性政策加以规避。其三，若配套性政策存在不足，不能有效规避，伴随着时代语境的变迁，在全面"二孩政策"之后，我们应该安排何种生育政策？针对上述问题，本书梳理相关研究，主要采用多阶段的决策方法，在一个框架内探讨生育、养老以及其他配套性政策，系统及时地评估2016年年初正式实施的全面"二孩政策"的影响，并在此基础上进行政策优化。

7.1 研究的主要结论

放松生育管控政策对人口、人力资本、全要素生产率以及资本等要素变量的影响表现为：其一，放松生育管控没有改变未来总人口数量下降，适龄劳动人口减少，老年人口数量增加以及社会抚养比上升的趋势，但是推迟了总人口数量达峰的时间，增加了未来的适龄劳动人口供给，降低了未来社会的抚养比，延缓了人口红利消失的速度。与此同时，放松生育管控短期增大了社会总抚养比，加快了人口红利的消失；人为制造了婴儿潮，使得人口结构问题和人口红利在一个更长的时间内周期性的存在。其二，相比生育政策不变，放松生育管控会轻微提高未来劳动人口的人力资本水平，改善未来的要素配套效率，使得未来的全要素生产率呈现一个增加的趋势。其三，放松生育管控短期会挤占了储蓄、资本存量以及资本劳动比，长期先后提高了储蓄、资本存量以及资本劳动比，使得未来的储蓄、资本存量以及资本劳动比呈现一个上升的趋势。与此同时，放松生育管控改变不了未来储蓄率下降或者资本红利消失的趋势，同时短期加快了资本红利的消失，长期减缓了资本红利的消失。

放松生育管控的产出、福利以及养老效应表现为：其一，放松生育管控改变了未来产出和人均产出的趋势性特征，使得总产出和人均产出呈现一个增加的趋势；放松生育管控没有改变未来产出增速断崖式下降的特征，但是提高了未来产出增速；放松生育管控短期轻微降低了产出、人均产出以及产出增速，长期却大大提高了产出、人均产出以及产出增速。其二，如果让民众按照政策生育且缺乏相应的配套性政策，短期会轻微降低劳动人口的福利，长期会大大提高未来劳动人口或者当前孩子未来的福利水平。在缺乏配套性措施下，这意味着在生育堆积力量释放以后，短期实际生育水平很可能达不到政策生育水平，长期通过生育实现的政策目标很可能无法得到落实。其三，从纯人口学意义上看，在新出生的婴儿潮进入劳动力市场之后，放松生育管控会降低老年抚养比，具有人口学意义上的养老效应。从经济学意义上看，在老龄化的背景下，放松生育管控没有从根本上改变未来最优的养老模式选择，最优的都是自己养自己的个人账户式占主导的积累制养老制度或者代际赡养模式下的缴费确定型养老制度。同时放松生育管控改变了对老年人口代际支持水平的趋势性特征，短期轻微挤占了对当前老年人口的代际支持水平，不能有效地应对"60后"婴儿潮引发的养老汛期和解决短期的养老问题；长期却可大大提高对未来老年人口的代际支持水平，改善未来老年人口或者当前劳动人口未来的养老状况。综上所述，这意味着放松生育管控下按照政策生育，从社会产出、劳动人口福利以及养老效应目标上看，短期轻微有害，长期大大有利，整体来说，利大于弊。

为规避放松生育管控短期在产出、福利以及养老上的负面影响，考察了几种配套性措施与放松生育管控同时实施的效果。模拟发现，在实施全面"二孩政策"的过程中，配套实施转轨养老制度、延迟退休、提高劳动参与率以及变更生育文化等措施，可以提高社会产出，弥补生育的成本，降低按照政策生育对劳动人口福利以及老年人口消费的挤占，最终达到规避放松生育管控短期负面影响的目的。伴随城镇化水平的提升和家庭生育行为的演变，考虑到配套性政策的实施难度和效应发挥的滞后性，全面"二孩政策"越来越无法解决生育行为的外部性，无法释放出保障社会福利的政策生育力量，无法迎来放松生育管控长期带来的人口、资本以及要素配置红利。为回答新语境下中国应选择何种生育政策等问题？综合考虑社会福利和家庭福利目标，进一步研究发现，在给出的三种生育政策情景中，全面"二孩政策"之后，中国很可能选择家庭自由生育政策。最后，基于家庭自由生育的不足，介绍一些国际上的政策实践和一些国内学者的理论探索。

7.2　结论的政策启示

其一，为规避放松生育管控短期在产出、福利、养老以及其他政策目标上的负面影响，迎来放松生育管控在长期带来的人口、资本以及要素配置红利，在实行全面"二孩政策"中，中国应尽快制定、推出以及落实配套性政策。如配套进行养老制度改革，把现收现付制占主导的统账结合的养老制度逐步改成个人账户制占主导的积累制养老制度；逐步推迟当前劳动人口退出劳动市场的年龄，增加劳动人口的供给；创造就业岗位，构建就业平台，对失业人口进行职业技术培训，增强失业人口参与劳动的意愿、机会和能力，提高劳动参与率；提高劳动人口的专业技能，促进劳动人口的有效流动，避免劳动市场中的扭曲，提高劳动人口的工作效率；通过宣传，促使消费性生育文化的形成，建立规避生育外部性的制度，确保生育的收益，降低生育的成本，进而提高生育的意愿和能力，等等。

其二，考虑到未来城镇化下家庭生育行为的变迁，中国社会从转型期过渡到工业化或者后工业化时代，全面"二孩政策"越来越无法解决后工业化时代生育行为的外部性，无法释放保障社会福利的政策生育力量。所以在全面"二孩政策"的基础之上，未来中国要尽快着手制定和推出进一步放松生育管控的举措，如家庭自由生育政策。从更长期的角度看，随着城镇化和消费水平的继续提升，生育成本逐年上升，社会养老、储蓄养老以及子女不养老文化的形成，生育收益逐年下降；与此同时，活出自我的社会文化的形成，如果把生育权完全赋予家庭，自由生育下集体选择的困境，生育的正外部性下社会生育水平大幅下降，社会福利遭受巨大损失。如果生育对于民众是一种义务，家庭福利同样遭受巨大损失。此时我们就必须对家庭自由生育上再画些线，配以计划，把生育权和不生育权部分收回国家。即未来我们安排一种对国家和家庭的生育权都存在限制的生育制度。

其三，基于全面"二孩政策"无法从根本上改变未来最优的养老模式选择，但能够改善未来老年人口的养老状况。为从根本上解决未来社会长期的养老问题，改善未来社会的养老状况，中国应尽快推进养老制度向着积累制或者缴费确定的养老制度变轨，同时着手提升养老生产率和落实全面"二孩政策"。如在实行全面"二孩政策"的基础之上，为解决长期的养老问题，要把现收现付制占主导的养老制度过渡成个人账户占主导的积累制养老制度，增加养老制度的积累效应，提高养老金收益，进而提高社会产出和养老的经济负担能力，解决未来的养老问题；如果我们依然选择代际赡养的养老模式，应该降低代际支持水平，推动当前给付确定向着缴费确定的养老制度变轨。基于全面"二孩政策"长期改善未来社会老年人口的养老状况，提高对未来老年人口的代际支持水平，当前应积极建立配套性政策，解决生育的外部性，落实全面"二孩政策"。

其四，基于放松生育管控短期降低对老年人口的代际支持水平，不能有效应对未来"60后"婴儿潮退休引发的养老汛期。关于短期养老问题的解决，中国应尽快制定和落实提高养老生产率或者养老经济负担能力的措施；为应对"60后"婴儿潮退休对社会经济系统的冲击，尽快出台和落实延迟退休方案。如增加社会统筹能力，使得养老问题在更大范围内解决；变更养老制度，创新养老方式，在全球化的视野下，注重养老金的升值保值，增加养老金的积累效应，提高养老金的收益；根据规模化理论，变传统散养的家庭养老模式为集中供养的养老院模式，注重城乡在生产和养老上的分工，把农村打造成养老天堂，进而提高养老的生产率水平。为降低延迟退休实施的阻力和保证实施的公平性，可以考虑分类、弹性及逐步延迟退休方案。譬如通过分类延迟退休保障普遍延迟退休前的初始公平，等等。

7.3　未来的研究方向

笔者也尝试回答全面"二孩政策"的社会经济效应，甄选出万能的配套性政策以及生育政策。虽然本书得出一些有趣的，抑或有用的结论，抑或有启发意义的机制设计，但是研究与现实，以及与决策还存在一定的距离。为了更加完整地反映现实图景和实现科学的决策，需要自己和同行们在这个领域上开展长期深入的研究。譬如，其一，在模型设定上放松假设。上述研究是在资本贡献份额不变，要素市场是有效的，储蓄等于投资，养老金和储蓄有相同的属性，生育水平外生，孩子素质和数量不发生替代；不考虑城乡、男女及行业上要素的差异；在目标函数上，不考虑闲暇给劳动人口带来的效用；在模型上设定上，只考虑养老及退休制度的主要特征等假设条件下进行。放松上述这些条件，是本书进一步延拓的方向。其二，在研究问题上不断深入。如家庭自由生育政策之后，随着时代语境的变化，我们应该选择什么样的生育政策使得在释放政策生育力量的同时，短期又不挤占产出、老年人口消费以及劳动人口福利。其三，在研究方法上加入实证。为了给下一步决策提供参考，本书研究主要是对未来的模拟和预测工作。由于生育行为对政策的反应和放松生育管控效应的发挥具有滞后性，等全面"二孩政策"实施效果的数据收集汇总以后，可以尝试做一些实证的工作。

最后，笔者希望携手同行们一起，对中国特殊的生育问题和生育政策，进行长期深入的蹲守研究，力求在家庭决策和社会决策上，贡献出学者应有的绵薄之力。

附　　录

$H_0 = H_i$，$H_1 = H_{i+1}$，$L_0 = L_i$，$L_1 = L_{i+1}$，$O_0 = O_i$，$O_1 = O_{i+1}$，$J_0 = RE_i$，$w_0 = w_i$，$w_1 = w_{i+1}$，$x(1) = C_i$，$x(2) = S_i$，$Q(i) = Y_i$，$g(i) = gdp_i$，$N(i) = U_i$，$m(i) = u_i$，$W_0 = h_i$，$W_1 = h_{i+1}$，$V_0 = TFP_i$，$V_1 = TFP_{i+1}$，$v = \pi(i, H)$，$w = \pi(i, L)$

% H 每年青少年数量向量

% L 每年劳动人口数量向量

% O 每年老年人口数量向量

% J 每年将要退出劳动力市场的人口数量向量

% W 每年劳动人口的平均人力资本水平向量

% P 每年的总人口数量向量

% Z 每年适龄劳动人口数量向量

% V 每年的全要素生产率向量

% 不同的生育情景影响每年的青少年人口数量、劳动人口数量和老年人口数量

% 不同的退休情景影响每年不同的劳动人口数量、将要退出劳动力市场的人口数量和老年人口数量

% 不同的养老制度意味着不同的社会统筹缴费比例和个人账户缴费比例

```
function f = fun1(x);
global   sigma beta gamma tau tau1 tau2 alpha phi mu L0 K0 L1 H0 O0 W0 W1
O1 J0 K S C V0 V1;
f = - (x(1)^sigma + beta * ((x(2) + tau2 * L0 * W0^(1 - alpha) *
0.015103183 * V0 * (1 - alpha) * K0^alpha * L0^(- alpha)) * (1 + 0.015103183 *
V1 * W1^(1 - alpha) * alpha * ((1 - 0.05) * K0 + x(2) + tau2 * L0 * 0.015103183
* V0 * W0^(1 - alpha) * (1 - alpha) * K0^alpha * L0^(- alpha))^(alpha - 1) * L1^
(1 - alpha)) + O0 * phi * 0.015103183 * V0 * W0^(1 - alpha) * (1 - alpha) * K0^
alpha * L0^(- alpha) * (1 - J0/L0) + J0 * phi * 0.015103183 * V1 * W1^(1 - al-
pha) * (1 - alpha) * ((1 - 0.05) * K0 + x(2) + tau2 * L0 * 0.015103183 * V0 *
W0^(1 - alpha) * (1 - alpha) * K0^alpha * L0^(- alpha))^alpha * L1^(- alpha) +
tau1 * L0 * 0.015103183 * V0 * W0^(1 - alpha) * (1 - alpha) * K0^alpha * L0^(-
```

```
alpha) * (1 - J0/L0) + tau1 * L1 * 0.015103183 * V1 * W1^(1 - alpha) * (1 - al-
pha) * ((1 - 0.05) * K0 + x(2) + tau2 * L0 * 0.015103183 * V0 * W0^(1 - alpha)
* (1 - alpha) * K0^alpha * L0^( - alpha))^alpha * L1^( - alpha) * J0/O1)^sigma +
gamma * (H0 * mu * 0.015103183 * V0 * (1 - alpha) * W0^(1 - alpha) * K0^alpha
* L0^( - alpha))^sigma);
    end

    load data - H.mat;
    load data - O.mat;
    load data - L.mat;
    load data - J.mat;
    load data - W.mat;
    load data - P.mat;
    load data - V.mat;
    load data - Z.mat;
    global sigma gamma beta tau tau1 tau2 alpha phi mu L0 K0 L1 H0 O0 O1 J0 K S
C W0 W1 V0 V1;
    K = [ ];
    S = [ ];
    C = [ ];
    Y = [ ];
    g = [ ];
    N = [ ];
    m = [ ];
    K(1) = 1038802.535;
    for i = 1:length(H) - 1
    x0 = [1;1];
    T = [ ];b = [ ];
    sigma = 0.85; beta = 0.95; gamma = 0.9; alpha = 0.5; tau = 0.28; tau1 = 0.2; tau2 =
0.08; phi = 0.6; mu = 0.8; L0 = L(i); K0 = K(i); L1 = L(i + 1); H0 = H(i); O0 = O(i);
V0 = V(i); V1 = V(i + 1); O1 = O(i + 1); J0 = J(i); W0 = W(i); W1 = W(i + 1);
    Y(i) = 0.015103183 * V0 * W0^(1 - alpha) * K0^alpha * L0^(1 - alpha);
    g(i) = 100000000 * Y(i)/P(i);
    Aeq = [1 1];
```

```
beq = [ 0. 015103183 * V0 * W0^( 1 − alpha) * K0^alpha * L0^( 1 − alpha) −
( tau1 + tau2) * L0 * 0. 015103183 * V0 * ( 1 − alpha) * W0^( 1 − alpha) * K0^alpha *
L0^( − alpha) − ( mu * H0 + phi * O0) * 0. 015103183 * V0 * W0^ ( 1 − alpha) * ( 1 −
alpha) * K0^alpha * L0^( − alpha) ] ;
    vlb = [ ] ; vub = [ ] ;
    [ x, fval] = fmincon( fun1′, x0, T, b, Aeq, beq, vlb, vub) ;
    C( i) = x( 1) ;
    S( i) = x( 2) ;
    K( i + 1) = ( 1 − 0. 05) * K( i) + x( 2) + tau2 * L0 * 0. 015103183 * V0 * W0^( 1 −
alpha) * ( 1 − alpha) * K0^alpha * L0^( − alpha) ;
    Y( i) = 0. 015103183 * V0 * K0^alpha * L0^( 1 − alpha) ; g( i) = 100000000 * Y
( i)/P( i) ;
    N( i) = x( 1)^sigma + beta * ( ( x( 2) + tau2 * L0 * W0^( 1 − alpha) ) * 0. 015103183
* V0 * ( 1 − alpha) * K0^alpha * L0^( − alpha) ) * ( 1 + 0. 015103183 * V1 * W1^( 1 − al-
pha) * alpha * ( ( 1 − 0. 05) * K0 + x( 2) + tau2 * L0 * 0. 015103183 * V0 * W0^( 1 − al-
pha) * ( 1 − alpha) * K0^alpha * L0^( − alpha) )^( alpha − 1) * L1^( 1 − alpha) ) + O0 *
phi * 0. 015103183 * V0 * W0^( 1 − alpha) * ( 1 − alpha) * K0^alpha * L0^( − alpha) *
( 1 − J0/L0) + J0 * phi * 0. 015103183 * V1 * W1^( 1 − alpha) * ( 1 − alpha) * ( ( 1 −
0. 05) * K0 + x( 2) + tau2 * L0 * 0. 015103183 * V0 * W0^( 1 − alpha) * ( 1 − alpha) *
K0^alpha * L0^( − alpha) )^alpha * L1^( − alpha) + tau1 * L0 * 0. 015103183 * V0 * W0^
( 1 − alpha) * ( 1 − alpha) * K0^alpha * L0^( − alpha) * ( 1 − J0/L0) + tau1 * L1 *
0. 015103183 * V1 * W1^( 1 − alpha) * ( 1 − alpha) * ( ( 1 − 0. 05) * K0 + x( 2) + tau2 *
L0 * 0. 015103183 * V0 * W0^( 1 − alpha) * ( 1 − alpha) * K0^alpha * L0^( − alpha) )^al-
pha * L1^( − alpha) * J0/O1)^sigma + gamma * ( H0 * mu * 0. 015103183 * V0 * ( 1 −
alpha) * W0^( 1 − alpha) * K0^alpha * L0^( − alpha) )^sigma ;
    m( i) = N( i) * 100000000/ Z( i) ;
    end
    K = K′
    C = C′
    S = S′
    Y = Y′
    g = g′
    N = N′
    m = m′
```

参 考 文 献

[1] 蔡昉. 人口转变、人口红利与刘易斯转折点 [J]. 经济研究, 2010 (4): 4-13.

[2] 陈昌兵. 可变折旧率估计及资本存量测算 [J]. 经济研究, 2014 (12): 72-85.

[3] 陈沁, 宋铮. 城市化将如何应对老龄化? 从中国城乡人口流动到养老基金平衡的视角 [J]. 金融研究, 2013 (6): 1-15.

[4] 陈卫. 基于广义稳定人口模型的中国生育率估计 [J]. 人口研究, 2015 (6): 35-43.

[5] 陈智崧. 生育的经济、产权与市场调节探讨 [J]. 湛江师范学院学报, 2005, 26 (5): 78-81.

[6] 都阳. 人口转变的经济效应及其对中国经济增长持续性的影响 [J]. 中国人口科学, 2004, 25 (5): 33-39.

[7] 封进. 人口结构变动的福利效应: 一个包含社会保险的模型及解释 [J]. 经济科学, 2004, 30 (1): 35-44.

[8] 郭凯明, 余靖雯, 龚六堂. 人口政策、劳动力结构与经济增长 [J]. 世界经济, 2013 (11): 72-92.

[9] 郭凯明, 余靖雯, 龚六堂. 计划生育政策、城镇化与经济增长 [J]. 金融研究, 2015 (11): 47-63.

[10] 郭凯明, 颜色. 延迟退休年龄、代际收入转移与劳动力供给增长 [J]. 经济研究, 2016 (6): 128-142.

[11] 郭庆旺, 贾俊雪. 中国潜在产出与产出缺口的估算 [J]. 经济研究, 2004 (5): 31-39.

[12] 郭震威. 人口增长对经济增长的影响分析: 与胡鞍钢博士商榷 [J]. 人口研究, 2001, 25 (1): 20-23.

[13] 郭志刚. 中国人口生育水平低在何处: 基于六普数据的分析 [J]. 中国人口科学, 2013 (2): 2-10.

[14] 高凤勤, 汤慧质. 全面二孩政策背景下的个人所得税改革 [J]. 税务

研究, 2016 (11)：44 – 47.

[15] 苏姗·格林哈佛, 约翰·鲍尔兹, 王东, 等. 中国的生育政策：未来的选择 [J]. 管理世界, 1988 (5)：193 – 202.

[16] 管权. 单独二孩政策对我国社会保障的影响 [J]. 商, 2015 (16)：63 – 63.

[17] 桂世勋. 关于调整我国现行生育政策的思考 [J]. 江苏社会科学, 2008 (2)：165 – 169.

[18] 贺巧知. 计划生育与家庭养老的经济供养能力 [J]. 人口与经济, 2003 (5)：27 – 31.

[19] 胡鞍钢. 从人口大国到人力资本大国：1980 ~ 2000 年 [J]. 中国人口科学, 2002 (5)：1 – 10.

[20] 胡伟略. 关于人口老龄化与技术进步的关系问题 [J]. 数量经济技术经济研究, 1991 (11)：27 – 34.

[21] 黄晨熹. 1964 ~ 2005 年我国人口受教育状况的变动：基于人口普查/抽查资料的分析 [J]. 人口学刊, 2011 (4)：3 – 13.

[22] 黄少安, 孙涛. 人口负担与人口红利的权衡 [J]. 学术月刊, 2013 (7)：66 – 77.

[23] 黄少安, 杨华磊. 放松生育管制能解决老龄化和劳动力短缺问题吗：兼论人口世代更迭背景下的宏观政策选择 [J]. 江海学刊, 2015 (6)：74 – 81.

[24] 黄维海, 袁连生. 1982 ~ 2010 年人口受教育水平的增长与 GIS 空间分布特征 [J]. 人口学刊, 2014, 36 (5)：5 – 17.

[25] 黄燕芬, 陈金科. 我国人口年龄结构变化对住房消费的影响研究：兼论我国实施全面二孩政策的效果评估 [J]. 价格理论与实践, 2016 (2)：12 – 19.

[26] 黄宇. 我国城镇居民跨期消费行为实证分析 [J]. 财经科学, 2010 (3)：45 – 52.

[27] 景鹏, 胡秋明. 生育政策调整、退休年龄延迟与城镇职工基本养老保险最优缴费率 [J]. 财经研究, 2016, 42 (4)：26 – 37.

[28] 兰海艳. 世界各国的生育政策 [J]. 决策与信息, 2014 (10)：76 – 79.

[29] 李宾, 曾志雄. 中国全要素生产率变动的再测算：1978 ~ 2007 年 [J]. 数量经济技术经济研究, 2009 (3)：3 – 15.

[30] 李德山, 张淑英. 生育率转变与计划生育政策的人口经济效应评估：以四川省为例 [J]. 江汉学术, 2014 (6)：5 – 13.

[31] 李桂芝，等. 全面两孩政策对我国人口总量结构的影响分析 [J]. 人口研究，2016 (4)：52 - 59.

[32] 李静. 人类生育币于为外部性的解决方法探析 [J]. 西安政治学院学报，2001，14 (4)：84 - 87.

[33] 李建民. 中国农村计划生育夫妇养老问题及其社会养老保障机制研究 [J]. 中国人口科学，2004 (3)：40 - 48.

[34] 李建新. 论生育政策与中国人口老龄化 [J]. 人口研究，2000，24 (2)：9 - 15.

[35] 李菁昭，严佳敏. 单独二孩政策对养老金统筹的影响研究：以湖北省为例 [J]. 湖北经济学院学报：人文社会科学版，2015 (8)：75 - 77.

[36] 李克强，陈博，周亚. 人力资本增长上限与劳动者最优受教育年限选择 [J]. 北京师范大学学报：自然科学版，2005，41 (6)：649 - 651.

[37] 李丽辉. 关于调整现行人口控制政策的若干建议 [J]. 商业时代，2005 (29)：13 - 14.

[38] 李玲，杨顺光. 全面二孩政策与义务教育战略规划：基于未来20年义务教育学龄人口的预测 [J]. 教育研究，2016 (7)：22 - 31.

[39] 李小平. 期望孩子的交易价格及其在生育控制中的应用 [J]. 中国人口科学，1992，32 (5)：49 - 56.

[40] 李小平. 期望孩子交易价格的实证研究及其对进一步控制生育的意义 [J]. 中国人口科学，1994，43 (4)：8 - 17.

[41] 李颖. 全面二孩政策下的生育保险制度调整探讨 [J]. 市场论坛，2016 (8)：1 - 3.

[42] 梁建章. 中国人太多了吗？[M]. 北京：社会科学文献出版社，2012.

[43] 梁建章. 年轻人减少杀伤经济 [J]. 商界：评论，2012 (10)：66 - 67.

[44] 梁建章. 警惕经济"老年病" [J]. 新领军决策参考，2012 (17)：33 - 34.

[45] 刘芳. 市场和政府，谁来调控生育权 [J]. 新产经，2012 (10)：21 - 23.

[46] 刘华，等. 计划生育政策对农村出生人口性别比的影响：基于DID方法的实证检验 [J]. 中国农村经济，2016 (4)：70 - 80.

[47] 刘家强，唐代盛. 普遍两孩生育政策的调整依据、政策效应和实施策略 [J]. 人口研究，2015 (6)：3 - 12.

[48] 刘晶. 子女数对农村高龄老人养老及生活状况的影响 [J]. 中国人口

科学，2004（S1）：35 - 41.

[49] 刘学良. 中国养老保险的收支缺口和可持续性研究 [J]. 中国工业经济，2014（9）：25 - 37.

[50] 刘永平，陆铭. 放松计划生育政策将如何影响经济增长：基于家庭养老视角的理论分析 [J]. 经济学季刊，2008（4）：1273 - 1297.

[51] 陆万军，张彬斌. 中国生育政策对女性地位的影响 [J]. 人口研究，2016（4）：21 - 34.

[52] 陆旸，蔡昉. 调整人口政策对中国长期潜在增长率的影响 [J]. 劳动经济研究，2013，2（1）：35 - 50.

[53] 陆旸，蔡昉. 人口结构变化对潜在增长率的影响：中国和日本的比较 [J]. 世界经济，2014（1）：1 - 37.

[54] 陆旸，蔡昉. 从人口红利到改革红利：基于中国潜在增长率的模拟 [J]. 世界经济，2016（1）：3 - 23.

[55] 骆正清，江道正，陈正光. 生育政策调整对我国城镇企业职工基本养老保险代际平衡的影响 [J]. 广西财经学院学报，2015，28（3）：94 - 99.

[56] 穆光宗. 生育的成本：效用分析 [J]. 南方人口，1993（4）：7 - 12.

[57] 倪红福，等. 人口政策调整的一般均衡分析 [J]. 人口与发展，2013（3）：46 - 54.

[58] 彭希哲. 实现全面二孩政策目标需要整体性的配套 [J]. 探索，2016（1）：71 - 74.

[59] 齐美东，戴梦宇，郑焱焱. 全面放开二孩政策对中国人口出生率的冲击与趋势探讨 [J]. 中国人口资源与环境，2016（9）：1 - 10.

[60] 乔晓春. 从"单独二孩"政策执行效果看未来生育政策的选择 [J]. 中国人口科学，2015（2）：26 - 33.

[61] 沈可，王丰，蔡泳. 国际人口政策转向对中国的启示 [J]. 国际经济评论，2012（1）：112 - 122.

[62] 史佳颖，胡耀岭，原新. 缓解老龄化：适度放宽生育政策有效吗 [J]. 人口学刊，2013，35（3）：73 - 80.

[63] 石智雷. 多子未必多福：生育决策、家庭养老与农村老年人生活质量 [J]. 社会学研究，2015（5）：189 - 215.

[64] 宋健. 普遍二孩生育对妇女就业的影响及政策建议 [J]. 人口与计划生育，2016（1）：20 - 22.

[65] 宋健，李广元. 人口控制问题 [J]. 自然杂志，1979（9）：44 - 48，66.

[66] 宋健.人口发展的双线性最优控制 [J].自动化学报,1980,6 (4):241-249.

[67] 宋健,于景元,李广元.人口发展过程的预测 [J].中国科学,1980 (9):102-114.

[68] 宋健,李广元.人口发展问题的定量研究 [J].经济研究,1980 (2):60-67.

[69] 宋健,陈任昭.非定常人口系统的动态特性和几个重要人口指数的计算公式 [J].中国科学,1983,26 (11):1043-1051.

[70] 宋健,等.人口发展系统解的渐近性质及对生育模式的依赖关系 [J].数学物理学报,1986 (3):70-79.

[71] 宋健,于景元,孔德涌.人口控制论 [J].中国软科学,1989 (1):1-7.

[72] 孙博,董克用,唐远志.生育政策调整对基本养老金缺口的影响研究 [J].人口与经济,2011 (2):101-107.

[73] 孙旭.基于受教育年限和年龄的人力资本存量估算 [J]统计教育,2008,105 (6):19-23.

[74] 谭琳.计划生育与妇女健康:国际比较研究 [J].人口研究,1994 (6):28-32.

[75] 谭雪萍.成本—效用视角下的单独二胎生育意愿影响因素研究:基于徐州市单独家庭的调查 [J].南方人口,2015 (2):1-12.

[76] 唐金成,张晓艺.全面二孩时代对我国社保养老基金收支的影响:以城镇职工基本养老保险基金收支为例 [J].金融与经济,2016 (6):83-86.

[77] 王春业,聂佳龙.计划生育指标转赠的法学思考 [J].宁夏大学学报,2015,37 (6):134-139.

[78] 王桂新.生育率下降与计划生育政策的作用:对我国实行计划生育政策的认识与思考 [J].南京社会科学,2012,30 (10):66-70.

[79] 王广州,张丽萍.到底能生多少孩子?中国人的政策生育潜力估计 [J].社会学研究,2012 (5):119-140.

[80] 王浣尘.人口数学模型及其变换 [J].西北人口,1981 (2):21-33.

[81] 王浣尘.时变连续型人口系统稳定性 [J].上海交通大学学报,1984 (6):110-116.

[82] 王浣尘.社会经济科技和人口发展的内在速度极限 [J].科技导报,1991,9 (1):58-60.

[83] 王军,王广州.中国育龄人群的生育意愿及其影响估计 [J].中国人

口科学, 2013（4）: 26 – 35.

［84］王会宗, 张凤兵. 全面放开二胎政策可行性的实证分析: 基于经济稳定增长视角的中国人口最优出生率研究［J］. 经济问题, 2016（3）: 33 – 54.

［85］王金营. 中国未来不同生育水平下的经济增长后果比较研究［J］. 人口与发展, 2010, 16（5）: 2 – 10.

［86］王金营, 戈艳霞. 全面二孩政策实施下的中国人口发展态势［J］. 人口研究, 2016, 40（6）: 3 – 21.

［87］王晶, 师吉. 论计划生育政策对实现福利适度人口的意义［J］. 人口学刊, 2010（1）: 62 – 64.

［88］王开泳, 丁俊, 王甫园. 全面二孩政策对中国人口结构及区域人口空间格局的影响［J］. 地理科学进展, 2016, 35（11）: 1305 – 1316.

［89］王林. 中国人口老龄化过程中的人力资本变迁［J］. 人口与发展, 2006, 12（5）: 69 – 75.

［90］王伟, 景红桥, 张鹏. 计划生育政策降低了居民的幸福感吗: 80 后一代视角的研究［J］. 人口研究, 2013（2）: 102 – 112

［91］王云多. 人口老龄化对劳动供给、人力资本与产出影响预测［J］. 人口与经济, 2014（3）: 70 – 75.

［92］汪伟, 姜振茂. 人口老龄化对技术进步的影响研究综述［J］. 中国人口科学, 2016（3）: 114 – 125.

［93］汪伟. 计划生育政策的储蓄与增长效应: 理论与中国的经验分析［J］. 经济研究, 2010（10）: 63 – 77.

［94］邬沧萍, 孙鹃娟. 用提高生育率来解决人口老龄化后患无穷［J］. 红旗文稿, 2007（11）: 13 – 16.

［95］吴舒, 穆月英. 蔬菜产业集聚与产业成长的区域差异性研究: 基于 PVAR 模型［J］. 哈尔滨工业大学学报: 社会科学版, 2016, 18（2）: 133 – 140.

［96］吴信如, 王静, 王文婷. 中国人口政策的经济效应: OLG 模型和 Panel 数据分析［J］. 华东师范大学学报, 2015（4）: 93 – 99.

［97］薛继亮. 延迟退休和放开二胎对劳动力市场的影响研究［J］. 东北财经大学学报, 2014（2）: 74 – 79.

［98］杨贝贝. 我国劳动力老化对劳动生产率的影响研究［D］. 长沙: 湖南大学, 2015.

［99］杨华磊, 温兴春, 何凌云. 生育政策、人口结构与中国宏观经济［J］. 制度经济学研究, 2015（2）: 37 – 63.

［100］杨华磊, 温兴春, 何凌云. 出生高峰、人口结构与住房市场［J］. 人

口研究, 2015, 39 (3): 87 - 99.

[101] 杨华磊, 周晓波. 中日人口世代更替对宏观经济趋势性特征的影响及其启示 [J]. 社会科学研究, 2015 (5): 65 - 72.

[102] 杨华磊, 黄少安, 温兴春. 60 后婴儿潮退休背景下的养老和退休政策选择 [J]. 经济评论, 2016 (1): 53 - 64.

[103] 杨华磊, 何凌云, 汪伟. 人口世代更迭与资本红利: 中国储蓄率的倒 U 型之谜 [J]. 国际金融研究, 2017 (4): 87 - 96.

[104] 杨华磊, 周晓波, 王辉. 计划配额制下的准生权交易: 全面放开二孩背景下的机制设计 [J]. 新疆财经, 2016 (2): 23 - 30.

[105] 杨华磊, 王辉. 生育选择、养老制度与经济产出: 基于生产要素内生的 OLG 分析 [J]. 老龄科学研究, 2015, 3 (7): 18 - 29.

[106] 杨华磊, 王辉. 中国出生低谷世代的经济增速研究: 2030 年前中国能否摆脱人口峭壁的魔咒 [J]. 上海经济研究, 2016 (2): 38 - 46.

[107] 杨舸. 全面二孩后的人口预期与政策展望 [J]. 北京工业大学学报, 2016 (4): 25 - 33.

[108] 杨子晖. 政府消费与居民消费: 期内替代与跨期替代 [J]. 世界经济, 2006 (8): 37 - 46.

[109] 姚东旻, 李三希, 林思思. 老龄化会影响科技创新吗: 基于年龄结构与创新能力的文献分析 [J]. 管理评论, 2015, 27 (8): 56 - 67.

[110] 尹文耀, 姚引妹, 李芬. 生育水平评估与生育政策调整: 基于中国大陆分省生育水平现状的分析 [J]. 中国社会科学, 2013 (6): 109 - 128.

[111] 于洪, 曾益. 退休年龄、生育政策与中国基本养老保险基金的可持续性 [J]. 财经研究, 2015, 41 (6): 35 - 46.

[112] 于景元, 岳丕玉, 郭孝宽. 人口系统的能控性 [J]. 系统工程理论与实践, 1982 (4): 20 - 26.

[113] 于景元, 王彦祖. 人口控制论及其应用 [J]. 系统工程理论与实践, 1985, 5 (1): 0 - 0.

[114] 于景元, 郭宝珠, 朱广田. 人口控制系统的近似能控性及时间最优控制 [J]. 科学通报, 1987, 32 (5): 321 - 325.

[115] 于景元, 高凌. 用生育模式作为控制量的人口控制理论 [J]. 数学杂志, 1994 (1): 1 - 16.

[116] 袁磊, 尹秀, 王君. 全面二孩、生育率假设与城镇职工养老保险资金缺口 [J]. 山东财政学院学报, 2016, 28 (2): 10 - 20.

[117] 原新, 石海龙. 中国出生性别比偏高与计划生育政策 [J]. 人口研

究，2005，29（3）：11 - 17.

［118］原新 . 中国和俄罗斯人口政策与人口国情比较［J］. 欧亚经济，2016
（3）：11 - 15.

［119］张国旺，王孝松 . 计划生育政策是否促进了中国经济增长：基于教育
人力资本视角的理论和经验研究［J］. 中南财经政法大学学报，2014（3）：3 -
11.

［120］张军，施少华 . 中国经济全要素生产率变动：1952～1998［J］. 世界
经济文汇，2003（2）：17 - 24.

［121］张鹏飞，陶纪坤 . 全面二孩政策对城镇职工基本养老保险收支的影响
［J］. 人口与经济，2017（1）：104 - 115.

［122］张思锋，王立剑，张文学 . 人口年龄结构变动对基本养老保险基金缺
口的影响研究：以陕西省为例［J］. 预测，2010，29（2）：37 - 41.

［123］张心洁，周绿林，曾益 . 生育政策调整对提高新农合基金可持续运行
能力的影响［J］. 经济管理，2016（4）：168 - 180.

［124］张晓青，等 . 单独二孩与全面二孩政策家庭生育意愿比较及启示
［J］. 人口研究，2016（1）：87 - 97.

［125］章敏敏 . 80后非农职业职场性别差异研究：基于 CGSS2008 调研数据
［J］. 中国青年研究，2014（1）：53 - 58.

［126］赵佳音 . 全面二孩政策背景下全国及各省市学龄人口预测：2016～
2025 年学前到高中阶段［J］. 教育与经济，2016（4）：64 - 69.

［127］赵昕东，李林 . 国劳动力老龄化是否影响全要素生产率？基于省级面
板数据的研究［J］. 武汉大学学报，2016，69（6）：68 - 76.

［128］赵志耘，杨朝峰 . 中国全要素生产率的测算与解释：1979～2009 年
［J］. 财经问题研究，2011（9）：3 - 12.

［129］钟瑞庆 . 建立计划生育指标交易市场［J］. 法律和社会科学，2013，
12（1）：220 - 226.

［130］钟晓华 . 全面二孩政策实施效果的评价与优化策略：基于城市双非夫
妇再生育意愿的调查［J］. 中国行政管理，2016（7）：127 - 131.

［131］郑亚楠 . 近代日本人口政策的历史考察［D］. 天津：南开大学，
2014.

［132］瞿凌云 . 人口政策的经济效应分析［J］. 人口与经济，2013（5）：24 -
32.

［133］瞿振武，陈佳鞠，李龙 . 现阶段中国的总和生育率究竟是多少：来自
户籍登记数据的新证据［J］. 人口研究，2015（6）：22 - 34.

[134] 翟振武, 张现苓, 靳永爱. 立即全面放开二胎政策的人口学后果分析 [J]. 人口研究, 2014 (2): 3 – 17.

[135] 周长洪, 潘金洪. 中国政策生育水平与实际生育水平的测算 [J]. 中国人口科学, 2010 (4): 13 – 22.

[136] 周俊山, 尹银. 中国计划生育政策对居民储蓄率的影响: 基于省级面板数据的研究 [J]. 金融研究, 2011, 20 (10): 61 – 73.

[137] 周立群, 周晓波. 延迟退休、生育政策调整与中国经济增长 [J]. 审计与经济研究, 2016, 31 (6): 93 – 101.

[138] 曾毅. 人口分析方法与应用 [M]. 北京: 北京大学出版社, 2011.

[139] 曾益, 任超然, 刘倩. 破解养老金支付危机: 单独二孩政策有效吗: 以城镇职工基本养老保险为例 [J]. 财经研究, 2015, 41 (1): 21 – 34.

[140] 曾益, 张心洁, 刘凌晨. 从单独二孩走向全面二孩: 中国养老金支付危机能破解吗 [J]. 财贸经济, 2016, 37 (7): 133 – 146.

[141] Alders P, Broer D. P. Ageing, Fertility, and Growth [J]. Journal of Public Economics, 2005, 89 (6): 1075 – 1095.

[142] Angrist J, Schlosser A. Multiple Experiments for the Causal Link between the Quantity and Quality of Children [J]. Journal of Labor Economics, 2010, 28 (4): 773 – 824.

[143] Andersson B, Holmlund B, Lindh T. Labor Productivity, Age and Education in Swedish Mining and Manufacturing 1985 – 1996. Unpublished Paper. 2002, Uppsala, Sweden.

[144] Ariu A, Vandenberghe V. Assessing the Role of Ageing, Feminising and Better-Educated Workforces on TFP Growth [J]. Journal of Computational and Theoretical Nanoscience, 2014 (20).

[145] Aslunda O, Gronqvist H. Family Size and Child Outcomes: Is There Really No Trade-off [J]. Labour Economics, 2010, 17 (1): 130 – 139.

[146] Barro R. J, Becker G. Fertility Choice in a Model of Economic Growth [J]. Econometrica, 1989, 57 (2): 481 – 501.

[147] Barro J, Lee J. W. A New Data Set of Educational Attainment in the World 1950 – 2010 [J]. Journal of Development Economics, 2013, 104 (5): 184 – 198.

[148] Becker G. S, Tomes N. Child Endowments and the Quantity and Quality of Children [J]. Journal of Political Economy, 1976, 84 (4): 143 – 162.

[149] Becker G. S, Barro R. J. A Reformulation of the Economic Theory of Fertility. [J]. Quarterly Journal of Economics, 1988, 103 (1): 1 – 25.

[150] Barro R. J, Becker G. S. Fertility Choice in an Endogenous Growth Model [J]. Journal of Political Economy, 1990, 10 (1): 53 – 64.

[151] Blake D, Mayhew L. On The Sustainability of the UK State Pension System in the Light of Population Ageing and Declining Fertility [J]. Economic Journal, 2006, 116 (512): 286 – 305.

[152] Black S. E, Devereux P. J, Salvanes K. G. Small Family, Smart Family? Family Size and the IQ Scores of Young Men [J]. Journal of Human Resources, 2007, 45 (1): 33 – 58.

[153] Black S. E, Devereux P. J, Salvanes K. G. The More the Merrier? The Effect of Family Size and Birth Order on Childrens Education [J]. The Quarterly Journal of Economics, 2005, 120 (2): 669 – 700.

[154] Bongaarts J, Greenhalgh S. An Alternative to the One – Child Policy in China [J]. Population and Development Review, 1985, 11 (4): 585 – 617.

[155] Cao J, Cumming D, Wang X. One – Child Policy and Family Firms in China [J]. Journal of Corporate Finance, 2015, (33): 317 – 329.

[156] Coase R. H. The Problem of Social Cost [J]. Journal of Law and Economics, 1960 (3): 1 – 44.

[157] Conley D, Glauber R. Parental Educational Investment and Children's Academic Risk [J]. Journal of Human Resources, 2005, 41 (4): 722 – 737.

[158] Crépon B, Deniau N, Pérez – Duarte S. Wages, Productivity and Worker Characteristics : A French Perspective [J]. Working Papers, 2003, 119 (4): 1 – 24.

[159] Doepke M. , Accounting for Fertility Decline During the Transition to Growth [J]. Journal of Economic Growth, 2004 (9): 347 – 383.

[160] Groezen B V, Leers T, Meijdam L. Social Security and Endogenous Fertility: Pensions and Child Allowances as Siamese Twins [J]. Journal of Public Economics, 2003, 87 (2): 233 – 251.

[161] Haan M. D. Birth Order, Family Size and Educational Attainment [J]. Economics of Education Review, 2010, 29 (4): 576 – 588.

[162] Haltiwanger J. C, Spletzer J. R. Productivity Differences across Employers: The Roles of Employer Size, Age, and Human Capital [J]. American Economic Review, 1999, 89 (2): 94 – 98.

[163] Hori H, Kanaya S. Utility Functionals with Nonpaternalistic Intergenerational Altruism [J]. Journal of Economic Theory, 1989, 49 (49): 241 – 265.

[164] Ilmakunnas P, Maliranta M, Vainiomäki J. The Roles of Employer and Employee Characteristics for Plant Productivity [J]. Journal of Productivity Analysis, 2004, 21 (3): 249 –276.

[165] Jaqueline O. The Value of Children: Inter – Generational Support, Fertility, and Human Capital [J]. Journal of Development Economics, 2016 (120): 1 – 16.

[166] Kimball M. S. Making Sense of Two – sided Altruism [J]. Journal of Monetary Economics, 1987, 20 (2): 301 –326.

[167] Feyrer J. Demographics and Productivity [J]. The Review of Economics and Statistics, 2007, 89 (1): 100 –109.

[168] Li B, Zhang H. Does Population Control Lead to Better Child Quality? Evidence from China's One – Child Policy Enforcement [J]. Journal of Comparative Economics, 2016 (10): 1 –14.

[169] Li HB, Zhang JS and Zhu Y. The Quantity – Quality Trade off of Children in a Developing Country: Identification Using Chinese Twins [J]. Demography, 2007, 45 (1): 223 –243.

[170] Li H, Zhang J. Do High Birth Rates Hamper Economic Growth [J]. Review of Economics and Statistics, 2007, 89 (1): 110 –117.

[171] Li H, Zhang J, Zhu Y. The Effect of the One – Child Policy on Fertility in China: Identification Based on the Differences-in – Differences [C]. Chinese University of Hong Kong, Department of Economics, 2005.

[172] Liao P. J. Does Demographic Change Matter for Growth [J]. European Economic Review, 2011, 55 (5): 659 –677.

[173] Liao P. J. The One-Child Policy: A Macroeconomic Analysis [J]. Journal of Development Economics, 2013, 101 (1): 49 –62.

[174] Lindh T, Malmberg B. Age Structure Effects and Growth in the OECD, 1950 –1990 [J]. Journal of Population Economics, 1999, 12 (3): 431 –449.

[175] Liu H. The Quality-Quantity Trade-off: Evidence from the Relaxation of China's One-Child Policy [J]. Journal of Population Economics, 2014, 27 (2): 565 – 602.

[176] Solm K, Pesaran M H, Shin Y. Test for Unit Roots in Heterogeneous Panels [J]. Journal of Econometrics, 2003, 115 (1): 53 –74.

[177] Ludwig A, Schelkle T, Vogel E. Demographic Change, Human Capital and Welfare [J]. Social Science Electronic Publishing, 2010, 15 (1): 94 –107.

［178］ Momota A. Intensive and Extensive Margins of Fertility, Capital Accumulation and Economic Welfare ［J］. Kier Working Papers, 2015, （133）: 90 – 110.

［179］ Pei X, Pillai V. K. Old Age Support in China: the Role of the State and the Family ［J］. International Journal of Aging and Human Development, 1999, 49 （3）: 197 – 212.

［180］ Psacharopoulos, G. Returns to Investment in Education: A Global Update ［J］. World Development, 1994, 22 （9）: 1325 – 1343.

［181］ Qin X, Zhuang C. C, Yang R. Does the One-Child Policy Improve Children's Human Capital in Urban China? A Regression Discontinuity Design ［J］. Journal of Comparative Economics, 2016 （9）: 1 – 17.

［182］ Rosenzweig M. R, Zhang JS. Do Population Control Policies Induce More Human Capital Investment? Twins, Birth Weight and China's One – Child Policy ［J］. Review of Economic Studies, 2009, 76 （3）: 1149 – 1174.

［183］ Romer P. Crazy Explanations for the Productivity Slowdown ［J］. NBER Macroeconomics Annual, 1987 （1）: 163 – 210.

［184］ Schoonbroodt A, Tertilt M. Property Rights and Efficiency in OLG Models with Endogenous Fertility ［J］. Journal of Economic Theory, 2014, 150 （1）: 551 – 582.

［185］ Sen P. Population Growth and Steady State Welfare in an Overlapping Generations Model ［J］. Economics Letters, 2006, 91 （3）: 325 – 329.

［186］ Skans O. N. How does the Age Structure Affect Regional Productivity ［J］. Applied Economics Letters, 2008, 15 （10）: 787 – 790.

［187］ Vandenberghe V, Waltenberg F, Rigo M. Ageing and Employability. Evidence from Belgian Firm-Level Data ［J］. Journal of Productivity Analysis, 2013, 40 （1）: 111 – 136.

［188］ Wang F. Does Family Planning Policy Matter? Dynamic Evidence from China ［J］. University of Southern California, Working Paper, 2014.

［189］ Wang F, Zhao L, Zhao Z. China's Family Planning Policies and Their Labor Market Consequences ［J］. Journal of Population Economics, 2016, 30 （1）: 1 – 38.

［190］ Xu B, Pak M. Gender Ratio Under China's Two – Child Policy ［J］. Journal of Economic Behavior and Organization, 2015 （119）: 289 – 307.

［191］ Yang J. China's One – Child Policy and Overweight Children in the 1990s ［J］. Social Science and Medicine, 2007, 64 （10）: 2043 – 2057.

［192］ Yang H. L. The Choice of Pension and Retirement Systems When Post－1960s Baby Boomers Start to Retire in China ［J］. China Finance and Economic Review, 2016, 4 (1): 1－11.

［193］ Zeng Y. Options for Fertility Policy Transition in China ［J］. Population and Development Review, 2007, 33 (2): 215－246.

［194］ Zeng Y, Hesketh T. The Effects of China's Universal Two－Child Policy ［J］. Lancet, 2016, 388 (10054): 1930－1938.

［195］ Zhu X, Whalley J, Zhao X. Intergenerational Transfer, Human Capital and Long-Term Growth in China Under the One－Child Policy ［J］. Economic Modeling, 2014, 40 (40): 275－283.

［196］ Zhang J, Xu P, Liu F. One－Child Policy and Childhood Obesity ［J］. China Economic Review, 2016, doi. org/10. 1016/j. chieco. 2016. 05. 003.

［197］ Zhong H. The Effect of Sibling Size on Children's Health: a Regression Discontinuity Design Approach Based on China's One－Child Policy ［J］. China Economic Review, 2014, 31 (10): 156－165.